고전의 유혹

1

고전의 유혹

1

백종현 외 지음

아카넷

고전의 맛

　고전(古典)이란 오랜 세월을 걸쳐 수많은 사람이 같은 감동으로 읽는 책으로서, 시간적 공간적 제한을 뛰어넘는 보편적 가치를 담고 있기에 그런 책이 되었을 터이다. 그러나 고전은 한 번에 죽 읽히는 책이 아니다. 그래서 어떤 사람은 고전이란 단번에 죽 훑어 읽고 덮어두는 책이 아니라 수시로 다시 꺼내 읽게 되는 책이라고 규정하기도 한다. 고전이 대개 재미 위주로 쉽게 쓰인 것이기보다는 깊은 사념(思念)의 결실을 담고 있어서, 그것을 이해하기 위해서는 저자와 함께 사색의 길을 걸으면서 긴 시간 대화를 나누어야 하기 때문일 것이다. 그래서 고전은 앉은 자리에서 전권을 독파할 수 없는 것은 아니겠지만, 시차를 두고 지속적으로 한 대목씩 읽어 내려가면서 음미하는 편이 더 좋을 수도 있다.

　이해력이 어느 정도에 이른 나이의 사람이라면 고전 읽기는 꼭

하는 것이 바람직하다. 물론 젊은 시절에 고전 읽기가 쉽지는 않다. 저자와 대등한 상대자로서 대화를 나누기에는 아직 체험과 숙려가 깊지 못하기 때문이다. 그럼에도 삶에 대한 욕구가 왕성하고 미지의 세계에 대한 흥미가 강렬한, 이상적 가치 추구에 지칠 줄 모르는 젊은 시절의 독서는 누구에게나 그 효과가 자못 심대하고 장구하다. 독서를 통해 우리는 과거를 조감함으로써 현재의 내 위치를 알고 미래에 실현할 나의 삶의 전형(典型)을 만나며, 우리를 둘러싸고 있는 상황의 의미를 캐고, 비교를 통해서만 비로소 포착될 수 있는 대상들과 마주치고, 다양한 가치관을 접하며, 사리분별(事理分別)력을 키우고 심미적 감성을 함양할 수 있다.

젊은 시절에 제대로 이해하지 못한 채 읽은 고전은 십중팔구 잘 기억나지 않는다. 그러나 그것은 독자의 의식 체계 어디엔가 숨어 있다가 언제라도 나타날 수 있다. 한참 더 나이가 들어 다시 그 서책을 읽게 되면, 어느 때부터 시작됐는지도 뚜렷하지 않은 자기 행동양식의 계기를 마련해준 대목들을 뜻밖에 만나는 수가 있다. 고전에는 신비한 힘이 있어서 우리가 비록 그 세세한 내용은 잊어버려도 우리 마음속 깊은 곳에 일생을 두고 자라는 씨앗을 뿌려놓는 경우가 많은 것이다. 다른 한편 나이가 충분히 들고 넓은 체험을 쌓은 후에 하는 고전 독서는 참 즐거움을 동반한다. 저자와 같은 눈높이에서 대화하면서 세상의 이치를 토론하고, 자신의 삶을 관조하는 깊은 맛을 문득문득 맛볼 수 있는 것이야말로 고전 읽기의 유혹이지 않을 수 없다. 이성(理性)과 이성의 대화, 감성(感性)과 감성의 교합(交合) ― 이것보다 사람[人]과 사람을 함께하게 하는 것이 더 있겠는가! 노년의 독서는

'우리'를 나누는 자리이다.

여기 묶어 소개하는 고전들은 모두 원래 외국어로 쓰인 고전을 한국어로 번역한 것들이다. 고전 번역은 외국어로 되어 있는 인류 문화자산을 한국어로 옮겨 한국문화의 요소로 편입시키는 일이다. "고전은 원서로 읽어야 제맛을 얻을 수 있다." "번역은 반역이다." — 흔히 이런 말들을 한다. 물론 언어에는 차이가 있으니 아무리 잘 된 번역이라 하더라도 그 과정에서 의미 변화가 생기는 것은 불가피하다. 통상 중국인은 한문 서적을 한문으로 읽고, 고대 로마인은 라틴어 서적을 라틴어로 읽었고, 독일인은 독일어 서적을 독일어로 읽는다. 그러나 한국인은 칸트의 독일어 원서를 손에 들고 읽는다 해도 그것을 보통은 한국어로 읽는다. 칸트의 한국어 번역 책만을 한국어로 읽는 것이 아니다. 원서를 읽더라도 머릿속에서 한국어로 풀이해서 읽는다면 실상은 한국어로 읽는 것이다. 그렇기에 어떤 문헌을 원어 그대로 읽는다 해도 자연언어의 낱말들은 거의 모두 다의적이기 때문에 저자의 생각이나 느낌이 독자에게 그대로 전달되는 것을 기대하기 어려울 것인데, 하물며 언어가 바뀜에서 오는 독해의 어려움은 피할 수 없는 일이다.

그러나 글은 번역되면서 어떤 의미 영역을 잃는 대신에 새로운 의미 영역을 얻음으로써 새로워지고, 번역된 언어문화의 성분이 된다. 가령 칸트의 독일어 저술 『순수이성비판』과 베르그손의 프랑스어 저술 『창조적 진화』는 한국어로 번역됨으로써 한국사상의 성분이 되는 것이다. 그것은 한문 책 『논어』나 『금강경』이 한국어로 번역됨으로써 한국사상의 성분이 되는 것과 마찬가지이다. 외국어 문헌의 한국어 번역과 독서도 '옛것을 바탕으로 새것을 만들어내는 일[法古創新]'의 한 방식이다. "나의 언어의 한계들은 나의 세계의 한계들을 의미한다." 비트겐슈타인의 이 말을 뒤집어 말하면, 수많은 외국어 고전을 한국어로 옮겨 읽는 것은 다름 아닌 한국인의 세계로의 확장, 한국적 사고의 새로운 창출을 의미한다. 그래서 본디 한국어 고전에서뿐만 아니라 번역된 외국어 고전에서도 짙은 향취를 얻을 수 있다. 새로운 말의 터득은 새로운 시야를 열어주니, 여러 나라 말로 쓰이고 한국어로 수용된 고전과 함께 새로운 세계를 거닐어보자.

아카넷에서 이번에 펴내는 '고전의 유혹' 시리즈는 독자들의 꾸준한 관심을 받고 있는 대우고전총서의 서양 고전을 선별하여 그 해제를 묶은 책이다. 각 해제의 형식은 조금씩 다르지만 사상가들의 생애를 비롯해 원전의 사상적 배경과 흐름, 주요 내용의 요약과 해설뿐만 아니라 현재적 의의 등이 담겨 있어 학계의 연구자와 서양 고전을 공부하고자 하는 일반 독자들에게 큰 도움이 될 수 있으리라 생각한다.

2015년 4월
정경재(靜敬齋)에서
백종현

차례

대우고전총서

012

소크라테스 이전
철학자들의 단편 선집

탈레스 외

정암학당 연구실

1. 희랍 철학의 여명기

서양 고대 철학 및 과학 사상을 서술하는 역사책 치고 눈에 익은 광고 문구처럼 굳어진 '뮈토스적 사고에서 로고스적 사고로(Vom Mythos zum Logos)'라는 표어의 공식화된 설명으로부터 철학과 과학의 시원(始原)에 대한 서술을 시작하지 않는 책이 없다. 이 낯익은 구호를 대중화시킨 사람은 독일의 고전 철학자인 빌헬름 네슬레(Wilhelm Nestle)이다.

그는 『뮈토스에서 로고스로』에서 희랍에서의 합리화(이성화) 과정을 그려내려고 하였다. 그는 서론에서 이렇게 말하고 있다. "뮈토스와 로고스라는 두 말로 우리는 인간의 정신적 삶의 영역을 움직이는 두 축으로 삼는다. 신화적 표상과 논리적 사고는 상반된 것이다. 전자는 상상적이고, 비자발적이며, 무의식의 토대 위에서 만들어지고 또 형성된다. 반면에 후자는 개념적이고 의도적인데, 의식에 의하여 분석, 종합된다."

그는 호메로스로부터 소크라테스에 이르기까지의 이성적 발전을 더듬어 찾아내고 있다. 모스트는 역설적으로 그의 논문의 제목을 '로고스에서 뮈토스로'라고 붙였다. 그는 언제의 인간의 사고를 '뮈토스'라고 말해야 하느냐 하는 원칙적인 문제를 제기한다. 철학사를 통해서 볼 때 늘 로고스적인 측면과 뮈토스적인 측면이 대립하여오지 않았는가, 그렇다면 이제는 '뮈토스에서 로고스'를 바라볼 게 아니라, '로고스를 통해서 뮈토스'를 찾아보아야 할 것이 아닌가라는 의문을 던지고 있다.

아리스토텔레스는 원리와 까닭에 대한 탐구의 출발을 어느 정도는 신화의 전통 가운데에서 찾아볼 수 있다는 점을 수긍하고 있긴 하지만, 여전히 철학사의 출발을 이오니아의 밀레토스 출신인 탈레스에게 돌리고 있다. 물론 아리스토텔레스는 철학사의 시작을 탈레스에게 돌릴 수밖에 없는 적절한 근거를 주고 있다. 아리스토텔레스가 탈레스에게 돌리고 있는 그 설명들이 철학사의 출발 시점을 마련해주고 있으며, 그래서 철학사가들은 이오니아에서 철학이 시작되었다는 주장을 대체적으로 받아들이고 있다. 이러한 규정은 초기 사상가들의 사유가 신화나 종교적인 방식이 아니라, 철학적이라고 부를 만하다는 평가에서 비롯된다. 철학적 기준에 부응하는 사고를 그들이 처음으로 시작했다는 뜻이다. 그 기준은 사고방식의 합리성에 있다. 철학적 사고, 사상에 대한 음미와 비판의 전제는 언제나 합리성에 그 토대를 두고 있다. 철학을 비롯한 학문(epistēmē)의 역사는 결국 합리성의 역사이며, 합리성(혹은 이성)의 의미 규정과 그 탐구 대상에 의해서 철학의 차별화가 일어난다고 말할 수 있다.

로이드는 그의 저서 『그리스 과학 사상사』에서 중동 지방의 의학, 수학, 천문학 분야에서의 업적에도 불구하고 희랍의 탈레스가 최초의 철학자, 과학자였다는 주장은 일리가 있어 보인다고 지적한다. 그는 밀레토스 철학자들의 사고를 이전 사상가들의 그것과 구별해주는 두 가지 중요한 특징을 지적했는데, 하나는 '자연의 발견'이고 다른 하나는 '이성적인 비판과 논쟁의 실천'이라고 말하고 있다.

근자에 들어서 철학의 연원을 탈레스 이전의 종교적·신화적 삶의 표현 속에서 희랍 철학의 맹아를 찾는 일이 시도되고 있다. 20세기에 들어 몇몇 고전 연구자들이 탈레스 이전의 문학적·종교적 사고로부터 철학적 사고의 시원을 발견하려 시도했고 특히 호메로스나 헤시오도스 같은 시인들에게서 철학적 탐구의 맹아를 찾고자 했다.

예컨대 헤시오도스를 철학의 출발로 보는 기곤은 '시로부터 철학이 생겨났다'는 것은 놀라운 것이 아님을 지적하면서, 우리가 철학자라고 부를 수 있는 최초의 사람들은 시인이라고 말하고 있다. 이에 덧붙여 헤시오도스가 호메로스에 비해 아주 새로운 것을 추구했는

| 소크라테스 이전 철학자들의 단편 선집

데, 그것은 신의 계보의 역사를 추적하고 있다는 점이다. 이를 통하여 헤시오도스가 아리스토텔레스와 테오프라스토스 이래로 철학의 시조로 받아들여지는 밀레토스의 탈레스의 기술보다도 희랍 철학의 시원에 대한 비교할 수 없을 정도로 풍부하고 깊은 의미를 주고 있음을 지적하고 있다. 기곤이 이해하는 헤시오도스의 철학함의 계기는 1) 참과 가상적인 것 간의 구분과 2) 신들의 계보를 추적함으로써 세계의 '기원'의 근원을 탐구하려는 물음, 그리고 3) 이 세계를 구성하는 인간을 포함한 모든 대상을 포괄하는 '전체'에 대한 생각으로 요약된다. 이로써 형식적이고 존재론적인 원리가 이루어지는 것으로 기곤은 이해한다. 스넬도 같은 맥락에서 헤시오도스가 이 세계의 기원을 아르케로 포착하려 했던 철학의 선구자임을 지적한다.

철학의 발생 이전, 이후의 사상 및 정신의 발전을 기술하는 훌륭한 고전적 철학 역사서들을 우리 주위에서 찾아보기란 그리 어렵지 않다. 그렇다고 해도 철학의 기원 그 자체에 대해서는 서로 일치된 견해를 보여주고 있지 못하다. 여기에는 많은 문제점이 개재되어 있는 것처럼 보인다. 철학적 사고의 기원을 설명하는 상호 대립되는 관점과 방법은 차치(且置)하고서라도, '뮈토스적 사고부터 로고스적 사고로'라는 상투적 수식 어구 자체가 문제점을 지니고 있기 때문이다. '뮈토스적 사고'라는 말이 정확히 무엇을 의미하는지, 과연 신화적 사고라는 것이 존재하는지 하는 문제가 그것이다. 아니, '신화'에 내포된 사고방식이라는 것이 과연 우리에게 이해 가능한 것인가 하는 원론적인 문제도 대두될 수 있을 것이다. 이러한 문제들에 관한 대립되는 견해가 존재한다는 것은 '철학적 사고의 연원(아르케)'에 관한 문제 자체가 어떤 모호성을 지니는 것으로 간주해도 무방할 것이다. 나아가 그 문제 자체는 어떤 하나의 입장과 관점으로 해결될 성격이 아니라는 사실을 보여주는 것이기도 하다. 신화적 사고의 본질이 무엇인가 하는 문제는 신화 자체에 관련된 여러 개별 학문적인 논의를 전제해야만 한다. 이에 관련되는 학문의 분야는 종교학, 신화학, 역사학, 문화인류학을 비롯하여 여러 분야를 포함할 수 있다. 그 밖에도 신화 자체의 성격 규정상 인문학은 물론이고 자연과학 전반에 걸쳐 있는 문제점을 노출시켜 매우 광범위한 토대 위에서 논의되어야 할 성격을 가진다.

2. 탈레스

탈레스는 6세기 초반에 활동하였으며, 기원전 585년의 일식을 예언한 것으로 알려져 있다. 그는 희랍의 철학과 과학적 전통의 창시자로 일컬어진다. 탈레스가 자신의 견해를 글로 썼는지는 분명하지 않으며 고대에도 알려져 있지 않았다. 어떤 이들은 그가 아무것도 남기지 않았다고 말하기도 하고, 다른 이들은 그가 항해용 천문 안내서를 썼다고 말하기도 한다. 아리스토텔레스는 탈레스의 견해를 서술하면서 그의 저술에 대해서는 아무런 언질도 주지 않는다.

탈레스의 삶과 행적을 알려주는 정보원으로서 가장 오래 된 저자는 헤로도토스이다. 탈레스의 행적과 관련된 일화들은 액면 그대로 받아들이기는 곤란하지만 대체로 그가 다방면에서 능력이 뛰어 났음을 말해준다. 실로 탈레스는 소크라테스 이전 철학자들 가운데 7현인에 속하는 유일한 사람이었다. 헤로도토스는 탈레스가 할뤼스 강의 흐름을 바꾸었다는 이야기를 믿지는 않았지만, 탈레스가 그런 정도의 일을 했으리라는 것을 부정하지는 않았다. 그리고 탈레스가 소아시아의 이오니아 도시들에게 정치적인 연합을 형성해서 페르시 아의 팽창에 효과적으로 저항하도록 조언했다는 이야기는 정치 지도 자로서의 식견을 엿보게 한다. 그런가 하면 사실성은 희박하지만 전 형적인 철학자로서 탈레스의 일면을 보여주는 일화들도 있는데, 우 물에 빠진 사색가의 이야기와 쓸모없다는 비난으로부터 철학을 옹호 하는 이야기는 이런 주제의 일화들 중 가장 오래된 형태이다.

이 허구적인 두 일화는 탈레스를 천문학자로 묘사한다. 천문학 에서 탈레스의 행적으로 꼽히는 가장 유명한 것은 일식의 예언이다. 탈레스의 일식 예언은 물론 오늘날과 같은 과학적 지식에 기초를 두 고 있다고 볼 수는 없다. 오늘날의 일식 예측은 날짜뿐 아니라 일식 의 경로도 명시하며, 경로를 따라 다른 장소에서의 부분 일식과 전체 일식 시간을 명시한다. 오늘날의 예측들은 매우 정확한 지식을 필요 로 하며, 그런 지식은 탈레스 시대 한참 후에도 가능하지 않았다. 달 과 지구의 타원 궤도는 17세기에 비로소 확정되었으며, 탈레스의 직 계 후계자들(아낙시만드로스, 아낙시메네스)은 아직 지구를 구형으로 도 인식하지 못하던 상황이었다. 그러나 탈레스가 일식을 예언했다 는 헤로도토스의 전거가 사실이라면, 그의 예언은 오랜 기간에 걸친 경험적 관찰에 의지한 것이었음에 틀림없다. 헤로도토스의 전거에서 보듯이 탈레스가 예언한 것은 일식이 일어나는 해였고, 날짜나 시간, 그리고 일식을 관찰할 수 있는 특정한 장소는 아니었다. 이런 대략적인 일식 예언은 바빌로니아의 방법과 일치한다는 점에서 탈레스는 바빌로니아의 기록들에 의존했을 것으로 추정된다. 바빌로니아인들은 점성학과 종교적인 목적 때문에 일식이나 지점의 주기와 같은 천체 현상들에 많은 관심을 기울였으며, 기원전 8세기 중반부터 자세한 기록을 누적해왔다. 당시 밀레토스의 국제적인 교섭관계로 볼 때, 탈레스는 이 바빌로니아의 기초 자료들을 접했을 가능성이 높다. 따라서 천문학과 관련된 탈레스의 다른 행적들(작은 곰자리의 관찰, 지점과 그것의 변화를 측정하는 일) 역시 바빌로니아에 의존했을 것으로 추정된다.

전거들은 탈레스를 수학의 영역에서도 여러 발견들의 장본인으로 간주한다. 하지만 그의 발견들은 그의 천문학이 그렇듯이 그 기원이 탈레스 자신에게 있지 않다. 전승에 따르면 탈레스는 기하학을 이집트에서 배워왔다. 이집트의 기하학이 땅을 측정하고 건물을 배치하기 위한 실용적인 지식 수준에 머물러 있었다면, 희랍의 기하학은 유클리드의 『원리들』에서 보듯이 일반적인 정의와 정리를 취급하며 측정이나 계산에 몰두하지 않는다. 에우데모스 이래로 고대 수학 사가들은 희랍의 기하학이 출발부터 이런 특징적인 성격을 갖는다고 생각했다. 수학자들은 지속적으로 기존의 지식을 조직화하여 증명의 포괄적인 체계로 만들어갔는데, 그 과정에서 탈레스가 희랍 수학의 토대를 닦는 데 크게 기여한 것으로 생각하고 특정한 정리들을 그의 것으로 돌리려 했다. 그러나 최근의 수학 사가들은 이런 접근을 부정한다. 증명의 원리가 아테네 여신이 제우스의 머리에서 나온 것처럼 기하학자의 머리에서 완성된 형태로 불쑥 나왔을 가능성은 적으며, 그보다는 오랜 기간에 걸쳐, 아마도 철학에서 증명의 사용에 영향을 받아 발전했을 것으로 본다(증명의 사용은 파르메니데스에서 비로소 등장한다). 따라서 프로클로스가 에우데모스를 좇아서 탈레스의 공로로 돌리는 세 가지 정리들은 그 방면에서 탈레스의 행적과 관련이 있는 실제 문제들을 이론적으로 깔끔하게 해결하는 방법이었을 것이다. 아마도 탈레스는 기하학자로서 그런 원리들을 언급하지 않고서도 초보적인 측정 기구를 사용해서 문제들을 해결하여 동시대인들의 명성을 얻었을 것으로 추측된다. 탈레스의 가까운 후계자들이 수학 이론에 거의 관심을 기울이지 않았던 것으로 보인다는 점도 이런 추측의 배경이 될 법하다.

　탈레스의 우주론에 대한 정보는 전적으로 아리스토텔레스에게 의존한다. 아리스토텔레스가 탈레스의 견해로 돌리는 명제는 두 가지다. 하나는 지구가 물 위에 떠 있다는 것이고, 다른 하나는 물은 만물의 근원(arche-)이라는 명제이다. 지구가 물 위에 떠 있다는 생각은 근동의 신화적 우주론의 영향을 받았을 것이다. 이런 생각이 이집트에서 도입되었을 것이라는 심플리키오스의 언급도 있거니와, 당시 바빌로니아와 이집트의 여러 지역에 그런 관념이 폭넓게 퍼져 있었음을 알려주는 자료들은 풍부하다. 하지만 탈레스의 그것을 신화적 세계관의 단순한 연장으로만 보기는 어렵다. 다른 전거에 따르면, 탈레스는 지진의 원인을 지하에 있는 물의 운동으로 설명한다. 땅이 물 위에 떠 있음을 전제할 때 이해 가능한 이러한 설명은 탈레스의 착상이 단순한 신화적 사고의 답습이 아니라, 자연현상을 설명하기 위한 발상으로 이해할 여지를 준다.

물이 만물의 근원이라는 생각과 관련해서 아리스토텔레스는 탈레스의 물을 자신의 4가지 원인설에 맞추어 질료인으로 해석한다. 아리스토텔레스가 선배 철학자들의 사상을 이처럼 자신의 고정된 분석 틀로 재단한 것은 그들 사이의 유사성을 드러내는 데 유용한 측면이 있기는 하지만 혼란의 원천이기도 하다는 점을 염두에 두어야 한다. 아리스토텔레스의 해석에 따르면, 만물의 근원은 물이라는 명제는 모든 사물은 물로 이루어져 있다는 뜻이다. 단적으로 말하면 "모든 사물은 물이다"가 된다. 그래서 탈레스의 주요 문제는 "모든 사물들은 무엇으로 이루어졌는가?"이며, 우리가 아는 한 탈레스는 최초로 이런 물음을 제기한 사람으로 이해된다. 물질의 근본 형태와 다른 물체들이 그것들로 어떻게 구성되는가에 관심을 갖는 이런 물음은 탈레스 이후의 자연철학자들이 대답하고자 했고, 또 오늘날의 물리학자들이 해결하고자 하는 물음의 성격과 다르지 않다. 탈레스가 물을 이처럼 사물들의 구성요소로 생각했을 가능성을 배제해야 할 이유는 없지만, 우리에게 너무 분명해 보일 뿐 아니라 후계자들이 중요하게 여겼던 종류의 문제에 대한 탈레스의 침묵이 의심스럽다. "만약 세상의 모든 것이 물로 구성되어 있다면, 어떻게 해서 세상에는 다른 종류의 사물들이, 더구나 불과 물처럼 상극으로 보이는 그런 것들이 있을 수 있는가?"

질료인으로서의 물 개념은 영속하는 실체 개념에 맞춘 아리스토텔레스 나름의 해석일 뿐이고, 탈레스의 실제 생각은 세계가 생겨난

| 소크라테스 이전 철학자들의 단편 선집

기원으로서의 물이었을 수 있다. 이런 생각은 땅이 물 위에 떠 있다는 착상과 잘 연결될 뿐 아니라, 탈레스가 영향을 받았을 근동의 신화들 가운데 함축되어 있으며, 오케아노스(강)를 모든 사물의 원천으로 지목하는 호메로스의 언급과도 통한다. 이 기원으로서의 물 관념은 세계의 원시 상태는 어떤 것이며 세계의 현재 상태가 어떻게 생겨났는가에 주목한다. 탈레스는 세계가 태초에 무한하게 펼쳐진 물에서 나왔으며, 세계는 여전히 그 물 위에 떠 있고, 그 물은 여전히 특정한 자연 현상(예컨대 지진)의 원인이 된다고 생각했을지 모른다(멀리 거슬러 올라가면 태초의 물과 연결 되겠지만, 사물들이 물로 이루어졌다는 믿음은 갖지 않았을 것이다). 그렇다면 탈레스의 우주론은 신화적 우주론과 밀접하게 맞닿아 있는 셈이다.

탈레스의 견해를 조명해 줄 확실한 증거 자료가 더 이상 없는 상황에서 어느 방향의 해석이든 추정의 한계를 넘어서지는 못한다. 어쩌면 탈레스에게는 기원으로서의 물 관념과 구성요소로서의 물 관념이 애매하게 섞여 있었을지도 모른다. 아리스토텔레스가 물을 사물의 구성요소로 보는 이유였을 것으로 추측하며 제시하는 생리학적 사례들은(모든 생물들이 취하는 자양분이 축축하다는 것, 정액이 물기를 포함한다는 것) 탈레스에게 충분히 떠올랐음직한 이유들이다. 이들 사례는 신화적 우주론의 영향과 함께 탈레스에게 물이 우주의 원천일 뿐만 아니라 분화된 세계의 본질에도 포함된다는 생각을 동시에 갖게 했을 수도 있다. 그리고 이 노선은 가까운 후계자인 아낙시메네스로 이어져 확장되고 다듬어졌을 것으로 볼 수 있다. 아낙시메네스는 모든 사물이 공기에서 나왔고 공기로 이루어졌다고 믿었다. 뿐만 아니라 그는 그것이 어떤 방식으로 그럴 수 있는가에 대해서 생각했다.

아리스토텔레스는 혼(psychē)과 신, 그리고 살아 있는 세계에 대해서 탈레스의 생각을 엿보게 하는 간접적인 정보를 제공한다. 탈레스는 혼이 운동을 일으키는 원인이라고 생각했고, 그래서 자석이 쇠붙이를 움직이게 하기 때문에 혼을 가졌다고 믿었다. 혼을 생명의 원천으로 여기는 것은 희랍적 사유의 일반적인 경향이었다. 혼의 있고 없음에 따라 살아 있음과 죽음이 나뉜다. 그래서 아리스토텔레스는 식물들과 동물들이 혼을 갖는다고 말했으며, 나아가 운동이 생명의 특성이라고 주장했다. 이 운동은 성장과 질적인 변화를 포함하며 그래서 식물도 소유하는 넓은 의미의 운동이다.

그러나 자석이나 호박은 동·식물처럼 살아 있는 것으로 보이지 않을 뿐 아니라 스스로 움직이거나 변화할 수도 없다. 그래서 자석과 호박이 혼을 지녔다는 탈레스의 생각이 철학 이전의 정령론(animism)에 따른 신화적 표상을 보충하는 진술인지, 아니면 확장된 혼 개념(운동과 변화의 힘)과 더불어 제한된 의미의 물활론(hylozoism)을 천명하는 진술인지는 불분명하다. 그리고 탈레스가 자석과 호박의 관찰사례를 일반화해서 모든 사물은 생명을 가졌다는 생각에까지 나아갔는지도 확실하지 않다. 그러나 추측에 따른 보고이기는 하지만 아리스토텔레스는 탈레스가 모든 것이 신으로 충만하다고 믿었다는 말을 하면서, 이 믿음을 우주에 혼이 스며 있다는 믿음과 결부시킨다. 직접적인 증거는 없더라도 혼과 신의 연결 가능성을 생각하기는 어렵지 않으며, 비록 탈레스에게 신화적 전례들의 영향이 직·간접적으로 강하게 작용했을지라도 그의 우주론에서 철학적 사고의 가능성들을 배제할 분명한 이유도 없다. 그렇다면 탈레스에게 전체로서의 세계는 어떤 의미에서 생명력으로 충만한 것이었으며, 그러한 생명력은 광범위함과 영속성으로 말미암아 신적이라고 불리는 것이 자연스러웠을 것 같다. 이 생명력과 (세계의 기원이자 아마도 본질적 구성요소로 보았을) 물의 관계에 대해서 어떤 연관성을 추측해볼 수는 있겠으나, 탈레스가 그것을 물과 결부시켰는지에 대해서 말해주는 전거는 전혀 없다.

3. 아낙시만드로스

탈레스가 최초의 희랍 철학자라는 명칭을 얻게 된 것은 주로 신화적인 서술을 포기했기 때문인 반면, 아낙시만드로스는 세계를 포괄적이고도 자세하게 설명하려 시도했다는 구체적인 증거를 우리가 가지고 있는 최초의 인물이다. 연대기 작가 아폴로도로스에 따르면, 아낙시만드로스는 기원전 547/6에 64세였다. 그는 탈레스가 일식을 예언했던 해(기원전 585/4)에 25세였다. 그는 탈레스보다 젊었지만 아마도 많이는 아니었을 것이다.

아낙시만드로스에 대한 주요 자료 출처는 아리스토텔레스이다. 그리고 테오프라스토스를 몇 차례 직접 인용하는 학설지 저자들이 있다. 디오게네스 라에르티오스의 정보는 짧고 불완전하다. 따라서 우리가 접하게 되는 아낙시만드로스의 전반적인 사상은 소요학파의 언어로 보고된 것이다. 아낙시만드로스 자신의 것으로 인정받는 단편은 테오프라스토스의 짧은 인용을 통해 전해진(심플리키오스의 책에 보존되어 전해짐) 문구가 전부다. 신뢰성이 없는 『수다(*Souda*)』의 증언을 도외시하더라도 아낙시만드로스가 어떤 종류의 책을 분명히 썼다는 것은 테오프라스토스의 직접 인용에서, 그리고 디오게네스 라에르티오스의 보고에서 확인할 수 있다.

아낙시만드로스에게 아페이론은 우주 만물이 생겨나는 원천이다. 아리스토텔레스의 용어로 표현하자면 아페이론은 탈레스의 물을 대신하는 원초적인 질료이다. 아페이론은 물이나 불, 그리고 다른 철학자들이 근원적인 것으로 생각했던 질료들과는 다르다. 그것은 영원하고 나이를 먹지 않으며, 운동 중에 있고, 다수의 하늘과 세계들이 이것으로부터 생겨나며 이것에 의해 둘러싸인다고 묘사되는 그런 것이다. 아페이론에 대한 이런 묘사가 암시하는 '아페이론'의 의미는 첫째 공간적 한계가 없는 무한히 큰 것이고, 둘째 시간적 한계가 없는(시작도 끝도 없는) 것이며, 셋째 다른 것과 구별되는 특정한 어떤 것으로 정해져 있지 않다는 의미에서 무규정적인 것이다.

아페이론은 물도 불도 아니며, 뜨겁지도 차갑지도, 무겁지도 가볍지도 않으며, 축축하지도 건조하지도 밝지도 어둡지도 않다. 세계 내의 모든 사물들과 모든 성질의 궁극적인 원천인 아페이론은 사물들 가운데 어떤 것일 수 없으며, 사물들이 갖는 성질들 가운데 어떤 성질을 가질 수 없다. 그래서 아페이론은 더 이상 묘사하기 곤란하다.

아페이론은 신(神)적이고 사멸하지 않으며 운동 중에 있으므로, 탈레스의 물처럼 살아 있는 것이다. 그래서 아페이론은 세계를 생산할 수 있다. 아페이론을 신적이라고 말하고 있기도 하거니와 사멸하지 않음과 늙지 않음은 전통적으로 신화의 신들에게 주어지는 성질이다. 이것은 아낙시만드로스가 아페이론을 단순히 신적인 지위에 올려놓았다는 것만을 뜻하지 않는다. 오히려 신적인 것이 아페이론의 지위를 얻게 되었다는 것을 뜻한다. 신화의 신들은 시작(탄생)이 있으나 아페이론은 시작도 끝도 없다.

아낙시만드로스는 아페이론이 운동한다고만 말하고 있을 뿐 어떤 형태의 운동인지, 그리고 그 운동이 세계의 형성과 변화에 어떻게 작용하는지는 말해주지 않는다. 이 점은 아낙시메네스도 마찬가지인데, 그래서 아리스토텔레스는 운동의 문제를 제대로 다루지 않았다고 일원론자들을 자주 질책한다. 어쨌든 아낙시만드로스가 아페이론이 운동한다고 생각한 것은 그렇지 않을 경우 어떤 변화도 일어날 수 없을 것이고, 그래서 우주는 결코 시작될 수 없다고 생각했기 때문일 것이다.

우주의 형성은 아페이론에서 대립자들이 떨어져나오는 데서 시작된다(이 대립자 개념은 아낙시만드로스에서 처음 등장하며, 이후 여러 철학자들, 즉 헤라클레이토스, 파르메니데스, 엠페도클레스, 아낙사고라스에 의해 사용된다). 우주발생에서 주요 대립자들은 온(뜨거운 것)과 냉(차가운 것)이었다. 아낙시만드로스는 이 대립자들의 상호작용과 균형을 가정했으며, 우주의 구성과 운행에 중요한 역할을 한다고 믿었다. 이 대립자 개념은 이론적인 측면에서 탈레스의 문제점에 대응책이 된다. 탈레스에서 우리는 원초적 질료인 물에서 다른 사물들이 어떻게 나오는지에 대한 설명을 찾아볼 수 없다. 그래서 물을 일차적 실체로 놓을 경우 불의 존재를 어떻게 설명할 것인가가 의문이었다.

그렇다면 어떤 특정한 성질도 갖지 않는 아페이론에서 어떻게 뜨거운 것과 차가운 것이 산출될 수 있을까? 아낙시만드로스는 온과 냉이 아페이론에서 바로 나오는 것이 아니라, 그 전에 온과 냉을 산출하는 어떤 것이 먼저 아페이론에서 "분리되어 나온다"고 말한다. 온과 냉은 '산출자'에서 동등한 힘을 가지고 동시에 산출되기 때문에 한쪽이 다른 쪽을 압도하지 못한다.

산출자에서 나온 온과 냉의 구체적인 모습은 '불꽃'과 '공기(짙은 안개)'이다. 불꽃은 껍질이 나무를 둘러싸듯이 공기를 바짝 둘러싸는 구형의 껍질이다. 이 구형의 불꽃이 부서져 둥근 것들로 나뉘고, 그것들이 해와 달, 그리고 별이 된다. 짙은 안개는 우리가 숨 쉬는 공기와 우리가 밟고 다니는 땅(지구)으로 분화된다. 축축한 땅은 태양에 의해서 말려지고, 남아 있는 습기들은 바다가 된다. 아페이론은 분화과정의 시초에만 나타나고 그 후에는 사물들이 주어진 단계를 밟는다. 세계의 다양함은 올림포스 신들의 개입에 기인하는 것이 아니라, 하나에서 여럿으로의 분화와 한쪽에서 다른 쪽의 분리 과정에 기인한다.

아낙시만드로스의 우주는 단순한 대칭 구조를 보여준다. 중앙에 높이가 폭(원의 지름)의 3분의 1 되는 원통 모양의 지구가 있다. 우리는 평평한 한쪽 표면(원통의 원) 위에 산다. 지구 둘레를 불의 바퀴들이 에워싸고 있고, 이 불의 바퀴는 안개로 감싸여 있어서 우리 눈에 보이지 않는다. 바퀴마다 그것을 감싸고 있는 안개의 한 부분이 터져 있고 그곳으로부터 풀무의 주둥이에서 공기가 분출되듯이 불이 빠져나온다. 그렇게 빠져나오는 불꽃이 우리가 보는 별들이다. 별들이 움

25

직이는 것은 바퀴가 돌 때 풀무의 주둥이(분출구)도 함께 돌기 때문이다. 별의 바퀴가 지구에서 가장 가깝고 해의 바퀴가 가장 멀며, 달의 바퀴는 중간에 있다. 해의 터진 부분(우리 눈에 보이는 해)은 지구와 크기가 같다. 각 바퀴들의 크기는 천체들이 지구에서 떨어진 거리를 나타낸다. 달의 바퀴 지름은 지구 지름의 18배이고 해의 그것은 지구의 27배이다. 별들의 거리(바퀴들의 크기)에 대한 언급은 없지만, 달과 해의 거리 설정방식에 따르면 별들의 거리는 지구 지름의 9배로 추정할 수 있다. 별들은 제각기 지름이 같은 자신의 바퀴를 가지며, 평행하게 (해와 달의 바퀴보다) 기울어져 있어서 서로 충돌하거나 해와 달을 가리지 않는다. 천체현상에 대한 설명은 일식현상과 달의 위상 변화에 대한 설명으로 완성된다. 이것들은 바퀴에 난 숨구멍(분출구)이 공기에 의해 임시적으로 또는 주기적으로 폐쇄됨에 따라 일어난다고 생각했다.

지구는 우주의 중심에서 움직이지 않는다는 아낙시만드로스의 생각은 탈레스에 비해 혁신적이다. 탈레스는 땅이 물로 떠받쳐지고 있다고 생각했는데, 그렇다면 물은 무엇으로 떠받쳐지는지 의문이 생긴다. 또 다른 것이 그것을 떠받쳐야 한다면 같은 물음이 계속된다. 지구가 모든 방향에서 같은 거리에 놓여 있기 때문에 머물러 있다는 아낙시만드로스의 생각은 이 무한후퇴를 해소한다.

기상 현상에 대한 아낙시만드로스의 설명은 천체현상에 대한 설명 방식과 유사하다. 기상현상의 발생도 '떨어져 나옴'에서 비롯된다. 공기(짙은 안개)의 가장 미세한 증기들은 바람이 되고, 좀더 짙은 증기는 남아서 구름이 된다. 이 과정은 세계 형성의 시초에 바다와 바람이 생겨나는 과정과 유사하다. 천둥과 번개는 구름에 에워싸였다가 터져나오는 바람에서 생긴다. 이 설명도 천체들(짙은 안개로 둘러싸인 바퀴의 일부에서 터져 나오는 불)에 대한 설명을 상기시킨다. 아낙시만드로스는 바람이 해와 달의 운동을 포함해서 대부분의 기상 현상을 일으키는 것으로 설명하는데, 이처럼 공기의 산물인 바람을 강조하는 것은 아낙시메네스와의 관련성을 엿보게 한다.

인간을 포함해서 생물들의 기원에 대한 아낙시만드로스의 설명에서도 우주와 기상 현상에 대한 설명과의 유사성을 읽을 수 있다. 더 단순한 것에서 더 복잡한 것이 생기며, 생겨나는 것은 어떤 것 속에 둘러싸여 있다가 밖으로 터져나와서 존재하는 방식이다. 최초의 생물은 가시투성이 껍질로 싸여 있다가 나중에 껍질을 터뜨리고 나왔으며, 사람도 물고기 같은 생물 속에 갇혀 있다가 성장한 다음 몸을 터뜨리고 나온다고 말한다. 사람이 물고기 같은 생물 속에서 길러졌다는 발상은 최초의 생물이 축축한 것에서 생겨났다는 생각의 연장선상에 있는 것으로 보이며, 유아기의 무기력함에서 생기는 문제를 해결하는 착상의 기발함을 보여준다.

아낙시만드로스의 우주론은 소박하지만 기하학적 구조와 수학적 비례관계를 사용한다는 점에서 과학적인 사고의 진전을 보여준다. 그리고 기상현상과 생물의 발생 및 전개 과정의 유사한 설명방식도 과학적 사고의 단초를 보여준다. 이런 경향은 아낙시만드로스의 말을 담은 직접 인용에서도 표현된다. 이 단편은 대립자들의 상호변화 과정을 언급하고 있다. 여기서 말하는 상호변화란 1) A가 소멸될 때 A는 다른 어떤 B(A가 생겨날 때, 소멸하는 것과 같은 종류의 것)로 바

| 소크라테스 이전 철학자들의 단편 선집

뀐다는 것과 2) A, B 각각은 정해진 길이의 시간을 갖는다는 것이다. 덧붙여서 생성과 소멸은 A가 B에 저지르는 불의의 행위이며 A는 그에 대해서 보상을 하도록 강요받는다. 이 A, B를 상호 대립하는 원소적 힘으로 이해하는 것은 함축하는 바가 크다. 대립하는 원소적 힘들의 변환은 계절의 순환과 연관 지어 이해할 수 있다. 여름에는 더위가 우세하고, 겨울에는 추위가 우세하며 봄, 가을에는 더위와 추위가 균형을 이룬다. 여름이 오면 더위가 추위를 몰아냄으로써 잘못을 저지르고 추위의 영역 일부를 차지한다. 그러다가 시간이 지나면 더위는 잘못의 대가를 지불하고 추위는 그에 따르는 보상을 받고 다시 균형을 유지한다. 겨울이 되면 추위가 더위에게 잘못을 저지른다. 그러면 다시 보상을 지불해야 한다. 그래서 처음에 하나가 지배하고 그다음에 그와 대립하는 것이 지배하는 상태들 사이에 규칙적인 교대의 끝없는 순환이 일어난다. '습함－건조함, 밝음－어두움, 옅음－짙음, 단일－복합' 같은 다른 대립 쌍들을 가지고도 마찬가지로 세계의 여러 가지 특징을 설명할 수 있을 것이다. 대립하는 원소들의 상호작용을 이렇게 이해하는 것은 자연에서 변화의 연속성과 안정성을 설명하는 데 잘 들어맞으며, 그래서 '필연에 따라서' 불가피하게 그리고 균일하게 비인격적으로 작용하는 자연법칙에 대한 이해의 실마리를 보게 된다.

4. 피타고라스

피타고라스는 기원전 570년경에 태어나 490년경에 죽었다. 그의 생애 및 사상과 관련해 가장 많은 자료를 제공해주고 그런 만큼 가장 영향력 있었던 것은 기원후 3세기의 디오게네스 라에르티오스(200-250년) 및 신플라톤주의자들인 포르퓌리오스(234-305년)와 이암블리코스(245-325년)가 쓴 피타고라스 전기들이다. 이것들은 모두 기원전 1세기경에서 기원후 3세기까지 존속되었던 신피타고라스주의에 속하는 사람들의 저술들을 바탕으로 한 것들이다. 그런데 신피타고라스주의자들은 피타고라스를 신적인 존재로 묘사하는가 하면, 그를 플라톤과 아리스토텔레스를 비롯한 희랍(헬라스) 주요 사상들의 원천으로 부각시키는 등, 피타고라스의 사상을 과장하여 소개하는 경향이 강했다. 이런 경향을 신플라톤주의자들인 포르퓌리오스와 이암브리코스는 그대로 이어받았다. 따라서 신피타고라스주의자들과 신플라톤주의자들의 저술들은 역사적 피타고라스가 실제로 무엇을 생각하고 행했는지를 알아내는 데 혼란을 초래한다. 디오게네스 라에르티오스는 비교적 피타고라스에 관해 중립적인 입장을 견지하려 했던 것으로 보이나, 그가 참고한 자료가 신피타고라스주의자들의 것들이어서 그의 저술도 신뢰하기 힘들다. 그러나 이들의 글들 속에는 주요한 초기 자료들을 인용한 것들도 있어서, 적어도 이것들은 역사적 피타고라스의 생애와 사상을 재구성하는 데 많은 도움이 된다.

결국 역사적 피타고라스의 생애와 사상을 알아보기 위해서는 왜곡된 후기의 자료들이 나오기 이전의 초기 자료들에 의존할 필요가

| 소크라테스 이전 철학자들의 단편 선집

있다. 이들 자료 중 중요한 것들로는 우선 기원전 4세기 무렵의 것들로서 지금은 소실된 아리스토텔레스(384-322년)의 두 저서의 단편들과 아리스토텔레스의 제자들인 디카이아르코스(360-250년)와 아리스톡세노스(370-290년)의 단편들, 그리고 시켈리아(시칠리아)의 역사가 티마이오스(350-260년)의 단편들이 있다. 그런데 이 자료들은 구전에 기초한 것들이었기에 중요한 문제들과 관련해 불일치를 보이는 한계도 있다. 피타고라스와 관련해 일차적인 주요 자료들은 피타고라스와 같은 시대 사람들의 증언들을 비롯한, 아리스토텔레스 이전 저자들의 증언들이다. 이것들은 아쉽게도 많지 않으며 또한 간략한 언급으로 되어 있다. 하지만 피타고라스의 경우에는 아리스토텔레스 이전 증언들이 다른 초기 철학자들의 경우보다는 폭넓게 있는 편이다. 이를테면 크세노파네스, 헤라클레이토스, 엠페도클레스, 이온, 헤로도토스, 이소크라테스, 그리고 플라톤의 증언들이 있다. 이렇듯 여러 증언들이 존재한다는 사실은 그가 상당히 널리 알려져 있던 인물이었음을 보여주는 것이다.

피타고라스의 생애와 관련해서 많은 이야기가 전해지지만 신빙성 있는 것은 아주 적다. 비교적 신빙성 있는 이야기를 간추리면 이러하다. 그는 기원전 570년경에 사모스 섬에서 태어나 거기서 살면서 이집트를 여행하기도 하지만, 기원전 530년경에 폴뤼크라테스의 폭정 때문에 이탈리아 남부에 있는 크로톤으로 이주한다. 거기서 많은 사람을 이른바 '피타고라스적 삶의 방식'으로 인도하여 공동체를 만들고 종교적·도덕적으로뿐 아니라 정치적으로도 큰 영향력을 갖는다. 하지만 기원전 510년경 아마도 피타고라스적 삶의 방식이 지닌 배타성으로 인해 그 자신과 그의 추종자들에게 압박이 가해지자, 그는 메타폰티온으로 이주하고 기원전 490년경에 죽음을 맞는다. 피타고라스 사후에도 피타고라스주의자들은 이탈리아 남부의 여러 나라의 국사를 돌보며 큰 영향력을 행사하는데, 기원전 450년경 크로톤에서 피타고라스주의자들이 회의를 하던 밀론의 집을 퀼론의 추종자들이 불살라 상당수의 피타고라스주의자들이 희생된다. 그 후로도 피타고라스학파에서 두 명의 주목할 만한 인물들이 나오는데, 그들은 크로톤 사람인 필롤라오스(기원전 470-385년)와 타라스 사람인 아르퀴타스(기원전 428-350년)이다.

일반적으로 피타고라스는 수학자이며 합리적인 우주론자로 이해되곤 한다. 그러나 이런 이해를 뒷받침할 만한 초기 자료는 거의 보이지 않는다. 초기 자료들을 통해 일단 알 수 있는 것은, 그가 혼의 전이설(metempsychōsis)의 전파자이며, 이른바 피타고라스적 삶의 방식의 창시자라는 것이다. 아울러 그는 합리적인 것과는 상당히 거리가 멀어 보이는 불가사의한 능력의 소유자로도 보인다.

혼의 전이설과 관련된 주요 자료로는 헤로도토스의 글, 디카이아르코스의 글을 인용한 것으로 여겨지는 포르퓌리오스의 글, 크세노파네스와 키오스 사람인 이온의 말을 인용한 디오게네스 라에르티오스의 글을 들 수 있다. 이온의 증언을 보면, 그는 피타고라스가 죽음이 삶의 끝이 아니고 사후에 혼의 삶이 있다는 견해를 편 사람임을 전제하고 있다. 그런데 피타고라스는 단순히 사후에 혼의 삶이 있다는 데 그치지 않고 사람의 혼이 불사적이며, 다른 종류의 동물들로 옮겨간다고, 그래서 모든 동물은 동족관계에 있다고 믿었던 것으로 보인다. 적어도 여기까지는 피타고라스가 가졌던 생각이라고 보아도 무리가 없을 것이다. 그리고 혼의 전이는 주기적으로 일어난다는 것도 피타고라스의 믿음이었다고 봄직하다. 이렇게 보면 피타고라스의 혼의 전이설은 불교의 윤회설과 흡사해 보인다. 그러면 피타고라스는 언젠가는 이런 윤회의 굴레에서 벗어날 수 있다고 보았던 것일까? 적어도 헤로도토스의 살목시스 이야기에 나오듯, 인간이 "영원히 살아남아 온갖 좋은 것을 소유할 곳으로 가게 될 것"이라는 언급은 인간이 언젠가는 윤회의 굴레에서 벗어날 수 있음을 뜻하는 것으로 볼 여지를 남기고 있다. 하지만 피타고라스가 윤회의 주기를 헤로도토스가 말하듯 3000년이라고 믿었는지, 그리고 헤라클레이데스가 말하듯이 혼이 식물로도 옮겨간다고 생각했는지는 알 수 없는 일이다.

플라톤은 자신의 대화편들에서 피타고라스 자신에 대해서는 단지 한번 언급하는데, 그를 삶의 방식의 창시자로 묘사하고 있다. 플라톤의 증언에 따르면, 피타고라스 사후 100년이 넘은 시점까지도 그 삶의 방식을 고수하는 사람들이 있을 정도였고 평판도 좋았던 것으로 보인다. 피타고라스적 삶의 방식은 피타고라스의 공동체에서 은밀하게 공유되었으며, 아무나 그 공동체에 가담할 수는 없었다. 크로톤에서 막강한 영향력을 가졌던 귀족인 퀼론조차 성품이 안 좋다는 이유로 거부되었을 정도였다. 공동체에 들어가기 위해서는 여타 까다로운 자격요건을 갖추어야 했으며 '친구들의 것들은 공동의 것이다(koina ta tōn philōn)'라는 규칙을 받아들여야 했던 것으로 보인다. 피타고라스적 삶의 방식에 특징적인 것은 종교의식이나 식생활을 비롯한 생활방식과 관련된 금기사항들의 준수이다. 금기사항들은 글이 아니라 구두로 제자들에게 전달되었던 금언 형태의 가르침(akousmata) 속에 담겨 있었다. 이 가르침은 피타고라스주의자들(Pythagoreioi)과 보통 사람들을 구분해 주는 징표나 상징이 되는 것으로서 symbola로도 불리었다. 피타고라스가 종교의식에 큰 관심을 기울였다는 것은 이소크라테스의 글을 통해서뿐 아니라, 또한 아리스토텔레스의 소실된 책에서 인용된 것으로 여겨지는 구절, 즉 "가장 올바른 것은 무엇인가? 신께 제물을 바치는 것이다"라는 구절을 통해서도 알 수 있다.

피타고라스적 삶의 방식에 특징적인 규칙으로는 종교의식이나 음식과 관련된 것 말고도 흥미로운 것들이 있다. 앞서 언급했듯이 '친구들의 것들은 공동의 것'이라는 규칙, 즉 재산 공유의 규칙이 있었고, 또한 자기 통제라는 도덕적 훈련을 위한 묵언의 규칙도 있었던 것으로 보인다. 이소크라테스는 대중 연설을 중시하던 기원전 4세기에조차도 사람들이 말로 대단한 평판을 가진 사람들보다도 묵언을 중시했던 피타고라스의 제자들에 대해 더 탄복했다고 말한다(이소크라테스, 『부시리스』 28). 개인적인 훈련을 위한 묵언의 규칙 말고도 피타고라스의 가르침(akousmata)을 외부에 발설해서는 안 된다는 '예사롭지 않은 묵언'의 규칙 또는 '보안(phylakē)'의 규칙도 있었던 것으로 보인다. 아리스토텔레스는 피타고라스주의자들이 "이성적 존재(to logistikon zōion)의 한 부류는 신이고, 다른 부류는 인간이며, 또 다른 부류는 피타고라스와 같은 존재이다"라는 것을 비밀로 했다고 한다 (DK14A7; 아리스토텔레스 단편 192). 피타고라스주의자들이 이처럼 피타고라스의 특정 가르침을 비밀로 했다면, 그의 모든 가르침이 보안의 대상이었다고 볼 필요는 없을 것이다. 그리고 이암블리코스에 따르면 히파소스(Hippasos)는 12개의 오각형으로 이루어진 구형에 대해 누설했기 때문에, 누군가(아마도 히파소스)는 12각형이나 무리수에 대해 누설을 했기 때문에 바다에 빠져 죽었다고 하는데(『피타고라스적 삶에 관하여』 88, 47; 18DK4), 이런 것들은 지어낸 이야기들에 불과하다.

피타고라스라고 하면 그의 이름이 붙은 '정리'가 곧바로 연상될 만큼 수학자로서 널리 알려져 있지만, 안타깝게도 초기 자료에서 그런 모습을 찾아보기는 힘들다. 그렇다면 어떻게 그 정리가 피타고라스와 연관 지어진 것일까? 그 근거 자료들은 모두 다 산술가인 아폴로도로스의 시구와 같은 구절들에서 유래한다. 그 시구는 "피타고라스가 널리 알려진 그 도식(gramma, 정리)을 발견했을 때, 그 일로 그는 그 유명한 황소 제사를 거행했다"는 짧막한 구절로 되어 있다. 이구절에서 '발견했다'는 표현은 '증명했다'는 것을 뜻하는 것으로 보이지 않고, 실제로 피타고라스가 그걸 증명했음을 보여주는 초기 자료도 없다. 더욱이 수학의 증명방법이 개발된 것은 기원전 5세기 말이나 4세기 초에 이루어진다. 그러면 그 시구에서 '발견했다'는 것이 증명 없이 '최초로 알아냈다'는 것을 뜻하는 것으로 볼 수는 없는가? 그렇게 보기도 힘들다. 피타고라스 이전에 바빌로니아인들에게 그 정리가 증명되지는 않은 상태로 이미 알려져 있었기 때문이다. 그것도 기원전 2000년부터 3 : 4 : 5와 같은 피타고라스 정리의 수 조합들이 설형문자의 문서에 나타난다는 것이다. 그러므로 피타고라스는 특정한 기하학적 관계에 대한 발견자라거나 엄격한 증명을 하는 기하학자라고 하기 힘들다. 그렇다면 남은 가능성은 단지 그는 그 정리가 참이라는 것을 알았을 뿐이라는 것이다. 하지만 피타고라스는 그 정리를 알고 황소 제사를 거행했다는 말이 전해질 만큼 기하학적인 관계를 몹시 중시했음이 분명하다.

또한 피타고라스는 중심적 세 협화음(symphōnia)과 네 정수(1, 2, 3, 4)의 비율 사이의 관계를 발견한 것으로도 유명하다. 즉 옥타브 =2 : 1, 제5음 = 3 : 2, 제4음 = 4 : 3이라는 사실을 발견했다는 것이다. 그러나 이를 뒷받침해줄 신빙성 있는 초기 자료도 없고, 오히려 피타고라스 시대에 이미 그 관계가 알려져 있던 것으로 지적된다. 그러므로 피타고라스가 그 관계를 발견하거나 증명했다고 하기보다는, 그 관계에 대해 알고, 그것의 중요성을 인식했다고 하는 게 적절할 것이다. 그는 음악을 수적인 측면에서 볼 뿐 아니라, 지혜의 원천인 델포이의 신탁도 테트락튀스, 즉 네 정수(1, 2, 3, 4)와 연관시키고, 더 나아가 우주도 그 수들과 연관시키고 있을 만큼 그 관계를 대단히 중시했다. 그러면 피타고라스가 우주를 수들과 어떻게 연관시켰는지를 다음 절에서 살펴보기로 한다.

이암블리코스가 아리스토텔레스의 보고를 인용한 것으로 여겨지는 내용(본문 32)은 피타고라스의 우주론을 이해하는 데 더없이 중요한 자료이다. 피타고라스는 지혜의 원천인 델포이의 신탁을 테트락튀스, 즉 네 정수(1, 2, 3, 4)와 연관시키고, 이 테트락튀스를 다시 "세이렌들(Seirēnes)이 이루어내는 화음(harmonia, 조화)"과 연관시키고 있다. 이 모호한 구절을 이해하기 위해서는, 우선 '세이렌들'이 함축하고 있는 의미를 살펴볼 필요가 있다. 세이렌들은, 『오뒷세이아』에서는 섬에 살면서 노래로 선원들을 홀려서 죽이는 요정들로 묘사된다. 하지만 알크만(Alkman)은 세이렌을 무사(Mousa)와 동일시하기도 하고, 플라톤은 여덟 세이렌이 천구들의 화음을 만들어내는 것으로 이야기하고 있다(『국가』 617b). 여기서 다시 피타고라스의 문제의 구절로 돌아가보자. '세이렌들이 이루어내는 화음(조화)'이라는 그의 표현은 바로 플라톤이 말하는 '천구들의 화음'의 싹을 보여주는 것이다. 다만 초기 자료에 따르면 피타고라스에게는 '천구' 개념이 없다는 점에서 차이가 있다. 그러므로 피타고라스의 경우에는 천구의 화음이라는 표현보다 우주의 화음이라는 표현이 무난할 것이다. 결국 피타고라스는 테트락튀스와 우주의 화음을 연관시킨 것이며, 이는 다음과 같이 해석될 수 있다. 곧 우주는, 음악적 협화음들의 경우처럼 정수 1, 2, 3, 4로 이루어지는 비율들에 의해서 표현될 수 있는 화음을 갖고 있다는 것이다. 이런 점에서 피타고라스는 우주를 수적인 구조를 지닌 것으로 보았다고 할 수 있다. 그런데 '가장 아름다운 것은 조화(화음)이다'는 것이 피타고라스의 생각이니, 피타고라스의 우주론은 이렇게 재구성해볼 수 있을 것이다. 우주는 수적인 비율로 표현할 수 있는 조화를 지닌 것으로서 아름다운 것이다. 달리 말해서, 우주는 아름다운 것이고, 이는 그것이 조화를 가졌기 때문이며, 이 조화는 수적인 비율에서 비롯된 것이라는 게 피타고라스의 생각이라고 해도 좋을 것이다. 수적 비율에 기초한 피타고라스의 우주론은 합리적인 면모를 보여준다. 이런 점에서 피타고라스는 이오니아철학자들과 같이 신화적인 사고를 벗어나 자연 현상을 합리적으로 설명하려 했던 철학자인 듯이 보인다.

하지만 피타고라스의 우주론은 비합리적인 면도 갖고 있다. 아리스토텔레스에 따르면, 피타고라스는 '바다는 크로노스의 눈물이고, 곰자리는 레아의 손이며, 플레이데스는 무사(Mousa)들의 뤼라이다'라고 말한다. 그리고 '지진은 죽은 자들의 모임일 따름이고', '천둥은 타르타로스에 있는 자들이 겁먹도록 그들을 위협하기 위한 것이다'라고도 말하는 등 여전히 신화적인 사고의 틀을 벗어나지 못한 모습을 보여준다. 이는 혼의 불사설과 관련한 피타고라스의 믿음에서 비롯된 것으로 해석될 여지가 있다. 이를테면 그는 '태양과 달은 축복받은 사람들의 섬이다', '행성들은 페르세포네의 개들이다'고도 말하는데, 이런 말들은 선하게 살면 태양과 달로 가서 축복받은 삶을 살고, 악하게 살면 행성들로 가서 응징을 당한다는 것으로 해석될 수 있다. 다시 말해 그는 자연설명을 통해 사람들의 도덕적 의식을 고양시키고자 했던 것으로 보인다. 다른 한편 피타고라스가 우주의 아름다움을 조화와 수적 비율로 설명한 것도 우주 자체에 대한 자연철학적 설명에 그치지 않고, 인간의 삶의 방식이 어떠해야 하는지를 보여주려는 것으로 보인다. 피타고라스는 인간의 삶의 방식에 더없이 관심을 가진 철학자였기 때문이다.

피타고라스와 관련해서는 자연철학자들이 상반된 평가를 내리고 있어서 흥미롭다. 헤라클레이토스는 "피타고라스는 어느 누구보다도 더 탐구를 했고, 이 저작들을 선별해내어 자신의 지혜, 박식, 술책(kakotechnē)을 만들었다"고 말함으로써 그의 지자로서의 지위를 의심한다. 그는 피타고라스가 박식하긴 하지만 "박식이 분별력을 갖게끔 가르치지는 못한다"고 말할 뿐 아니라, 심지어 "피타고라스는 허튼 소리를 하는 사람들의 원조이다"라고 말하기도 한다. 반면에 엠페도클레스는 피타고라스와 관련해 "예사롭지 않은 일을 아는 어떤 사람이 있었으니, 그는 생각들로 가장 부유한 자이며, 특히 온갖 지혜로운 일에 정통한 자이다"라고 증언한다. 좋은 평가를 담고 있든 아니든, 그에 대해서는 아리스토텔레스 이전 시기의 증언들이 비교적 폭넓게 있는 편이다. 이는 곧 그가 상당한 유명인사였음을 보여주는 것이다.

피타고라스에 대해서 상반된 평가가 존재하듯이, 그의 사상에는 상반된 두 면, 즉 합리적인 면과 비합리적인 면이 공존한다. 그는 수학에 기초한 합리적인 측면을 보이는가 하면, 신화적 사고의 틀을 벗어나지 못한 측면을 보이기도 한다. 불가사의한 능력을 지닌 자로 묘사되는 그의 모습도 합리적으로 이해할 수 있는 범위를 훌쩍 넘어서 있다. 이런 두 측면이 피타고라스에게는 병존하고 있다. 이로 인해 피타고라스주의는 피타고라스 사후 기원전 5세기 중엽쯤에 두 부류로 나뉘어 서로 대립하는 상황이 벌어진 것 같다. 그 한 부류는 '듣고 따르는 사람들(akousmatikoi)'이고, 다른 한 부류는 '학문하는 사람들(mathēmatikoi)'이다. 이 두 부류의 입장 차이는, 지금은 존재하지 않는 아리스토텔레스의 『피타고라스주의자들에 관하여』에서 이암블리코스가 인용한 것으로 여겨지는 글에 잘 나타나 있다. 그리고 포르퓌리오스의 글에는 역사적 피타고라스가 이미 두 부류를 구분하여 가르친 것처럼 언급되어 있는데, 실제로 그랬는지는 알 수 없는 일이지만, 적어도 두 부류의 성격을 잘 구분해주고 있다. 두 부류의 대립은 기원전 4세기에 사실상 사라졌을 것으로 추정된다.

피타고라스 사후 피타고라스주의의 전통에서 가장 뛰어난 철학자로는 기원전 5세기에 전성기를 보낸 필롤라오스를 들 수 있다. 그는 피타고라스의 두 부류 중 학문하는 사람 쪽이었을 것이다. 피타고라스와 필롤라오스 사후에도 피타고라스주의의 전통은 플라톤 아카데미 계승자들을 거쳐 신피타고라스주의, 그리고 신플라톤주의로까지 이어졌으니, 적어도 8세기 동안이나 피타고라스주의가 존속했던 셈이다. 그러나 플라톤의 아카데미 계승자들 이래로 피타고라스를 진리의 화신처럼 추어올려 역사적 피타고라스의 모습을 왜곡해놓은 것은 안타까운 일이다.

철학자로서의 피타고라스의 공헌은 우선 수학적 우주론의 싹을 보여주었다는 걸 들 수 있다. 하지만 그것은 너무 불분명한 상태로 제시되었고, 더욱이 신화적인 요소가 덧붙어 있어서 그 의미가 크게 퇴색되고 말았다. 하긴 수학적 우주론보다는 오히려 종교적·도덕적인 문제가 피타고라스에게 일차적인 관심사였다. 혼의 불사설과 전이설을 바탕으로 한 그의 철학은 응당 삶의 방식에 관한 관심으로 이어졌을 것이다. 우주에 대한 관심도 결국은 그의 삶의 방식에 대한 관심에서 비롯된 것으로 보는 게 옳을 것이다. 그러므로 피타고라스는 다른 자연철학자들처럼 형이상학자라기보다는 '어떻게 살아야 하는가(pōs biōteon)' 하는 윤리적 문제에 답을 구하고 실천하는 도덕적 현자라고 평가하는 게 더 적절할 것이다.

5. 헤라클레이토스

헤라클레이토스는 에페소스 출신이며 69번째 올림피아기인 기원전 504-501년에 전성기를 누렸다고 전해진다. 하지만 이것을 제외하고 헤라클레이토스의 생애에 대해 믿을 만한 자료들은 거의 남아 있지 않다. 플라톤과 아리스토텔레스, 그리고 스토아학파인 클레안테스와 스파이로스 등은 주로 그의 이론적인 측면에만 관심을 기울였다. 그의 생애에 대해서 우리가 알고 있는 것들은 주로 기원후 3세기에 활동했던 디오게네스 라에르티오스가 전해준다. 그는 여러 저명한 인물들에 관해 떠돌던 당시의 자료들을 자유로이 수집해서 본격적인 전기를 편찬한 인물이다. 하지만 그가 이용했을 것으로 추정되는 자료들은 주로 그 인물들에 대한 전설들이나 남아 있는 저작들을 모티브로 삼아 상상력을 가미해서 만들어낸 일화들이므로 신뢰하기가 힘들다. 이러한 까닭에 우리가 그에 대해서 확실하게 알 수 있는 것은 그가 남긴 말들, 즉 그의 사상에 국한되어 있다.

헤라클레이토스에 대해 최초의 철학적 평가를 내린 플라톤은 그의 사상을 '만물은 흐른다(panta rhei)'로 요약했고 우리는 이것을 만물유전설이라 부르고 있다. 플라톤은 있는 것들의 불변성을 강조했던 파르메니데스와 대립적인 위치에 헤라클레이토스를 놓는다. 주지하다시피 이러한 대립구도는 플라톤으로 하여금 끊임없이 변화하는 세상과 불변하는 이데아의 세계라는 양극을 설정하도록 만드는 중요한 요인이 된다. 하지만 현재 전해지는 헤라클레이토스의 단편들 중에서 만물유전설의 직접적인 근거를 찾기는 어렵다. 한편 아리스토텔레스는 헤라클레이토스를 만물의 근원질료를 불에서 발견해낸 인물로 평가하면서 밀레토스 자연학의 계승자로서 자리매김했다. 이 두 가지 평가는 다소 모순적인 측면을 지니는데, 전자가 만물의 끊임없는 변화를 강조한 반면, 후자는 만물의 단일한 근원을 강조하기 때문이다. 대부분의 고대 사상가들이 그러하듯이 사실 플라톤과 아리스토텔레스는 자신들의 이론을 전개하기 위해 특정한 맥락에서 이전 철학자들을 인용하고 있으며 그들의 사상을 그대로 전달하는 데에는 별다른 관심을 보이지 않았다. 헤라클레이토스 이론의 전체적인 모습은 그를 계승한 스토아학파를 통해서 드러난다. 비록 자신들의 관점에서 헤라클레이토스를 오해한 측면이 상당 부분 있을 것이라고 추측되지만 그럼에도 불구하고 스토아학파는 고대세계에서 그를 직접적으로 계승한 유일한 적자로서 평가될 수 있다. 하지만 헤라클레이토스의 저작과 마찬가지로 스토아학파의 저작들도 지금 우리에게는 단편으로만 전해진다. 사실 우리에게 남아 있는 헤라클레이토스의 단편은 상당 부분 후대의 기독교 교부들인 클레멘스, 히폴뤼토스, 오리게네스 등의 저작에서 발췌된 것들이다. 이들은 기독교적인 사상을 지닌 최초의 이교도의 모습을 헤라클레이토스에게서 발견하고자 했으며, 따라서 로고스를 하느님의 말씀으로, 불을 최후의 심판과 연결하고자 했다.

이처럼 다양한 해석 경향들은 헤라클레이토스의 진면목을 바라보기 어렵게 만드는 요인이 되어왔던 것도 사실이지만, 그렇다고 이러한 해석들 전부를 단지 후대 사상가들의 편의에 따른 취사선택과 단편들의 체계적인 왜곡 과정으로만 볼 수는 없다. 그동안 근대 문헌학의 성과를 바탕으로 그의 단편들을 인용맥락으로부터 완전히 분리하여 그 자체로 복원하고자 하는 활발한 작업들이 큰 성과를 보이고 있으며 이는 올바른 단편 해석을 위해서 반드시 필요한 절차라 여겨진다. 하지만 원래의 단편의 복원이라는 과제와 그것의 해석이라는 과제는 차이가 있다. 우리에게 주어진 문헌 자체가 인용맥락을 떠나서는 이해되기 힘든 것들이 상당수 있다. 또한 단편의 인용맥락들이 그의 사상을 반드시 왜곡한다는 강력한 전제를 바탕으로 하지 않는 한, 직접적인 자료를 접할 수 있었던 저자들에 비해 지금의 우리들이 헤라클레이토스의 원래 의도를 더 잘 파악할 수 있다고 보증할 수 없다. 따라서 결국 우리는 기존의 해석 경향들을 최대한 비판적으로 바라볼 필요가 있음에도 불구하고 그 해석들을 완전히 무시하지 않는 유연한 태도를 취할 필요가 있다.

헤라클레이토스의 사상에 대한 좀더 정확한 이해는 남아 있는 100여 개의 단편들에 대한 해석뿐만 아니라 그것들에 대한 적절한 배열을 필수적으로 요구한다. 그는 단 한 편의 저작을 남겼다고 전해지는데, 이것이 원래 어떤 형태의 저작이었는지는 논쟁이 분분하다. 우선 그의 단편들은 희랍의 현인들이 남긴 경구를 닮아 있으며, 따라서 그의 원래 저작 역시 단편적인 경구들의 모음집이었다는 추측이 가능하다. 이 점은 후대의 해석자들이 각자의 관심사에 따라서 각 단편을 원래의 맥락에 관계없이 손쉽게 인용할 수 있었다는 사실을 통해서 지지받을 수 있다. 반면에 디오게네스 라에르티오스는 그의 저작이 세 부분으로 나뉘어 있었다고 전해주는데, 만일 우리가 이를 신뢰할 수 있다면 그 저작은 분명한 저술 의도를 지니고 체계적으로 쓰여진 것이었다고 추측할 수 있다.

헤라클레이토스는 타인들의 무지에 대해 신랄하게 비판했던 사람으로 유명하다. 이러한 비판은 반대로 당시의 사람들에게 그의 사상이 이해되기 힘들었다는 점을 증명한다. 당시의 사람들뿐 아니라 이후의 사람들도 그가 하고자 하는 말을 분명하게 파악하기 힘들다고 생각했으며, 따라서 그에게는 '수수께끼를 내는 자', '어두운 자'라는 호칭이 붙여졌다. 이는 그가 당시의 사람들이 생각하고 있던 앎과는 전혀 다른 차원의 앎을 말하고 있기 때문이다. 그의 비판은 어리석은 대중들에 대한 한탄에 머물러 있는 것이 아니라, 앎을 둘러싼 당대의 사고체계와 한계에 대한 심각한 도전을 내포하고 있다. 헤라클레이토스의 비판이 대중들에게 국한되지 않고 지자로서 알려진 자들, 즉 호메로스나 헤시오도스와 같이 희랍인들의 정신적인 스승들뿐만 아니라 그와 동시대의 피타고라스, 크세노파네스, 아르킬로코스, 헤카타이오스 등 당대의 유명인사들에 대한 비판으로 이어진다는 점이 이를 증명한다. 헤라클레이토스가 이들의 어떠한 이론을 비판하고 있는지는 정확히 알 수 없지만 한 가지 분명한 점은 그가 이들을 해박한 지식을 자랑했던 인물들로서 거론하고 있다는 것이다. 그는 자신이 말하는 지혜가 이들이 말하는 박식과는 다르다는 점을 강조한다.

| 소크라테스 이전 철학자들의 단편 선집

헤라클레이토스는 탐구의 정신으로 충만한 이오니아의 지적 분위기 속에서 성장했으며, 따라서 그것이 강조하는 자연에 대한 직접적인 탐구를 부인하지 않는다. 이 때문에 그는 파르메니데스 이후의 감각에 대한 회의주의와는 달리 감각의 증거를 신뢰한다. 반면에 그는 단순한 경험자료들의 축적이 지혜를 가져다 주지는 않는다고 생각했다. 그는 지혜를 갈구하는 사람은 많은 것을 탐구해야 한다고 말하면서도, 한편으로 사물의 참된 모습을 드러내지 못하는 박식은 지혜를 가르치지 못한다고 말한다. 참된 지혜는 실용적인 지식들의 무분별한 집적을 통해서 얻어지는 것이 아니라 모든 것들을 통해서 자신을 드러내는 하나의 것을 파악하는 데 있다. 따라서 그의 탐구는 감각에 대한 그릇된 사용, 즉 감각이 전해주는 사물의 모습을 잘못 받아들이는 사람들의 습성을 비판하는 데서부터 시작된다.

헤라클레이토스 이전 시기에 지배적이었던 앎의 모델에 따르면, 앎은 감각(aisthēsis)이나 직관(nous)과 같은 인식기관이 그 대상과 직접 접촉함으로써 얻어진다. 다시 말해서 눈과 코, 귀나 입이 사물을 직접 보거나 냄새 맡거나 듣거나 맛보는 등의 직접 접촉을 통해서 그 사물은 그 자체로 즉시 그 기관들에 알려지게 된다. 이러한 앎의 모델은 직관을 통한 앎의 획득에도 마찬가지로 적용되는데, 이때 직관은 눈과 마찬가지로 하나의 인식기관으로 여겨진다. 이러한 앎의 모델에서는 대상과의 접촉이 곧 그것에 대한 앎의 획득을 의미하며, 그 사이에 어떠한 불일치도 생겨나지 않는다. 따라서 많이 안다는 것은 직접 경험한 것이건 신의 도움에 의한 것이건 간에, 많은 대상들과 접촉했다는 것 이상을 의미하지 않는다.

헤라클레이토스에서부터 앎은 이전과 전혀 다른 모습을 띠게 된다. 그가 말하는 참된 앎은 그 대상과의 직접적인 접촉 이상의 것을 요구한다. 우선 그가 말하고자 하는 앎의 대상은 이전과는 달리 인식기관의 접촉에 의해서 즉시 파악될 수 있는 성격의 것이 아니다. 사람들이 그것을 보고 들으면서도 그것을 파악할 수 없는 까닭은 바로 여기에 있다. 그가 발견하고자 하는 탐구의 대상은 발견하기 어려운 성격, 즉 자신을 숨기면서 단지 징표만을 보이는 어떠한 것이다. 그것을 찾기 위해서는 많은 탐구를 필요로 하지만 그러고도 아주 적은 것만을 발견할 수 있다. 다음으로 이러한 인식대상의 차이는 이에 상응하는 인식기관의 차이를 요구한다. 그가 인식의 기관으로 여겼던 혼(psychē)에게서 강조되는 기능은 개별적인 대상 각각을 파악하는 능력이 아니라 그것들을 비교하고 공통성을 파악하는 능력이다. 이러한 앎은 직관에 의한 앎보다는 추론에 의한 앎에 더 가까운 성격을 지니고 있다. 다시 말해 그가 강조하는 것은 지식의 양적인 증가가 아니라 여러 지식들을 하나의 지혜로 이끌 수 있는 혼의 능동적인 작용이다.

나아가 여러 단편에서 탐구의 중요성이 특히 강조되고 있다는 점은 그가 이미 성취된 앎의 사용뿐만 아니라, 앎에 이르는 과정 또한 중시한다는 것을 보여준다. 비록 참된 앎을 획득할 수 있는 어떤 체계적인 방법을 제시하지는 않지만 그는 탐구의 과정에서 겪을 수 있는 여러 가지 어려움에 대해서 강조하고 있다. 또한 그의 단편들은 탐구의 목적지인 동시에 그곳에 이르기 위해서 숙고하고 사색해야만 하는 어떤 것으로서 제시된다. 그가 말하는 탐구의 목적지는 만물을 통해서 만물을 조종하는 예지를 포착하는 것이다. 그것은 특정한 목적을 통해서만 성취될 수 있다. 다시 말해서 그 목적지를 알고 예상하고 있는 자만이 그것을 발견할 수 있다. 인간들은 본래 이러한 지혜를 받아들일 수 있는 능력을 지니고 있다. 그들은 단지 자신들이 무지하다는 것을 모르고 있을 뿐이다.

헤라클레이토스가 발견해낸 가장 중요한 사실은 만물이 하나의 원리에 따라서 생성하고 소멸하며, 그 원리는 만물을 통해서 자신을 드러내면서도 그 자신은 명시적으로 드러나지 않는 어떤 것이라는 점을 파악한 것이다. 이러한 원리를 그는 로고스라고 부른다. 이 로고스는 이후의 철학사에서 중요한 역할을 맡게 된다. 헤라클레이토스에서 로고스는 일차적으로 사람들이 공동으로 사용하는 '말'을 의미한다. 이 점에서 그는 탐구에서 언어의 중요성을 강조한 최초의 인물로 평가받을 수 있다. 하지만 사람들이 공동으로 말을 사용하고 의사소통을 하며 무언가를 이해한다고 해서 그들이 공동의 세계에서 살아가는 것은 아니다. 말은 사물을 분명히 드러내는 역할을 하면서도 그것이 드러내는 사물을 보지 못하는 자에게는 오히려 그것을 은폐하는 기능을 한다. 가령 헤라클레이토스가 전해주는 호메로스에 관한 일화에 따르면, 장님이었던 호메로스는 이(蝨)를 죽이고 있는 소년들의 말을 이해하지 못했으므로 분에 못 이겨 죽었다고 한다. 이 일화에서 소년들이 했던 말, 즉 "우리는 보고 잡은 것들은 남겨두고 가며, 보지 못했고 잡지 못한 것은 가지고 간다"라는 말은 정상적인 시력을 지닌 사람들에게는 그것이 지시하는 사물을 분명하게 드러내주지만, 앞을 못 보는 호메로스에게는 기만적인 것으로 작용했다. 따라서 장님이었던 호메로스의 앞 못 보는 상태는 사람들이 자기만의 세계에서 살아가면서 공동의 세계를 보지 못하는 것에 대한 하나의 강력한 비유를 제공한다. 이처럼 그가 말하는 로고스는 우리가 사용하는 말이면서도 단지 일상적인 말이 아니라 사물의 참된 본성을 가리키는 말이다. 그가 만물에 공통적인 원리를 로고스라고 부른 까닭도 바로 그 원리가 언어의 올바른 사용과 이해를 통해서 분명하게 드러날 수 있다는 점을 파악했기 때문이다.

사물의 참된 본성을 가리키는 로고스는 말의 차원을 넘어서 사물의 본성 자체로도 여겨진다. 그가 말하고 있는 로고스는 동시에 '언제나 그러한' 바로 그 로고스이다. 사람들이 사용하는 말이라는 의미와 사물의 본성 자체라는 의미를 동시에 지니고 있는 로고스의 성격은 이후에 말과 실재, 나아가 노모스와 퓌시스의 대립이라 불릴 만한 어떤 문제를 야기할 수 있는 힘을 지니고 있지만 그가 이 점을 염두에 두지는 않은 듯하다.

로고스는 말 이외에도 '모음'과 '비율'이라는 두 기본적인 의미를 지니고 있는데, 이것들은 후대에 이성적 사고나 논리적 추론이라는 의미로 발전될 수 있는 중요한 단서를 제공한다. 앞서 말했듯이 그가 말하는 앎은 각각의 사물들을 비교하고 그것들의 공통성을 한데 모아서 파악하는 능력을 요구한다. 이때 드러나는 사물의 참된 모습은 다름 아닌 대립적인 것들이 한데 묶여서 전체를 이루는 것이다. 대립적인 것들을 하나의 문장에 묶어서 표현하는 그의 문체가 보여주듯이 로고스는 대립하는 것들 각각이면서 동시에 그것들을 한데 묶는 어떤 것이다. 그것은 일견 불화하는 것으로 보이면서도 통일적인 세계를 이루어낸다. 또한 로고스는 사물들의 임의적인 모음이 아니라 반드시 어떤 일정한 비율을 표현하고 있는 것들의 모음이다. 만물이 어떤 원리에 따른다는 것은 그것들이 언제나 동일한 비례관계를 통해서 표현될 수 있으며 그 관계를 벗어나는 것은 존재하지 않는다는 것과 같은 의미이다. 이러한 점에서 그가 사용하고 있는 풍부한 비유적인 표현들을 단지 하나의 구상적 이미지로만 생각해서는 안 되며 실재의 정확한 비율을 드러내주는 것으로 생각해야만 한다.

헤라클레이토스가 발견해낸 실재의 비율은 대립자들로 표현된다. 대립자들에 대한 생각은 그의 독창적인 생각이라기보다는 희랍적 사고의 기본적인 전제에 가까우며, 직접적으로는 아낙시만드로스에게서 영향을 받았을 것이라 추측된다. 하지만 대립자에 대한 생각을 우주론의 핵심에 끌어옴으로써 대립 자체의 의미가 충분한 깊이와 강도를 지니고 사유되기 시작한 것은 헤라클레이토스의 공적이다. 희랍에서 대립자들에 대한 사고는 계절이나 기상현상들의 주기적인 변화를 관찰한 것에서 기원했을 것이며, 헤라클레이토스에서도 대립자들의 주기적인 변화는 대립자들의 가장 기본적인 모델이다. 하지만 그에게서 대립관계는 한 가지의 고정된 모델을 따르지 않는데, 이는 그의 탐구 방법의 자연스러운 귀결로 보인다. 그의 단편들을 살펴보면 그가 다양한 자연현상들을 자신의 틀에 맞추어 재단하지 않는다는 점을 목격하게 된다. 많은 단편에서 그는 경험적인 사실들을 그대로 표현하고 있으며, 그 표현들은 특정 이론에 입각하지 않아도 그 자체로 참된 진술이다. 이는 밀레토스 자연학의 실증적 경향을 극단적으로 수용하면서 그 속에 내재한 사변적인 요소들을 제거해 나간 결과라고 볼 수 있다. 그는 특정한 대립관계를 더 중요하게 여긴 것 같지 않으며 만물이 어떤 방식으로든 대립의 관계로 이루어졌다는 사실을 보여주는 데에 더 집중한 것 같다.

그가 제시하는 대립자들의 구상적인 표현은 인간 경험의 한계를 보여주는 동시에 그 경험이 파악하지 못한 사물의 모습을 보여준다. 인간이 보기에 특정한 가치를 지니는 하나의 사물이 다른 동물들의 관점에서는 그와 반대되는 가치를 지니는 것으로 드러나는 경우가 있다. 가령 같은 바닷물도 물고기와 사람에게 각각 삶과 죽음을 가져다준다. 또한 진흙탕이나 볏짚, 또는 살갈퀴는 인간들에게 불필요하거나 심지어는 해로운 것이지만 돼지나 당나귀 또는 황소들에게는 맑은 물이나 금, 좋은 음식보다도 더 소중하다. 나아가 아름다움도 원숭이와 사람에게 다른 기준으로 받아들여질 것이므로, 결국 가장 아름다운 세계는 보는 사람에 따라서 쓰레기 더미로 보일 수 있다.

이러한 가치의 상대성은 가치가 부여될 수 있는 조건에 대한 성찰을 요구한다. 인간이 부여하는 가치들은 서로를 통해서만 인식될 수 있고 따라서 대립적인 성격을 지닌다. 질병과 굶주림, 피로를 모르고 지낸다면 자신의 건강과 포만, 휴식도 달콤하고 좋은 것으로 생각되지 않을 것이다. 정의롭지 못한 행위나 상황이 없다면 사람들은 결코 정의를 생각하지 않을 것이며, 오직 신만이 모든 것을 정의롭다고 여길 것이다. 인간이 사물을 평가하고 가치를 부여하는 것은 이러한 대립을 통해서만 가능하다.

하지만 가치의 대립적인 성격은 비단 인간의 습관이나 관습, 또는 인간의 본성에 기인하는 것만은 아니다. 한 사물이 대립적인 것으로 나타나는 까닭은 사물 자체가 대립적인 가치를 부여받을 수 있는 성격을 지니고 있기 때문이다. 실을 곧게 만들기 위해서는 축융기가 그 실을 둥글게 감아야만 한다. 축융기는 실을 곧게 만드는 동시에 구부린다. 각 사물이 스스로 존재하기 위해서 대립하는 성격들을 동시에 가질 수밖에 없다는 점을 더 잘 보여주는 예로서 원 위의 점을 들 수 있다. 원을 그릴 때는 어떤 점에서 출발하더라도 그 점으로 되돌아와야만 원이 그려질 수 있으며, 시작점과 끝점이 다른 것은 이미 원으로서의 자격을 상실한다. 또 다른 예는 '위로 향해 있는 길'이다. 위로 향해 있는 길은 아래로도 향해 있다. 만일 그렇지 않다면 그 길은 위로도 향해 있을 수 없다. 이것은 단지 임의로 부여된 대립적인 성격이 아니며 대립자 중 한쪽이 있기 위해서는 반드시 다른 쪽이 있어야만 한다.

헤라클레이토스는 이러한 원리를 바탕으로 전체 우주에 대한 설명을 제시한다. 그의 우주론에서는 밀레토스 자연학이 제시하려고 했던 천체들이나 기상현상들에 대한 자연학적 설명은 거의 찾아볼 수 없다. 자연현상에 관한 직접적인 언급은 태양에 관한 것에 한정되어 있는데, 그나마도 태양에 대한 자연학적 설명이라고 볼 수 있는 것들은 극히 예외적이다. 전해지는 몇몇 간접전승들에 따르면, 천체들에 대한 그의 설명은 다음과 같다. 즉 천체들은 사발모양으로 생겼으며, 그 사발들은 불을 담고 있는데, 그 불들은 바다에서 만들어지는 증발기(蒸發氣)에 의해서 보충된다. 또한 이 사발 모양의 천체들이 회전하면서 식(蝕) 현상을 보여준다. 그러나 이러한 설명들은 전통적인 견해들에서 크게 벗어나지 않으며, 헤라클레이토스는 이에 만족했던 것으로 보인다.

우주론에서 헤라클레이토스의 관심사는 우주를 구성하고 있는 각각의 부분에 대한 개별적인 설명이 아니라, 우주 전체의 운행원리이다. 그의 우주론에서 가장 중요한 요소는 불인데, 이 세계는 영원히 살아 있는 불이며 그것은 적절히 타고 적절히 꺼진다. 또한 불은 동일한 비율에 의해 바다와 땅, 그리고 뇌우로 변화한다. 그가 불을 만물의 근원질료로서 생각하는지의 여부는 불확실하다. 그가 불을 아낙시만드로스의 공기와 유사하게 어떤 질료적인 것으로 파악했다는 점을 뒷받침해줄 근거는 많지 않으며, 설혹 그렇다고 하더라도 불에 대한 그의 언급에서 질료로서의 의미는 그리 중요하게 부각되지 않는다. 그가 불을 선택한 까닭은 그것이 변화하는 만물의 원동력을 표현하기에 가장 적절하기 때문이었을 것이다. '보리 음료'나 '매질'에 대한 언급은 만물의 생성과 소멸에 어떤 원동력이 필요함을 비유적으로 표현한 것임이 거의 확실하다. 만물의 끊임없는 생성과 소멸을 헤라클레이토스는 또한 전쟁으로 표현한다. 비록 불과의 관련성을 직접 지시하고 있지 않더라도 이러한 단편들은 만물의 생성과 변화의 동력을 표현하고 있다. 게다가 히폴뤼토스가 언급하고 있는 한 단편은 불이 세계의 생성과 소멸에 관련된 것으로 묘사한다.

불에 대해서 또 하나의 중요한 점은 그것이 만물의 변화를 규제하고 조종한다는 점이다. '만물을 조종하는 번개'는 우주의 불을 연상시키는 동시에 세계 운행의 이성적인 원리를 상징한다. 그 인용맥락이 다소 의심스러운 한 단편에서 그는 또한 불을 부정의의 심판자로서 그리고 있다. 또한 불은 만물을 교환시키면서 그 가치들을 평가하는 역할을 맡는다. 우주적 불의 상징인 태양이 등장하는 단편들도 적도와 정의(dikē, 正義) 개념을 설명하는 맥락에서 등장한다.

밀레토스 자연학이 우주론에 초점을 맞추고 있는 것에 비해서 헤라클레이토스의 관심은 놀라울 정도로 인간의 삶 전반에 걸쳐 있다. 그는 우주론과 인간의 삶을 분리된 것으로 여기지 않았으며, 따라서 그의 우주론에는 윤리적인 당위의 어조가 강하고 그의 인간에 대한 언명들은 만물의 공통원리에 근거를 두고 있다. 하지만 우주와 인간의 삶을 함께 사유하고자 하는 후대의 어떠한 사상가들에게서도 공통적으로 드러나듯이 그의 우주론을 인간에 관한 단편들과 완전히 결합하는 작업은 쉽지 않다. 그의 나머지 단편들을 살펴보기 위해서는 다음과 같은 두 가지 점을 염두에 두는 것이 도움이 될 것이다. 첫째로 그의 단편 전체의 핵심에는 언제나 앎이 자리잡고 있다. 다음으로 그에게서 삶과 죽음은 인간과 우주를 연결하는 사유의 틀이 된다.

우선 종교에 대한 그의 언급들을 살펴보자. 우리는 전통적인 신들에 대한 관념의 비판을 이미 크세노파네스로부터 들을 수 있다. 이에 반해 밀레토스 자연학이 전통적인 신들에 대해서 별 관심을 갖지 않았던 것과 마찬가지로 헤라클레이토스도 전통적인 신 관념을 직접 비판하는 것 같지는 않다. 분명히 알 수는 없지만 그가 호메로스나 헤시오도스를 비난하는 까닭이 올림포스 신들에 대한 그들의 관념 때문은 아닌 듯하다. 클레멘스가 인용한 두 단편은 당시의 의인적인 신관에 대한 비판이라기보다는 주로 종교적인 제의에 관한 것이며, 또다른 단편 역시 정화제의에 관한 오래된 관행을 비판하고 있다. 이를 보았을 때 그의 비판은 그 의미를 망각하고 관례적으로 변질된 제의

들을 생각없이 답습하고 있는 당시의 사람들을 겨냥한다고 보인다.

비록 그의 비판이 제의를 향해 있다고 하더라도 거기에는 전통적인 신들에 대한 대중의 관념에 대한 재해석이 포함되어 있다. 그가 올림포스 신들을 직접 언급하는 구절은 제우스에 관한 두 단편과 디오니소스와 하데스의 동일성에 대한 단편이다. 그는 이들 단편에서 올림포스 신들에 대한 신화적인 모티브를 환기시키고 그것을 새로운 맥락에서 재해석하면서 신들에 대한 당시의 생각들이 포착하지 못하고 숨어 있는 의미를 끄집어낸다. 다시 말해서 신들과 인간들의 아버지인 제우스는 만물의 운행을 조종하고 그것의 정의를 보증하는 유일하게 현명한 것으로 해석되며, 디오니소스와 하데스는 삶과 죽음의 동시성과 공존을 보여주는 맥락에서 재해석된다. 따라서 그는 올림포스 신들의 체계를 단지 거부한 것이 아니라, 그 신화들이 지닌 힘과 진실성을 십분 활용해서 자신의 사상을 풍부하게 만들고 있다. 이 점에서 볼 때, 그가 당대의 제의들을 비판한 것은, 결국 그 이면에 숨겨져 있는 신적인 것들의 의미를 사람들이 숙고하도록 촉구하는 것에 다름 아니다.

헤라클레이토스에서 종교와 관련된 또 다른 중요한 주제는 인간의 혼과 사후의 운명에 관한 것이다. 헤라클레이토스 이전에는 인간과 관련해서 혼의 적극적 의미가 강조되지 않았다. 호메로스에서의 혼은 살아 있는 인간을 살아 있도록 만드는 숨결에 불과하며 살아 있는 인간이 죽음에 직면했을 때 그를 떠나는 역할만을 한다. 혼의 역할이 본격적으로 강조되는 것은 인간의 죽음 이후인데, 이는 비록 적극적인 의미를 지니고 있지 않더라도 어떤 의미에서는 혼이 개개인들에게 사후에도 계속해서 생존할 수 있음을 보증해준다. 그러나 호메로스에서의 혼이 인간을 살아있게 만드는 생기(生氣)의 역할과 사후의 동일성을 보장하는 역할을 한다고 추론할 수 있음에도 불구하고, 그것은 살아 있는 인간의 자아를 위해서 어떠한 적극적인 기능도 하지 못한다. 아낙시메네스가 혼을 공기와 유비적으로 표현하면서 인간의 삶을 유지해주는 적극적인 기능을 부여했을 때조차, 이것은 생기로서의 혼의 역할을 강조한 것에 다름 아니다.

앞서 말했듯이 혼에 관한 헤라클레이토스의 중요한 기여 중 하나는 인간의 혼에 앎의 기능을 부여함으로써 이후에 독자적으로 자라나게 될 정신의 영역을 새로이 개척했다는 점이다. 그에게서 혼은 말을 알아들을 수 있는 능력을 갖는다. 앞에서 로고스의 중요성을 생각했을 때, 이것은 혼이 앎을 담당하는 역할을 맡게 되었음을 의미한다. 혼에 앎의 기능을 부여하면서 그의 탐구는 인간의 자아로 향하게 된다. 인간의 자아에 대한 탐구는 곧 혼에 대한 내적인 체험으로 연결된다. 이에 대한 중요한 두 단편은 혼에 대한 내적 체험의 과정을 보여주는 것으로 해석될 수 있다. 그가 혼에 대해서 '깊은'이라는 표현을 사용한 것으로 보아 혼이 어떤 외연, 특히 깊이를 지닌 것으로 경험되고 있음을 알 수 있다. 또한 한 단편에서 혼이 지닌 그 외연은 확장될 수 있는 성질을 갖는 것으로 언급된다. 혼이 갖는 이러한 외연이 어떤 경험을 표현한 것인지, 다시 말해 그것이 심리적인 외연인지 물리적인 외연인지를 확정하기는 힘들지만, 그것은 심리적으로 체험되는 동시에 물리적으로 표상된 것으로 읽는 것이 자연스러울 것이다.

헤라클레이토스는 혼에 인식의 능력을 부여했지만 그것은 우리에게 익숙한 심리적인 어떤 것으로 표상되는 것이 아니라 물리적인 것으로 표상된다. 이 때문에 인식의 상이한 단계에 따라서 규정된 혼의 여러 가지 상태는 물리적인 것으로 표현된다. 혼이 건조한 상태가 되면 가장 뛰어나고 현명한 상태가 된다. 반면에 그것이 젖게 되면 즐거움을 얻을 수는 있지만 자신의 목적지를 상실하게 되며, 결국 심한 경우에 죽음에 이르러 물로 변화된다. 이러한 의미에서 혼의 삶과 죽음은 앎의 상이한 단계와 관련되며 또한 다른 물리적인 원소들과 관련을 맺는다.

죽음과 인간의 운명에 관련된 헤라클레이토스의 단편은 비교적 많이 남아 있음에도 불구하고 그것이 정확히 어떠한 세계를 그리고 있는지를 해석하기는 매우 까다롭다. 분명 그는 당시에 성행하던 시신에 대한 공경을 강력히 비난하고 있으며, 일반적으로 믿어졌던 사후 세계에 대한 믿음들, 가령 하데스에 대한 믿음이나 윤회에 대한 믿음에 대해서 비판적이었던 것으로 보인다. 하지만 헤라클레이토스 자신이 죽음에 대해서 당시에 일반적으로 받아들여지던 믿음 체계들을 얼마나 수용했는지는 남아 있는 단편들을 통해 결정하기 힘들다. 어떤 단편들은 하데스에 대한 직접적인 언급들을 담고 있거나 아니면 그것을 암시하는 전통적인 모티브들을 사용하고 있지만, 그가 이것을 자신의 사상에 어떤 식으로 수용하고 있는지 여부는 불확실하다. 또한 그가 비록 만물의 순환을 말하고 있다 할지라도 오르페우스나 피타고라스의 윤회사상과는 큰 차이를 보이고 있다. 그에게서 윤회사상의 모티브를 발견할 수 있다고 하더라도 그 윤회는 불멸하는 영혼이 계속해서 새로운 육신을 바꾸어 갈아입는 방식이 아니라 영혼 자체가 소멸하고 새로운 것으로 생성되는 것을 말한다.

헤라클레이토스는 인간의 삶과 죽음을 사물의 생성과 소멸에 다름 아닌 것으로 생각했던 것으로 보이며 현실세계와 다른 어떤 내세를 상정한 것으로 보이지는 않는다. 대부분의 인간들의 혼은 죽음과 동시에 다른 원소, 가령 물로 변화되며, 또한 후손을 통해서 자신의 몫을 이어가고자 한다. 반면에 가장 현명하고 뛰어난 자에게는 더 큰 몫이 부여되며 신들과 인간들의 존경을 받고 가사자들로부터의 영속하는 영예를 얻게 된다. 하지만 그가 얻게 되는 몫이나 영예가 어떠한 것이며, 그것이 특히 그의 우주론과 어떻게 조화를 이룰 수 있는지는 여전히 해석의 문제로 남아 있다. 또한 그가 죽음과 삶을 동일한 것으로 생각하고 있으며, 잠든 상태와 깨어 있는 상태에 비유해서 말하는 듯 하지만 이것 역시 해석하기 까다로운 부분 중 하나이다. 분명히 말할 수 있는 것은 그 이전의 밀레토스 자연학이 다루지 않았으며 단지 서사시인들이 신화를 통해 표현했던 삶과 죽음의 문제를 헤라클레이토스가 본격적으로 다루고자 했으며, 나아가 자신의 사상 전체의 중심적인 과제 중 하나로 생각했다는 점이다.

앞서 말했듯이 헤라클레이토스의 생애에 관해서 우리가 알 수 있는 부분은 극히 제한되어 있다. 다소 신뢰성이 떨어지기는 하지만 그가 에페소스의 입법요청을 거부했다는 일화는 그가 현실의 정치에 적극적으로 참여하지는 않았다는 암시를 준다. 하지만 그렇다고 그가 정치에 대해서 전혀 관심을 보이지 않았던 것은 아니다. 단편의 여러 곳에서 볼 수 있듯이 그는 다수의 대중에 의해서 지배되는 민주주의 체제에 대해서 심한 혐오감을 가졌던 것으로 보이며, 이는 소수의 사람들을 선호한 것을 통해서도 분명하게 드러난다. 하지만 그렇다고 해서 소수의 부유한 자들에 의한 통치를 정당화하려고 하지도 않는다. 비록 이상적인 정치 체제에 대해서 직접 언급하지는 않더라도 그는 모든 도시가 공통의 것에 기반을 두고 그것을 수호해야만 한다고 말하고 있으며, 그것이 민의에 의해서 형성되었건 뛰어난 한 사람에 의해서 제정되었건 간에 도시의 법률은 그러한 공통의 것에 기반을 두고 있어야만 한다고 말한다.

헤라클레이토스는 희랍의 윤리 사상에도 근본적인 혁신을 가져왔다. 그는 이전의 밀레토스 자연학이 거의 관심을 보이지 않았던 윤리적인 내용들을 그의 사상의 중심적인 주제로 부각시켰으며, 동시에 이전의 윤리학이 생각하지 못했던 철학적인 성찰을 담아내고 있다. 그 당시나 그 이전에 지배적이었던 윤리적인 흐름은 크게 호메로스적인 전통과 현인 전통으로 나누어볼 수 있다. 호메로스에게서 탁월한 인간이 지녀야 할 자질은 신체적인 뛰어남, 언변을 통해서 드러나는 실천적인 지혜, 그리고 좋은 가문이나 막대한 부의 소유 등이었다. 그리고 한 개인에게는 자신의 뛰어난 자질을 경쟁(agōn)에서 잘 발휘하여 공동체의 다른 구성원들로부터 영예를 획득하는 것이 윤리적인 미덕이었다. 육보격의 서사시는 바로 이러한 영웅적인 윤리를 그려내는 데 적합한 웅장함을 지니고 있다. 반면에 계급 간의 갈등이 격화되기 시작한 이후에 등장한 현인들의 가르침은 조화와 단결에 초점을 맞춘 공동체의 윤리이며, 이를 위해서 절제와 신중함이 중요한 덕목으로 떠오른다. 그들이 짧고 외우기 쉬운 경구를 통해 이러한 덕목을 전달한 것은 윤리가 이제 영웅들의 세계에서 내려와 대중들이 공동체 속에서 조화롭게 살아가기 위한 실천적인 언명들을 담아내기 시작하고 있음을 보여준다.

헤라클레이토스의 수많은 단편이 경구의 형식을 따른다는 사실로 미루어볼 때, 그가 당시의 현인 전통의 영향을 강하게 받았음을 짐작할 수 있다. 반면에 그의 윤리적인 언명들은 대중들의 삶을 위한 실용적인 지혜를 전해주는 차원을 넘어서고 있으며 이 점에서 그의 윤리가 마치 서사시의 영웅들처럼 뛰어난 자들을 위한 것으로서 제시되고 있는 것은 새삼스럽지 않다. 하지만 이제 그 영웅들은 더 이상 전쟁터에서 자신의 뛰어남을 증명한 자가 아닌, 만물이 도처에서 매순간 전쟁을 치르고 있음을 깨닫는 자이다. 다시 말해 그는 깨달음이라는 계기를 윤리학의 중심적인 요소로 도입하고 있으며, 그 깨달음은 우주와 인간에 관한 깊은 사색을 통해서 로고스를 파악하고 그것에 따라서 살아가는 것을 의미한다.

헤라클레이토스 이후에 윤리학은 더 이상 대중들을 위한 실천적인 구호에 머무를 수가 없게 되었으며 우주론이나 인식론과 불가분의 관련성을 맺게 된다. 그는 우주에 대한 앎과 인간의 삶을 하나의 것으로 파악한다. 그에게서 인간의 윤리적 행위와 유리된 앎은 존재하지 않으며 앎과 분리된 윤리적 행위는 불가능하다. 우주의 원리를 파악하고 그에 따라서 살아간다는 생각은 헤라클레이토스 이전에는 찾기 힘들다. 그에게서 자연의 영역과 인간의 영역은 분리되지 않으며, 앎이야말로 이 두 영역을 매개해 주는 동시에 인간의 가장 탁월한 덕이 된다.

6. 파르메니데스

파르메니데스는 이오니아의 포카이아인들이 페르시아에 의해 정복된 후 남부 이탈리아에 새로 개척한 도시 엘레아에서 이주민 2세로 태어났다. 전통적인 연대기 서술은 그의 출생 연대를 엘레아가 세워진 540년 전후로 상정하였지만, 이런 문제에 있어서 통상은 정확성이 떨어지는, 그래서 이 사안에서는 오히려 더 신빙성 있어 보이는 플라톤의 언급을 따라 기원전 515년 전후로 추측하는 것이 무난하다고 할 수 있다. 부유한 귀족 출신이고, 엘레아의 입법에 관여했으며, 매년 취임하는 공직자들이 그가 만든 법을 준수하겠다는 서약을 했다는 기록이 있는 것으로 보아, 그는 단지 사변적 사상가로만 산 사람이 아니라 당대인들의 실제 삶에도 실질적인 영향을 미치면서 존경받은 인물이었던 것 같다.

흔히 크세노파네스의 제자였다고 이야기되지만 피타고라스 학파와의 관련을 더 중시하는 전승도 있다. 이오니아에서 시작된 철학이 그것과는 다른 방식으로 이탈리아 반도에서 펼쳐졌고 그 새로운 흐름이 바로 이 두 부류라는 점에서 두 가지 전승 다 나름대로 일리는 있다 할 수 있겠는데, 어떤 방식의 영향이 파르메니데스 저작에 들어 있는지는 여전히 논란거리로 남아 있다. 그에게 영향을 주었을 만한 또 한 사람이 바로 이오니아에서 활동한 헤라클레이토스인데, 파르메니데스가 먼저 활동했다고 생각하는 사람들도 물론 없지는 않았지만, 이제는 대체로 헤라클레이토스가 먼저이고 파르메니데스 철학은 그의 철학에 대한 대응의 측면을 포함하고 있다는 방향으로 논란이 정리되어 있다.

　엘레아의 철학자 파르메니데스는, 단지 시간상으로만이 아니라 중요성의 정도에 있어서도, 그야말로 초기 희랍 철학사의 한가운데 우뚝 서 있는 철학자라고 해도 별 손색과 이견이 없다. 이오니아에서 시작한 초기 희랍 철학사는 파르메니데스에 와서 일대 도전과 전환을 맞게 되고, 그리하여 이후 희랍 철학사 및 서양 철학사는 길게 드리운 파르메니데스의 그늘 아래에서 펼쳐지게 된다. 서양 철학사가 플라톤 철학에 대한 일련의 주석이라고 한 어느 철학자의 말이 크게 무리 있는 평이 아니라 한다면, 비슷한 시각에서 바로 그 플라톤 철학이 파르메니데스 철학에 대한 일련의 주석이라고 해도 좋을 것이다.

　철학자들이나 철학사가들이 파르메니데스에 대한 이런 평가에 대체로 공감하는 것은 희랍 철학사에서 파르메니데스 철학이 내용과 형식 두 측면에서 일대 진전을 이루어냈다고 말할 수 있기 때문이다. 우선 내용의 측면에서 파르메니데스 철학은 이전 철학자들의 자연 설명에 대한 비판적 평가를 토대로 자연/실재에 대한 진정한 접근 방식이 무엇인가를 물으면서, 자연/실재에 대한 설명의 기준과 원리를 제시하고 있다. 자연 세계의 아르케(archē: 근원), 즉 기원 내지 구성 원리에 대한 물음과 대답이 이전 철학자들의 주 관심사였다면, 파르메니데스의 철학적 기획은 그 물음과 대답 자체가 어떤 의의와 한계를 지니는지를 반성하는 데서 출발했다. 그런 반성의 산물이 바로 그의 형이상학과 자연학이다. 진짜로 있는 것(to eon)을 화두로 삼아 전개되는 진리(Alētheia)편의 존재론이 그의 형이상학적 사변의 산물이라면, 불(빛)과 밤이라는 두 원리를 기초로 삼고 전개되는 의견(Doxa) 편의 우주론 내지 우주 생성론은 그의 자연학적 사변의 산물이라 할 수 있다.

내용상의 이런 혁신은 형식상의 진전과 병행하여 이루어지고 있다. 사실 앞선 철학자들의 담론에는 주장이 있고 가르침이 있지만, 그것에 대해 이유를 대고 정당화하는 논변(argument)이 완벽한 모습으로 들어 있다고 말하기는 어렵다. 그런 상황에서 논변을 철학의 방법으로 확립시킨 철학자가 바로 이 사람이고, 그의 현존 저작에는 서양 지성사에서 최초로 완전한 논변의 모습을 갖춘 논의가 들어 있다. 그러기에 우리는 철학다운 철학이 본격적으로 시작된 것은 바로 파르메니데스에서부터라고까지 말하게 되는 것이다.

그런데 여기서 우리가 주의할 점이 하나 있다. 우리가 파르메니데스에 대해 말할 때 무엇보다도 특이하다고 할 만한 것은, 이제까지 말한 바와 같은 파르메니데스 철학의 위상과 중요성에 대한 공감의 크기가 그의 실제 저작에 대한 이해나 공감의 크기와 비례하지 않는다는 점이다. 물론 보는 사람의 입장에 따라 얼마든지 서로 다른 시각에서 한 철학자를 이해, 평가할 수 있고, 그런 일은 철학사에서 흔한 일이다. 그러나 파르메니데스에게서 특이한 점은 그의 저작에 대한 이해가 천차만별임에도 불구하고 그의 철학의 중요성과 위대성에 대해서는 고대에만이 아니라 이후 오늘날에 이르기까지도 거의 모든 철학사나 철학자들이 공감하고 있다는 점이다.

파르메니데스 연구가 다른 초기 희랍 철학자들의 경우와 구별되는 또 다른 점은 그의 저작이 비교적 잘 보존되어 있다는 점이다. 그의 저작은 호메로스적 운율로 만들어진 서사시의 모습을 띠고 있는데, 그 가운데 대략 150여 개의 시행이 우리에게 남아 있다. 저작의 핵심 부분이라고 널리 동의되는 진리편은 소실된 부분이 미미할 것으로 추정되고 있으며, 서론 노릇을 한다고 할 수 있는 서시도 온전히 남아 있다. 많은 논란의 대상인 의견편만이 상당 부분 소실되어 학자들의 상상력을 자극할 뿐이다. 이렇게 다른 초기 희랍 철학자들의 경우에 비해 상대적으로 보존 상태가 좋음에도 불구하고 그의 텍스트는 아주 다양한 방식으로 읽혀왔고, 심지어 같은 구절들을 토대로 상반되기까지 한 그림들이 제시되는 것이 다반사였다. 200여 년 지속된 현대 파르메니데스 연구는 초기 희랍 철학 가운데서도 가장 논란이 많은 부분에 속한다고 할 수 있다.

그의 저작에는 다른 초기 희랍 철학자들에서와 마찬가지로 '자연에 관하여(peri physeōs)'라는 표제가 붙어 있다. 이 표제를 그 자신이 붙였다고 생각하는 사람들도 없지는 않지만, 그것에 반대할 뿐만 아니라 심지어 그 표제의 정당성까지도 의심하는 이들이 많다. '자연(physis)'이라는 용어가 불변의 본성이라는 측면과 더불어 생성, 성장, 운동, 변화 등의 측면을 함께 포함하고 있어 그의 저작 전체를 포괄하기 어렵다는 생각 때문이다. 파르메니데스를 '자연 부정론자(aphysikos)' 또는 '무우주론자(acosmist)'로 보는 아리스토텔레스 등의 전승이 바로 이런 정신에서 나왔다. 그렇지만 적어도 그의 저작 제2부 즉 의견편에 대해서는 이런 표제가 부당하다고 말하기는 어렵고, 현대 다수 학자들의 견해와 달리 고대에는 의견편 교설이 파르메니데스 자신의 것이라는 생각이 널리 공유되어 있었던 것도 간과할 수 없는 대목이다. 그런 정신에서 파생된 것이 그를 '자연 탐구자(physikos, physiologos)'로 보는 플루타르코스나 심플리키오스 등의 전승이다. 이렇듯 자연에 관한 그의 태도가 어떠했는가에 관해서는 이미 고대에서부터 격렬한 논란이 있어 왔고 오늘날에도 이 문제가 그의 철학을 이해하는 데 핵심적인 사안이지만, 파르메니데스 이후 고대의 어느 시기부터 그의 저작이 '자연에 관하여'라는 표제로 불렸다는 것만큼은 의심할 수 없는 사실인 것 같다.

이미 언급한 것처럼 그의 저작은 크게 세 부분으로 나뉘는데, 각각 '서시', '진리편', '의견편'이라 불린다. 각 구절들 하나하나가 논란에 열려 있지만, 비교적 논란의 여지가 적은 방식으로 내용을 요약하면 다음과 같다.

서시(단편1)는 파르메니데스가 익명의 여신을 만나러 가는 '길(여행)'을 서사시적 방식으로 묘사하고 있다. 너울을 걷어붙이고 밤의 집에서 빛으로 온 태양의 딸들이 길잡이 역할을 하고 암말들이 끄는 마차를 탄 상태에서, 시인은 자기 충동이 이끄는 대로 길을 간다. 마차 양쪽 바퀴의 축은 빛과 소리를 내면서 시인을 날라주고, 일행은 결국 밤과 낮의 길에 놓여 있는 에테르의 문에 이른다. 그 문을 지키는 디케(정의) 여신에게 문을 열어달라고 처녀들(즉 태양의 딸들)이 부드러운 말로 설득하고, 곧 디케는 빗장을 밀어내어 문을 열어주게 되며, 일행은 문짝의 쩍 벌어진 틈을 가로질러 큰 마찻길로 들어선다. 그리

| 소크라테스 이전 철학자들의 단편 선집

하여 시인은 이름 모르는 여신을 만나 환대를 받고, 여신에게서 가르침을 받게 된다. 여신은 시인이 지나온 '길(여행)'의 성격을 규정하면서 앞으로 배우게 될 내용이 무엇인지 이야기해준다. 그녀는 시인이 배우게 될 내용을 '두 길'로서 제시한다.

여신이 설파하는 본격적인 내용 즉 '두 길'은 크게 진리편과 의견편으로 나뉜다. 진리편의 서두(단편2)에서 여신은 앎을 향한 탐구의 길로서 '두 길'을 제시한다. '있다(또는 '...이다': esti)'라는 길과 '있지 않다(또는 '...이지 않다': ouk esti)'라는 길(여기서 우리는 이 탐구의 '두 길'이 여신이 서시에서 말한 배움의 '두 길'과 다르다는 점에 주의할 필요가 있다). 곧 그녀는 후자를 배울 수 없는 길로 기각하게 되고, 이후 단편 7까지의 내용은 확고한 앎을 가능하게 하는 길로서 '있다'라는 길만 성립한다는 논점을 확립하는 내용을 골자로 하고 있다. 그런데 단편 6과 단편 7에서 이 두 길을 혼동하는 '가사자(可死者)의 길'이 제시되고 기각된다. 핵심 단편으로 간주되는 단편 8은 유일하게 남은 '있다'는 길에 관한 논의이다. 확실한 앎의 대상인 있는 것은 불생불멸하며 온전한 한 덩어리이고 부동이며 완전하다는 것을 '표지(즉 특징)'로 갖고 있다는 것이 주장되고, 각 표지를 정당화하는 논변들이 이루어진다. 이 논변들의 끝자락에 이 논변들을 아우르면서, 있는 것을 완벽하게 둥근 공의 덩어리에 비유하는 것으로, 있는 것에 관한 논의가 마무리된다.

진리편 논의를 마감하면서 여신은 이제 자기 이야기의 '기만적인 질서'를 들으면서 가사자들의 의견을 배우라고 명한다. 가사자들의 그 어떤 견해도 따라잡지 못할 만큼 '그럴듯한' 설명으로 제시되는 이 우주론은 두 형태, 즉 불(빛)과 밤을 원리로 놓는 자연 설명이라는 점이 단편 8의 후반부와 단편 9에서 얼개로 제시되고, 단편 10과 단편 11에서는 앞으로 개진될 우주론이 다룰 항목들이 열거된다. 이후 단편 18까지 각 분야별 설명(우주 그림과 다이몬의 역할, 에로스의 탄생, 달의 작용, 지구의 성격, 가사자의 사유에 관한 이론, 남녀의 발생과 결합 등)이 제시되고, 단편 19에서 이런 생멸이 끝없이 되풀이됨을 언급하는 것으로 마무리된다. 의견편의 자연 설명에서 특기할 만한 것은 '달리 됨'과 '나뉨'에 주로 의존했던 이오니아적 설명에는 빠져 있던 '섞임'이 논의선상에 올라와 있고, 이것이 이후 '다원론자'들에 의해 집중적으로 조명된다는 점이다. 우리에게 전해지지 않은 부분들까지 접했을 것이 분명한 플루타르코스의 전승에 따르면, 파르메니데스의 의견편에는 자연학적 저술이 담게 마련인 주요 내용들이 모두 포괄되었던 것으로 전해진다.

그의 철학 단편을 이해하는 데 쟁점이 되는 주된 문제들을 중요성이 인정되는 정도에 따라 열거하면 대략 다음과 같다. 각각은 앞의 문제들에 의존한다.

1) 진리편의 '있다'(또는 '…이다')의 의미와 주어, '있는 것(to eon)'의 성격
2) 진리편에서 언급된 길의 수와 의미, 길들 간의 관계
3) 의견편의 내용과 위상, 결국 그것의 진리편과의 관계
4) 파르메니데스 철학과 이전, 이후 사상의 연관

5) 서시의 의미와 역할

각 문제들 하나하나에 구체적으로 살을 붙이는 것은 이 자리에서 할 만한 일이 아니며, 독자들의 몫으로 남긴다. 그저 다음과 같은 점만 덧붙이기로 한다. 그는 논변의 전통을 확립한 사람이면서 동시에 시로 철학한 사람이다. 다시 말해 그에게 와서 이루어지는, 논변이라는 철학 전통의 확립은 다른 한편으로 시 전통, 특히 서사시 전통과의 긴밀한 연결 고리를 갖고 이루어진다. 그는 앞선 철학 전통과 시 전통을 일면 계승하면서 동시에 철저한 혁신을 시도하고 있다. 이후 철학의 전개도 크게 두 방향으로 나뉜다. 그의 직계 제자들을 중심으로 한 이른바 '엘레아 학파'가 그의 논변적 정신과 '하나의 있는 것'을 옹호하는 데 주력했다면, 이들과 대척점에 서 있는 '다원론자들'과 '원자론자들'은 변화, 운동하는 여럿을 적절한 원리로 일관되게 설명하겠다는 이오니아적 정신을 살리는 방안을 강구했다. 달리 말하면, 전자 그룹은 그의 혁신적 측면을, 그리고 후자 그룹은 그의 전통적 측면을 각각 발전시켜가게 되는 것이다.

7. 제논

제논은 엘레아 출신으로 파르메니데스의 수제자로 알려져 있다. 플라톤이 『파르메니데스』에서 하는 증언에 따르면, 대략 기원전 449년경에 아테네에서 소크라테스, 파르메니데스, 제논 세 사람이 만났다고 한다. 실질적으로 파르메니데스와 제논의 출생에 관한 고대 최초이자 유일한 증언일 이 플라톤의 증언을 신뢰한다면 대화편에 등장하는 인물들의 당시 나이를 미루어 제논의 출생년도를 대략 기원전 489년경으로 잡을 수 있다. 이 연도는 아폴로도로스가 보는 제논의 40세 시절의 연도인 기원전 464-460년과는 차이가 많이 난다. 그러나 아폴로도로스의 증언은 스승과 제자 사이는 무조건 40년, 전성기는 무조건 40세로 잡기 때문에 신빙성이 떨어진다. 따라서 플라톤의 대화편 장면이 실제로 일어난 일인가에 대해서는 논란이 있지만 플라톤이 굳이 없었던 사실까지 꾸며대지는 않았으리라는 추정 하에 플라톤의 증언이 한결 신빙성이 있다고 받아들여진다.

제논의 출생에 대한 유일한 증언이다시피 한 것이 사실 여부의 확인이 곤란한 플라톤의 대화편 속의 설정인 것에서 알 수 있듯이, 제논의 일생에 대하여 알려진 바는 거의 없다. 그의 죽음에 관해서는 기원후 10세기 말엽 완성된 일종의 백과사전인 『수다』에 간략히 전해진 것이 전부다. 『수다』에 따르면, 제논은 엘레아의 참주 네아르코스(또는 디오메돈)의 축출을 모의하다 발각돼 심문받던 중 자신의 혀를 스스로 끊어 그 참주에게 뱉어서 맷돌에 으깨어져 죽었다고 한다.

그가 쓴 저술의 제목으로 전하는 몇 가지가 있지만 그다지 믿을 만하지는 못하다. 다만 직접 또는 간접적으로 오늘날 우리에게 전하는 제논의 역설들이 실렸으리라 추정되는 저술에 관해서는 몇 가지 추측이 있다. 제논의 역설 중에는 '만일 여럿이 있다면'이라는 가설로 시작되는 역설들이 있는데, 이것들은 '있는 것이 여럿인 세계'가 성립할 수 없음을 입증하려 한다. 이 역설들은 플라톤이 『파르메니데스』

에서 밝히고 있듯이 제논 자신의 논증 형태가 그대로 직접 인용된 것들로 보인다. 하지만 '운동의 역설'이라고 이름붙은 제논의 네 가지 역설은 '운동'이 불가능함을 입증하려는 것으로, 아리스토텔레스가 전하는 것이지만 제논 자신의 논증 형태를 그대로 살려서 인용한 것으로는 보이지 않는다. 이 두 종류의 역설은 모두 우리 상식에서 벗어나는 결론을 받아들이게 한다는 점에서 역설적이지만 그 형태나 직접적인 논박의 대상이 다르다. 따라서 이 두 가지 다른 형태의 역설들은 각기 다른 책에 실렸으리라는 추측이 있다. 즉 제논이 적어도 두 종류 이상의 저술을 했으리라는 추측이다. 이런 추측은 '만약 여럿이 있다면'이라는 형태의 논증들이 담겨 있는 제논의 저술이 있다는 플라톤의 증언이 『파르메니데스』에 담겨 있기 때문에 성립한다. 그러나 플라톤의 증언을 의심하고, 제논의 한 권의 저술에 '여럿의 세계'뿐 아니라, '운동'을 부정하는 논증들도 같이 담겨 있었으리라는 추측도 가능하다. 거꾸로 플라톤이 아니라 아리스토텔레스가 간접적으로 전하는 제논의 역설들의 본래 형태가 플라톤이 전하는 '만약 여럿이 있다면'의 형태였으리라는 추측도 있다. 예컨대 유명한 아킬레우스의 역설은 본래 "만약 여럿이 있다면 하나는 다른 하나보다 더 느리면서 더 빠르다"란 형태였으리라는 추측이다.

역설의 형태와 관련해서 저술의 문제와는 별도로 제논의 역설의 목적에 관한 논란이 있다. 플라톤의 『파르메니데스』에 따르면, 제논은 파르메니데스의 주장을 변호하기 위해서 자신의 역설들을 만들었다. 파르메니데스의 주장에 반대해서 있는 것이 하나라면 많은 우스운 결과를 야기한다고 주장하는 사람들에 대항하기 위해서 이와 같은 역설들을 만들었다는 말이다. 제논은 이 목적을 수행하기 위해서 역으로 여럿을 주장하는 사람들을 논박하여, 있는 것들은 여럿이라는 그들의 가정이 있는 것은 하나라는 가정보다 훨씬 더 우스운 결과를 초래할 것임을 밝혀보이려 했다고 플라톤이 『파르메니데스』에서 전하고 있다. 이렇게 논증의 상대방을 설정하고, 귀류법을 사용해 상대방의 전제가 모순에 부딪혀서 더 이상 유지될 수 없음을 보이는 제논의 논증 방법을 보고 아리스토텔레스는 제논을 변증술의 창시자라 하였다.

그런데 플라톤이 전하는 제논의 목적에 대한 반대 의견이 고대에서부터 전한다. 에우데모스로부터 촉발된 듯한 이 논쟁을 반즈가 정리해서 다시 제기한다. 반즈에 따르면 남아 있는 제논의 논법은 전형적인 귀류법 형식이 아니다. 제대로 된 귀류법이 되려면 처음에 출발한 전제가 불합리한 결론을 도출함을 보이고 그 다음에 전제가 거짓임을 밝혀야 한다. 그러나 남아 있는 제논의 논증에는 이 마지막 끝내기 한 수가 보이지 않는다. 이런 이유로 반즈는 제논의 논증이 귀류법이 아니라 에우데모스의 증언처럼 양도논법으로 이루어진 것으로서, 다원론뿐만 아니라 파르메니데스의 일원론마저 공격의 목표로 삼고 있다고 말한다. 다시 말해 제논은 일원론자가 아니라 부정론자(nihilist)라는 것이 반즈의 생각이다.

하지만 논증의 목적이 무엇이냐와 무관하게 제논의 역설들은 플라톤의 증언대로라면 본의 아니게 대중에게 알려진 이래 현대에 이르기까지 무수한 찬반격론을 불러일으켰다. 그의 논변들을 그저 솜씨 좋은 자의 궤변에 불과하다고 치부하는 사람들에서부터 정교하면서도 심오한 논변이라는 평가에 이르기까지 다종다양하다. 이런 엇갈린 평가에도 불구하고 제논이 실제로 역사적으로 수행해온 역할은 그를 주목할 만한 철학자로 보기에 손색이 없다. 그의 역설들로 인해 아리스토텔레스는 무한 및 그와 관련된 개념들에 대한 자신의 생각을 예리하게 다듬을 수 있었다. 또한 제논은 자신 이후의 자연철학자들로 하여금 물질의 최소 크기에 관한 주제에 민감할 수밖에 없도록 만들었다. 제논의 논증 방식은 두 가지의 유산을 남겼다. 한편으로는 "여럿이 있다면 그것들은 닮은 것이면서 닮지 않은 것들일 수밖에 없다"와 같이 한 가지 주제의 양 측면에서 논증을 구성하는 방식은 프로타고라스가 받아들여서 5세기의 소피스테스들의 가장 악명 높은 무기가 되었다. 다른 한편으로 그의 추상적인 논증 방법들을 뒤따른 흔적이 5세기의 몇몇 문헌에 남아 있으며, 플라톤은 그 영향을 받아 『파르메니데스』의 지극히 추상적인 논의를 전개했다. 마지막으로 그의 역설들 중에서도 운동과 관련된 역설들은 시간, 공간, 운동에 대하여 생각하는 방식에 대하여 주목하도록 사람들을 재촉하였고, 제논의 결론을 받아들이거나 반박하도록 몰아붙였다. 특히 20세기 들어 이 같은 역설들은 수학자와 철학자 들 사이에서 공간·시간·무한에 관한 숱한 논쟁을 불러일으켰다.

8. 엠페도클레스

엠페도클레스는 아크라가스 출신으로 그의 생존 연대를 확실하게는 결정할 수 없다. 그가 60년가량 살았음은 아리스토텔레스를 통해서 알 수 있다. 아폴로도로스는 84번째 올림피아기인 기원전 444-441년을 그의 전성기로 보며 그가 기원전 444-445년에 투리오이를 방문했다고 전한다. 아낙사고라스가 기원전 500년에 태어났고 고르기아스가 기원전 485년에 태어났음을 받아들이고, 고르기아스가 엠페도클레스의 제자였고 엠페도클레스는 아낙사고라스보다 젊었지만 아주 젊은 것은 아니라는 전거를 받아들이면, 그의 생존 연대는 대략 기원전 495(?)-435(?)년이다.

엠페도클레스가 태어난 아크라가스가 위치한 섬은 대지(大地) 제의의 고향으로서 여신 데메테르를 숭배했으며, 이후 엘레우시스교뿐만 아니라 남부 이탈리아에서는 오르페우스교 및 피타고라스주의의 영향이 강했던 지역이다. 엠페도클레스의 어린 시절에 아크라가스는 참주 테론의 통치 아래 있었다. 테론이 죽은 후 민주주의는 쇠퇴했고 당시의 정치적 격동 속에서 엠페도클레스는 지도적 역할을 맡았다. 후에 그는 민주제의 옹호자가 되었으나 그의 민주적 이상과 방법들이 많은 적을 만들어내어 결국 펠로폰네소스로 추방되어 죽었다.

엠페도클레스의 사상 형성과 관련된 배경은 두 가지이다. 먼저 엠페도클레스의 사상과 관련하여 주목할 만한 사실은 투리오이가 고대 피타고라스주의와 오르페우스교의 영향의 중심지라는 점에서 투리오이로의 여행이 그의 사상에 중대한 영향을 미쳤으리라는 점이다. 나아가 엠페도클레스는 기원전 5세기의 희랍, 곧 니체가 비극의 시대라 불렀고 희랍에서 서정시와 낭만주의의 시대로 분류되는 시대를 경험한 인물이다. 그런 만큼 그는 핀다로스의 시를 듣고 소포클레스나 에우리피데스와 같은 시대를 살았다. 다른 한편 이 시대는 프로타고라스와 소크라테스가 활동한 합리주의의 시대, 즉 희랍에서 위대한 계몽과 회의의 시대이며, 이 시대에 희랍 사상은 몇몇 주목할 만한 사상가들에 의해 새로운 세계관의 문턱을 넘어섰다. 이러한 시대적 배경으로 볼 때 피타고라스주의와 오르페우스교가 그의 사상에 미친 영향을 접어둔다면, 그는 탁월한 변론가(rhētōr)였을 뿐 아니라, 파르메니데스의 추종자이자 제자였다고 전해진다.

소크라테스라는 인물이 있기 전에는 엠페도클레스야말로 한 개인의 전기적 상황이 그의 사상 내용과 뗄 수 없이 결부된 인물 중 한 명이다. 그가 죽은 지 한 세기도 지나지 않아서 에피메니데스나 피타고라스의 전설에 못지않은 그에 대한 전설이 세상에 회자되었다. 또 그의 죽음을 둘러싼 일화나 그가 쓴 두 편의 시를 보면 도무지 일관되지 않은 기질과 두 정신세계를 지닌 기이한 인물로 보이기조차 한다. 그런 만큼 고대에서나 오늘날에도 그의 사상의 본말은 차치하고 우선 그의 인물됨을 둘러싼 다양한 평가가 있었다.

고대의 저자들 중에 그에게 거의 처음 관심을 보인 사람은 아리스토텔레스이며, 그는 『시학』에서 호메로스와 비교해서 엠페도클레스는 "시인은 못 되고 자연학자(physiologos)라 일컬어야 마땅하다"고 평한다. 오늘날 몇몇 평자들이 그에게 받은 인상은 이와는 사뭇 다르다. 그는 당시의 희랍보다 훨씬 앞선 시대, 아니 차라리 '전혀 다른 세계에 산 인물'처럼 보인다. 따라서 그는 당대의 새로운 유형이라기보다 다분히 오래 된 유형의 인물로서 도즈는 『그리스인과 비이성적인 것』에서 그를 "주술사이자 자연학자이고, 시인이자 철학자이며, 변론가, 의사, 대중의 조언자 등 여전히 미분화된 역할들을 한꺼번에 떠맡은 샤먼"이라고 평가하기도 한다.

고대와 현대를 막론하고 그의 인물됨에 대한 평가가 엇갈리는 까닭은 그의 두 시가 지닌 현저히 대조적인 특징 때문이다. 『자연에 관하여(Peri Physeōs)』에서 엿보이는 명민한 관찰력과 확고한 사고력의 소유자가 또한 『정화의례들(Katharmoi)』을 썼고 자신을 신이나 주술사로 자처한 것에 대해 많은 학자가 놀라움을 금치 못했다. 두 시는 서두에서부터 뚜렷한 대조를 보인다. 『자연에 관하여』는 시종일관 이오니아적인 과학적 태도와 엘레아적인 문제의식을 바탕으로 하나와 여럿, 정지와 운동, 세계주기, 세계발생론과 동물발생론, 생리학, 인식론 등 광범위한 분야에 걸쳐 육보격의 운율로 자연 세계에 관해 노래한다. 또 시는 희랍의 서사시 전통을 바탕으로 은유와 직유, 반복, 긴밀히 짜인 논변들의 교차를 통해 시의 효과를 노리는 독특한 문체로 쓰여 있다.

『자연에 관하여』에서는 자연학자의 태도로 '무사 여신의 믿음직한 가르침들(pistōmata)'을 전하는 반면, 『정화의례들』에서는 치료자이자 예언가의 태도로 자신이 '진리를 알고' 있으며 자신의 말이 '복된 신들에 관한 훌륭한 말(agathos logos)'이라고 자처한다(B114, 131). 그러나 그는 추락한 영혼(daimōn)으로서 지상에 유배되었고, 그리하여 그가 겪어야 할 잔혹한 윤회의 수레바퀴에 탄식하며 피 흘림으로 심화되는 죄의 오염과 지상의 삶의 불운에 고뇌한다(B115). 마침내 그는 스스로가 대지의 삶의 고통에서 벗어나 천상의 지복의 삶으로 회귀할 것이라고 예언한다.

엠페도클레스의 『자연에 관하여』는 파르메니데스 이후 희랍철학에서 합리적이고 형이상학적인 우주론을 제시하려는 한 시도이다. 그는 파르메니데스가 진리편에서 제시한 실재의 규준들을 수용하고, 이 규준들을 만족시키는 실재들을 우주론의 토대에 놓는다. 이를 기초로 그는 생성과 소멸에 대해 파르메니데스가 가한 비판을 위반하지 않으면서 감각세계를 설명할 길을 모색한다. 이러한 우주론의 전제로서 그는 우선 있지 않은 것의 실재성을 부정하고, 있지 않은 것으로부터의 생성과 있지 않은 것으로의 소멸을 부정한다. 파르메니데스처럼 엠페도클레스에게도 실재들이 지닌 특성은 생성 소멸하지 않고 불변부동하며(akinētoi) 동질적(homoia)이다(B11-17).

그러나 그는 파르메니데스가 실재에 부여한 원칙들을 모두 수용하는 반면에 수에서는 하나가 아니라 여럿을 상정한다. 이 여럿의 실재들은 희랍 초기의 사유에서 신격화된 형태로 알려져 있던 네 가지 원질인 불, 물, 공기, 흙이다. 그는 이 네 원질을 있는 것(to eon)으로 상정하고 그것들에 각기 독립된 성질과 실체적 형태를 부여한다. 그는 네 원질에 각기 존재론적 동등성과 독립성을 부여함으로써 네 원질이 각기 성질 또는 종류에서 하나인 네 실재임을 보장하고(B17. 27-29), 변화하는 실재에 대한 이오니아적인 사유와 단호하게 선을 긋는다.

네 실재를 가리키는 데 사용한 엠페도클레스의 용어는 만물의 네 뿌리(rhizōmata)(B6. 1)와 가사적인 것들의 샘(pēgē)이다(B23. 10). 피타고라스주의가 그에게 미친 영향을 고려할 때 그가 말한 용어들은 고대 피타고라스 학파의 텍트락튀스에서 나왔을 수 있다. 또 희랍에서 4원소에 대한 생각은 엠페도클레스의 갑작스러운 영감에 따라 등장한 것이라기보다 점차적으로 도달된 것이다. 이러한 사정을 감안할 때 이 시기에 네 가지 원소를 처음 인식했던 것이 엠페도클레스인지 확실히 결정하기는 어렵다. 그러나 4원소에 대한 그의 사상의 독창성은 대체로 의심없이 받아들여진다. 아리스토텔레스에 따르면 희랍 철학에서 세계의 시원 또는 자연학의 출발점으로서 네 원소의 지위를 처음으로 분명히 한 사람은 엠페도클레스이다.

나아가 엠페도클레스는 감각세계의 모든 변화의 현상을 네 뿌리의 혼합(mixis)과 분리(diallaxis)로 환원해 설명한다. 사람들이 생성과 소멸이라 부르는 현상은 뿌리들의 혼합과 분리이다(B8, 9). 사물들의 모양과 장소 변화는 혼합 또는 분리의 결과이다(B20, 21, 23). 혼합은 여럿에서 하나가 됨(ek pleonōn hen einai)을 뜻하며 분리는 하나에서 여럿이 됨을 뜻한다. 엠페도클레스는 이러한 혼합과 분리의 원인으로서 사랑(Philotēs)과 불화(Neikos)의 두 힘을 신격화된 형태로 제시한다(B17, 26). 실재들은 본성상 운동하거나 변화하는 것이 아니라 사랑에 의해서만 결합되고 불화에 의해서만 분리된다. 엠페도클레스의 우주론은 이 점에서 다른 이오니아 물활론과 근본에서 다르다. 그가 희랍의 물활론 사상을 어느 정도 의식적으로 탈피했는지는 알 수 없다. 그러나 적어도 운동의 원인과 대상을 구분한 점에서 파르메니데스의 의견편 이후 그에 의해 물활론의 탈피가 더 멀리까지 진전되었다는 것은 의심할 수 없다.

특히 엠페도클레스의 혼합 이론은 희랍 사상에서 주목할 만한 진보 곧 질적 사고에서 양적 사고로의 전환으로 평가된다. 그에게서

| 소크라테스 이전 철학자들의 단편 선집

원소들이 사랑에 의해 하나로 되는 혼합은 개념적으로는 두 가지로 구분된다. 그것은 원소들이 구로 되는 혼합을 뜻하며, 또 우리가 사는 세계에서 개별적인 유기체로 되는 혼합을 뜻한다(B21, 71). 개념적 구분의 근거는 구가 오직 사랑에 의해서 지지되는 만큼 분리나 반목이 없는 반면에(B27a, 36), 현세계의 유기체의 형성에서는 사랑과 불화가 공존하며 대결하는 만큼 혼합과 분리가 번갈아 행해진다는 데 있다(B22, 35).

혼합은 대부분의 화학적 혼합처럼 구성물들의 성질이 상실되는 혼합이 아니라 원소들의 성질이 그대로 유지되는 기계적 혼합이다. 유기체의 구성에서 원소들은 질적으로 변화되는 것이 아니라 양적 비례에 따라 혼합된다. 그의 혼합 이론은 처음으로 우주론에 제작(technē) 모델을 도입했다고 평가되며 이는 후에 플라톤과 아리스토텔레스, 그리고 스토아학파에 영향을 준다.

나아가 엠페도클레스는 원소들의 혼합과 분리를 유기체뿐만 아니라 대우주에도 적용한다. 우선 그는 원소들이 사랑에 의해 하나로 되는 혼합을 순환 주기에서 구로 묘사하고, 불화에 의해 여럿으로 되는 분리를 현 세계로 상정한다. 흔히 '사랑의 구'로 언급되는 시기에는 네 가지 원소가 하나의 구를 이룰 정도로 철두철미하게 혼합된다. 불화의 힘이 배제되고 사랑이 전면적으로 작용하기 때문이다(B36). 사랑의 완전한 지배에서는 원소들의 가시적인 성질과 형태가 분간될 수 없지만 그것들은 여전히 자신의 성질과 종류를 유지한다(B27). 이러한 사랑의 혼합체는 이후 아낙사고라스가 말하는 '어떤 것도 분별되지 않는 완전히 섞인 상태'의 모델이 된다.

또 그는 하나에서 여럿으로 또 여럿에서 하나로 되는 분리와 혼합의 두 시기가 순환 속에서 거듭 교체된다고 함으로써(B17, 26), 아낙시만드로스와 헤라클레이토스에 이어 순환 사상을 우주론에 새롭게 도입한다. 흔히 우주의 '낮과 밤'에 비유되는 큰 두 시기의 교체는 세계주기의 대 교체(major alteration)로 해석된다. 이는 사랑의 지배에서 불화의 지배로 바뀌는 교체를 가리킨다. 불화가 지배하는 두 번째 시기에는 사랑과 불화의 두 힘이 공존하고 서로 대결하며, 불화가 증대하는 시기와 사랑이 증대하는 두 시기로 다시 구분된다. 이 작은 두 시기의 교체는 소 교체(minor alteration)로 일컬어지며, 이 소 교체의 중간에는 불화의 힘이 커져 최고조에 달하고 네 원소가 완전히 분리되는 불화의 극점이 있다고 여겨진다. 엠페도클레스의 세계주기의 구분에는 상이한 여러 해석들이 있으나 전통적으로 그의 세계주기는 세 단계 또는 네 단계로 구분된다.

우리가 사는 세계의 자연적 구조와 인간 및 동식물의 형성은 불화의 힘이 강하게 작용하는 두 번째 시기에 이루어진다(B37, 38). 그러나 이 시기에는 사랑과 불화의 두 힘이 공존하여 대결하는 만큼 혼합과 분리가 거듭 이루어지며, 그에 따라 유기체의 생성과 소멸도 혼전을 빚으며 거듭 반복된다(B22, 35). 그러나 세계주기의 구분뿐 아니라, 이른바 두 세계 설 여부를 둘러싸고 19세기 이후 상이한 해석 전통이 있으며, 그의 세계발생론과 동물발생론은 세부적인 면에서 많은 이견이 있다.

엠페도클레스에서 감각과 인식의 기본 원리는 물체의 친화성 원리로서 이는 4원소의 혼합 이론을 감각 및 인식에 적용한 것이다. 그에 의하면 모든 물체들에는 표면에 조밀하게 들어선 통로(poros)들이 있으며 원소들뿐만 아니라 원소들의 혼합체들로부터 방출물들(apor-rai)이 나오는데 이것들이 자신들과 크기가 같은 통로들에 들어감으로써 감각이나 인식이 성립한다는 것이다(B89, 90-3). "우리는 흙으로써 흙을 보며, 물로써 물을, 아이테르로써 신적인 아이테르를, 불로써 파괴적인 불을 본다(B109)." 그의 이러한 인식 원리를 특히 아리스토텔레스는 '비슷한 것에 의한 비슷한 것의 인식(hē de gnōsis tou homoiou tō homoiōi)'으로 해석한다.

나아가 생각(noēma)의 장소를 심장(kardia)과 연결하는 그의 견해는 호메로스 이래 희랍의 한 전통으로서 이후 아리스토텔레스와 에피쿠로스 그리고 스토아학파에서도 그 영향을 볼 수 있다. 특히 심장이 아니라 '심장 주위의 피'를 생각이라고 본 것은 그의 새로운 사고방식이다(B105). 또 그는 "모든 것이 사려(phronēsis)를 갖고 생각의 몫을 가진다"(B110)고 함으로써 파르메니데스(B16)에 이어 "만물은 생각한다(pephronēken hapanta)"(B103)는 만물유심(萬物有心) 사상을 제시하나 자세한 전거는 남아 있지 않다.

엠페도클레스의 두번째 시 『정화의례들』은 그의 윤리학과 종교 사상을 담은 단편들이다. 그러나 『자연에 관하여』에 비해 이 시는 남아 있는 단편이 많지 않다. 또 그것은 이야기 대상이나 태도, 시의 문체에서 뿐만 아니라 그것이 담고 있는 사상에서 첫번째 시와 현저하게 다르다. 이런 사정 때문에 이 시는 단편들의 배치와 구분은 물론이고 해석에서도 많은 어려움을 안고 있다. 또한 엠페도클레스의 우주론과 관련해서 일관성과 통합성을 찾기도 쉽지 않다. 그의 사상적 배경과 남아 있는 단편들로 볼 때 이 시에는 고대 피타고라스주의와 오르페우스교의 영향의 흔적이 들어 있다. 또 거기에는 죄, 정화, 환생과 윤회, 금욕, 구원의 사상 등 희랍 초기부터 있었던 윤리 사상이 반영되어 있다.

우선, 시의 제목인 '카타르모이(Katharmoi)'는 일반적으로 희랍에서 정화 제의를 가리킨다. 카타르모스는 미아스마(miasma)나 뮈소스(mysos)라 불리는 오염(汚染)을 정화하는 의식이다. 오염의 원인은 죄이며, 이는 전쟁과 불화에 의해 야기된 살생이나 육식과 동물 제의에서 빚어진 살육의 결과이다. 엠페도클레스의 여러 단편(B128, 136-39)은 이러한 정화 사상을 담고 있으며, 이것이 구원과 윤회의 모티브와 밀접하게 연관되어 있다. 이는 그의 우주론이 윤리학으로 발전된 것일뿐더러 특히 우주론에서의 순환 사상이 종교적으로 각색된 것이다.

엠페도클레스의 정화 사상은 헤시오도스적인 황금시대를 바탕으로 한다. 그가 이 말을 직접 사용한 것은 아니지만 두 단편(B128, 130)은 희랍에 널리 퍼져 있던 황금시대에 대한 믿음이 그의 사상에 반영되어 있음을 암시한다. 그가 상정했음직한 황금시대는 세계발생 이전에 있었던 우주의 원 상태가 아니다. 사랑이 완전히 지배하는 시대에는 신적인 구만 있고 인간이 존재하지 않기 때문이다. 오히려 그에게 황금시대는 불화의 침입으로 구가 파괴되었으나 아직은 사랑의 힘이 강하게 유지되는 세계발생의 초기 단계로 짐작된다. 이는 전통적으로 희랍에서 단순 쾌활함과 지복의 시대가 크로노스의 시대로 여겨졌고 그에 이어 제우스와 포세이돈의 시대가 이어진다고 본 사상과는 사뭇 다르다. 그가 상정한 황금시대는 동물들과 다른 "모든 것들이 인간들에게 유순하고 온화했으며(B130)" 인간들 사이에서도 살육과 육식으로 인한 오염이 아직 없었던 시대이다(B128, 4-10).

그러나 엠페도클레스는 태초의 인간들의 황금시대가 '아낭케의 신탁'에 따라 필연적으로 막을 내린다고 역설한다(B115). 이는 자연학적으로는 순환 주기의 시간적 교체 즉 사랑이 지배하는 시기가 불화가 지배하는 시기로 필연적으로 교체됨을 의미한다. 그가 태초의 인간들과 다이몬(daimōn)을 동일시했는지는 알 수 없다. 그러나 그는 인간들의 허물(hamartia)과 불화(neikos)가 초래한 죄로 인해 다이몬에 속한 인간이 지상으로 추방되었다고 역설한다(B115). 지상으로 추방된 다이몬은 육화된 가사적인 족속으로서 투쟁과 탄식 가운데 태어나며 "살육과 원한, 죽음의 종족들로서 미혹의 들판을 헤맨다"(B118-121, 124, 142, 145).

엠페도클레스는 추방된 자이자 떠돌이로서 다이몬이 겪는 환생과 윤회의 고통을 묘사하면서 여기에 그 자신을 포함시킨다(B115). 그리고 이러한 윤회에는 엄격한 삶의 위계가 설정된다. 이 위계에서는 식물보다는 동물이, 동물보다는 인간이 높은 위치에 있으며, 인간들 중에서도 예언자, 시인, 의사, 통치자가 높은 위치를 차지한다(B117, 127). 마지막으로 윤회의 수레에서 벗어나 천상의 다이몬으로 회귀하는 기간을 엠페도클레스는 3만 년으로 설정한다. 추방된 다이몬의 윤회와 회귀는 자연학적으로는 우주 순환의 영속적이고 필연적인 자연 법칙이다. 하지만 엠페도클레스는 이를 윤리적 차원에서 구원과 정화로 승화시킨다. 그가 요청한 정화는 다섯 개의 샘에서 청동으로 물을 퍼내는 잘 알려지지 않은 정화 제의와 관련된다(B143). 또 구원은 악을 멀리하고 월계수 잎과 콩을 금하는 오르페우스교와 피타고라스주의의 계율과 관련된다(B140, 141, 144).

그러나 엠페도클레스는 이러한 전통적인 정화 제의나 계율과 나란히 신적인 정신과 지혜를 강조함으로써 종교적 차원과는 다른 구원의 가능성을 제시한다. 그는 전통적인 신인동형적 신을 비판하고 신을 정신(phrēn)과 동일시한다(B134). 또 그는 이상적인 인간형을 제시하면서 지혜로운 일들(sophōn ergōn)에 정통하고 생각을 다해 '모든 있는 것들(tōn ontōn panōn)' 각각을 간파할 것을 강조한다. 이와 같이 엠페도클레스의 윤리학은 최종 지점에서 자연학의 근본 원리와 그에 대한 논변적인 인식을 환기시킨다. 그리고 인간에게 근본적인 윤리적 대립 쌍인 행복과 불행을 신적인 생각과 어두운 의견(doxa)이라는 대립쌍과 일치시키며 전자에 최고의 가치를 부여한다(B132-33).

9. 레우키포스와 데모크리토스

레우키포스는 원자론의 창시자로, 데모크리토스는 그 완성자로 알려져 있다. 어떤 이들은 레우키포스가 데모크리토스의 스승 또는 친구라고 말하고 있으나 그가 실제 생존했던 인물이 아니라는 주장도 있다. 그러나 두 사람을 구분하는 것은 최소한 원자론적 주장과 관련해서는 별 의미가 없다. 데모크리토스는 기원전 460년경 이오니아의 식민도시 압데라에서 태어났고 레우키포스는 그보다 앞선 기원전 470년경에 아마도 밀레토스에서 태어난 것으로 추정된다.

데모크리토스는 당시 이집트, 페르시아를 비롯한 여러 지역을 다니면서 많은 철학자와 교분을 나누며 두루 견문을 쌓은 매우 박학다식한 사람으로 알려졌으나, 아테네에 머문 기간이 짧아서인지 그곳에서의 명성은 그다지 높지 않았다. 기원 후 1세기경 트라쉴로스가 정리한 것에 따르면, 데모크리토스의 저작은 4부작 형식의 윤리학 저작 2부문 8권, 자연학 저작 4부문 16권과 그런 형식 이외의 자연학 저작 9권 등 모두 61권에 달할 정도로 방대했을 뿐만 아니라, 그 주제 또한 윤리학, 자연학, 수학, 음악, 기술 등 광범위한 분야에 두루 걸쳐 있었다. 키케로는 그의 문체가 기운이 넘치고 더할 나위 없이 명료했다고 전하고 있다. 그러나 안타깝게도 그의 수많은 글들 중 오늘날 남아 있는 것은 300여 개의 직접인용 단편들뿐이다. 물론 이들 단편은 소크라테스 이전의 다른 철학자들이 남긴 것들에 비하면 많은 것이긴 해도 대부분 윤리적 내용을 담은 것들이고, 오늘날 데모크리토스를 원자론자로 알려지게 한 자연철학 관련 단편들의 수는 당혹스러울 정도로 극히 일부에 불과하다.

레우키포스와 데모크리토스의 기본적인 관심은 전통적 물활론에 대한 엘레아의 비판에 의해 운동도 변화도 없이 정지해버린 세계를 끊임없이 운동하면서도 없어지지 않는 현실세계로 구제해내는 것이었다.

그래서 그들은 파르메니데스적 일자의 성격과 똑같은 완전히 꽉 찬 것(pamplēres on), 즉 자를 수도 없고(atomoi) 분할할 수도 없으며(adiairetoi) 꽉 차 있기 때문에 영향을 받지도 않으며(apatheis) 허공(kenon)을 갖지도 않는 원자들을 상정하였고, 동시에 그 수가 무한하다고 생각했으므로 그것들을 떼어놓는 것이자 그것들이 움직일 수 있는 빈 곳을 상정하였다. 그리고 그 장소(ho topos)를 허공(to kenon), 아무 것도 아닌 것(to ouden)이라고 불렀다. 이것이 자연세계의 기본원리들이자 참된 사실로서 아톰, 즉 원자(atoma)와 허공이다. 그리하여 그들은 주저없이 있는 것은 있지 않은 것보다 조금도 더 있는 것이 아니라고 말하면서 '있는 것(to on)'인 원자뿐 아니라, 엘레아 기준으로 이른바 '없는 것(to mē on)'인 허공 또한 물체(sōma) 못지않게 모두 실제로 있는 것(ousia)이라고 선언한다. 허공도 일종의 본성(physis) 내지 고유한 실재(hypostasis idia)를 가진다고 생각했기 때문이다. 이른바 비존재도 존재 못지않게 있는 것임을 승인하는 이와 같은 원자론의 견해는 두말할 필요 없이 여럿의 실재와 운동의 가능성을 보증하는 것과 직결되어 있다. 허공이 별도로 분리되어 있지 않다면 움직이는 것은 불가능할 것이고, 게다가 떼어놓는 것(to dieirgon)이 없다면 여럿도 있을 수 없기 때문이다. 원자들 각각은 파르메니데스의 존재와 같이 그것 자체로 하나의 한정된 실재로서 생성, 소멸하지도 잘라지지도 않으며 서로 섞일 수도 없다. 그러나 원자들은 무수하게 존재하며 허공 속에서 끝없이 운동하고 있다는 점에서 파르메니데스의 존재와 결정적으로 다르다. 이것이 레우키포스와 데모크리토스로 대변되는 원자론의 기본원칙이다.

그런데, 이와 같이 내세워진 실재로서의 원자는 비록 실제로 성질로서 관찰된다 할지라도 그 자체로는 감각적 성질을 일체 갖고 있지 않다. 왜냐하면 성질은 감각기관과 함께 작용하여 성립하는 것이기 때문이다. 무수한 원자들은 각각 형태(schēma: A와 N의 차이), 배열(taxis: AN과 NA), 위치(thesis: Z와 N)에 따라 구별되며, 그 구별은 원자들의 이합집산을 통해 나타나는 사물의 속성 내지 성질과 관련된다. 또한 이들 원자는 무한한 허공 안에 서로 떨어져 있고 위에서 언급한 그러한 것들에서 차이가 나기 때문에 허공 속에서 움직이고 서로 따라가 붙잡으면서(epikatalambanousas) 충돌한다. 그래서 어떤 것들은 아무 곳으로나 튀어나가고, 어떤 것들은 형태들과 크기들과 위치들과 배열들이 일치함에 따라(kata tēn symmetrian) 서로 얽혀서 함께 머물고 그렇게 해서 결합체들(synthetōn)의 생성 또한 이루어진다.

요컨대 운동과 질적 변화의 현실적 실재를 부정할 수 없었던 그들은 이미 엘레아 근본주의 앞에 치명적인 약점이 되어버린 성질의 실재성은 포기하되, 그 성질을 무성질의 실재인 원자들의 부대현상(epiphainomena)으로 대체하고자 하였고, 운동의 원인을 해명하기보다는 허공의 도입을 통해 운동을 설명이 필요없는 당연한 사실로 받아들임으로써 오래전부터 이어온 운동의 문제에 대한 전통적 해답의 하나를 제시해 주고 있다. 마치 창문을 통해 쏟아지는 햇살 속에서 보이는 공기 중의 먼지처럼 일차적 물체, 즉 원자는 태곳적부터 필연(anankē) 즉 기계론적인 인과의 법칙에 따라 허공과 무한한 것 속에서 항상 움직이고 있다고 생각했던 것이다.

한편 세계의 생성에 관한 데모크리토스의 주장은 그리 분명하지는 않지만 기본적으로는 이미 잘 알려진 세계 생성의 과정이 그에게도 반복해서 나타난다. 즉 그 자체로는 운동 능력을 갖지 않은 원자들은 허공 속에서 크기, 무게(baros) 등 차이에 따라 필연(anankē)에 의해 서로 밀쳐내고 움직이고 충돌하면서 회오리(dinē)를 일으키고 이 회오리 안에서 서로 부딪히고 온갖 방식으로 회전하면서 비슷한 것들이 비슷한 것들 쪽으로 따로 분리되면서 세계들(kosmoi)이 생성된다.

이를테면 레우키포스는 대지의 생성을 다음과 같이 기술하고 있다. 즉 온갖 형태의 많은 물체가 무한한 것에서 조각으로 잘라져 거대한 허공으로 한데 모여서 회오리(dinē)가 만들어지는데, 이 회오리 안에서 물체들이 많아져서 더 이상 균형을 유지하며 회전할 수 없게 되면, 마치 체로 걸러지듯이 미세한 것들은 바깥의 허공으로 물러나가고, 나머지 것들은 서로 얽혀 함께 보조를 맞추어 움직이면서 공처럼 둥근 피막 같이 생긴 구조물(systema)로 분리된다. 이후 이것은 그 안쪽에 접해 있는 물체들이 중심의 저항으로 일어난 회오리로 인해 움직이게 되면서 점차 깎여나가 얇아지고, 이 깎여나간 것들을 포함한 그 안쪽의 물체들은 가운데로 흘러 하나로 합쳐지면서 대지가 생겨난다. 그리고 피막처럼 둘러싸고 있는 것 자체는 바깥의 물체들이 유입됨에 따라 다시 커지고 회오리에 의해서 움직이면서 뭐든 접촉하는 것들을 덧붙여 그것들 가운데 일부는 서로 얽혀 모종의 덩어리들을 만들어내는데, 처음에 그것들은 축축한 진흙덩이이지만 회오리 전체와 함께 돌면서 마르게 되고 결국은 불붙어서 별(천체)들이 생겨난다.

인식과 사고에 관한 레우키포스와 데모크리토스의 견해는 기본적으로 감각과 사고 모두가 원자의 접촉(hapta)이라는 동일한 물리적 과정을 통해 얻어진다는 일관된 전제 위에 서 있다. 이를테면 시각작용의 경우 와서 부딪치는 상(像)이 없이는 누구에게도 위의 두 가지 즉 감각과 사고가 결코 일어나지 않는다. 즉 시각작용은 보이는 것과 모양이 닮은 어떤 상들이 보이는 것으로부터 계속해서 흘러나와 시각에 부딪치는 데 기인하는 것이다.

그러나 다른 한편 그들은 그러한 인식과정의 동일성에 대한 주장과 더불어 거의 불타협적이라 할 수 있을 정도로 사고와 감각을 각각 적법한(gnōsiēn) 인식과 서출적(skotiēn) 인식으로 첨예하게 구분한다. 즉 전자는 진리의 판단을 위한 신뢰성을 보증해 주는 것이지만, 후자는 참된 것(alēthes)의 분별에 따르는 틀림없음(aplanes)을 갖고 있지 못하기 때문이라는 것이다. 이 점은 데모크리토스의 인식에 대한 여러 가지 해석, 즉 오늘날 우리가 부르는 회의론이니 독단론이니 현상론이니 하는 논쟁을 불러일으키는 빌미가 되기도 하였다.

하지만 그와 같은 첨예한 인식론적 구분에도 불구하고 우리가 확인할 수 있는 증거들에 따르면, 갈레노스가 전하는 의미심장한 단편이 강력하게 시사하는 것처럼 일단 데모크리토스에게서 감각과 이성, 감각과 사고는 진리인식을 위한 상호 보조물임을 보여준다. 비록 감각은 불분명하고 실재(eteē)에서 멀어져 있어도 그들에게 그 어느 곳에서도 현상과 실재 간의 단절은 나타나지 않는다. 오히려 감각적 현상은 사고에 필수적인 것이다. 요컨대 감각은 우리를 데리고 갈 수 있는 곳까지 데리고 가고 우리가 지각의 문지방 너머를 지나갈 때 이성이 이어받는다. 위에서의 구별이 나타나고 있는 해당 단편 내에서조차 이미 서출적 인식이 더 작은 것에 대해서 더 이상 볼 수도 들을 수도, 냄새 맡을 수도, 맛볼 수도, 접촉에 의해 감각할 수도 없으며 그럼에도 우리가 더욱 미세한 것에 대해서 탐구해야 할 때, 적법한 인식이 뒤따라나온다고 말하고 있다. 이것은 근본적으로 감각과 사고가 다른 과정이 아니라 다만 동일한 과정이 새로운 수준으로 이어지는 것임을 암시한다. 참으로 그것은 유물론적 가정이 유지되고 있는 한 그럴 수밖에 없는 것이지만 동시에 그것은 관념론적 가정에서는 도저히 주어질 수 없는 것으로서, 오늘날의 생리심리학적 인식이론과 통찰력 있게 연결되는 것이다.

서두에서 언급한 대로 데모크리토스 단편들 중에는 예상과는 달리 자연철학에 관한 것보다 윤리학에 관한 것들이 대부분이다. 데모크리토스의 윤리학적 주장들이 과연 그의 유물론적 자연학에 기초해 있는가에 대해서는 논란의 여지가 있다. 왜냐하면 데모크리토스는 신체에 대한 혼의 우월성을 명백히 표명하고 있기 때문이다. 그러나 조금만 더 깊이 들여다보면 위와 같은 혼 개념의 윤리학적 성격은 다름 아닌 자연학적 성격에 기초해 있는 것임이 곧바로 드러난다. 왜냐하면 데모크리토스에게서 혼이란 자연학적으로는 혼을 구성하는 원자들의 덩어리이고, 혼의 원자가 안정된 상태에 있는 것이 혼의 평안이기 때문이다. 요컨대 실재로서의 원자의 형태와 배열과 위치의 좋음, 혼 원자의 좋은 상태는 혼 원자가 안정되어 큰 동요로부터 벗어나 있는 것을 의미한다. 결국 행복은 데모크리토스의 자연학설에 기초해 볼 때 혼의 존재 방식, 존재 상태를 의미한다. 데모크리토스는 이러한 유익하고 진정한 혼의 상태를 'eutymia(유쾌함)', 'atambiē(평정)', 'euestō(잘 지냄)', 'terpsis(즐거움)'로 표현하고 있다.

그런데 이러한 행복은 처음부터 주어지는 것이 아니라 혼에 대한 배움을 통해 주어진다. 그러므로 혼을 배우고 익히는 것으로서의 지혜(phronēsis)가 중요하다. 이로부터 그의 교육론이 제시된다.

"본성(physis)과 가르침(didachē)은 유사한 것이다. 가르침은 사람을 개조(metarhysmoi)하며, 개조함으로써 본성을 재형성(physio-poiei)하기 때문이다."

원자론자들에게 있어 사물의 감각적 성질의 차이가 원자의 형태(rhysmos), 배열, 위치의 차이에 따라 발생하는 것임을 유념하면 결국 데모크리토스의 입장은 인간의 혼이 원자적 구성에서 태어나기 전부터 고정되어 있다고 보는 전통적 사상과 정반대의 위치에 있다. 그만큼 데모크리토스에 있어서 교육의 가능성은 중시된다. 요컨대 혼을 구성하는 원자덩어리의 어떤 구조, 형태를 다시 다른 형태의 것이 되게 함으로써 혼의 존재방식을 더욱 좋은 것으로 변화시키는 것, 이것이 데모크리토스의 원자론적 자연학에 근거한 그의 교육론이다. 기술(technē)도 지혜(sophiē)도 모두 누군가가 그것을 배우지 않는다면 얻을 수 없는 것이다. 물론 이러한 변형의 과정에는 여전히 대우주에 작용하는 필연의 원리가 작용한다. 인간을 포함한 우주 자연 일체가 '필연에 의해' 생성하며, 그곳에는 우연(tychē)이 비집고 들어갈 여지는 전혀 없다. 굳이 우연이라 함은 실재로서의 원자의 단순히 형태, 배열, 위치의 변화에 따라 나타나는 것을 실체로 여기는 것에 지나지 않는다. 불안정한 혼은 이러한 무분별(abouliē, anoiē)을 유발하며 교육은 이러한 그릇된 상태, 즉 우연을 필연으로 생각하는 혼의 불안정한 상태를 안정상태로 변화시키는 것이고 그것이 인간의 지혜(phronēsis)이다. 아무리 신체가 아름답고 부와 평판이 있어도 지성과 분별력이 없으면 별 소용이 없다.

그러나 혼의 원자론적 구조를 변화시키고 재형성한다는 것은, 좀더 엄밀하게 그러한 삶의 방식을 선택할 수 있는 힘의 상정은, 여전히 원자론적 자연 이론의 필연의 테두리를 위협하는 것이다. 이런 점에서 보면 데모크리토스 또한 인간의 의지, 인간의 주체성의 문제를 전혀 의식하지 않았다고 말할 수는 없다. 사실 격변기를 사는 지식인으로서 데모크리토스 역시 개인의 안심입명을 위한 스스로의 혼의 평정뿐 아니라, 통제 불능의 욕망들이 복잡하게 부딪치던 당시의 사회적 혼란상을 어떻게든 국가의 운영을 통해 잘 해결해내는 일은 무엇보다도 중요했다. 그리하여 그는 급기야 인간의 혼이 원자로부터 만들어졌듯이, 정치제도 역시 같은 방법으로 형성된다고 보고 혼에 대한 재형성이 지혜, 교육에 의해 가능했던 것처럼, 정치적 제도의 재형성 역시 정치적 지식에 의해 가능하다고 보았던 것인지도 모른다. 종국적으로는 무지(amatiē)와 어리석음이 모든 잘못과 불행의 원인이기 때문이다.

사실상 데모크리토스의 사상을 올바로 이해하기 위해서는 그가 상속받은 당대의 철학적 상황을 이해하는 것이 필요하다. 기원전 6세기 화폐경제가 발생한 이래 이미 사회·경제적으로 국제화된 발칸 반도의 사상적 정황에서는 소박한 전통적 물활론이 더 이상 들어설 자리가 없었다. 엘레아로부터 흘러 들어온 논리주의의 위세는 누구도 거부하기 힘들었고, 프로타고라스 등 소피스트들은 외계를 인식하는 어떤 기준도 없으며, 그것은 단지 주관의 집합으로서 상대적이고 어떤 특정 사회에서만 일시적으로 유효한 것임을 가르쳤다. 그리고 또 다른 외래 사상인 피타고라스의 영혼론은 시대의 데카당한 분위기 속에서 영향력을 키워갔다. 데모크리토스는 그 사이에서 탈출구를 발견해야 했다. 이것은 이미 그의 목표가 근본적으로 회의론 내지 상대론 또는 순전한 논리적 사변이나 애매한 종교적 구원 그 어느 것에도 매달릴 수 없었음을 보여준다. 분명 그는 당대의 현실을 구제하려는 확고한 철학적 목표를 갖고 있었던 것이다.

하지만 그는 그러한 자신의 철학적 목표를 위해 자신을 위협하는 도전적인 사상들을 너무 비켜갔다. 추상적 사유와 사태에 대한 개념적 파악의 경향은 그의 단순하고도 소박한 유물론적 사고가 대처하기에는 이미 너무나도 광범위하고도 뿌리 깊게 당대의 사상계를 압도하고 있었다. 게다가 그의 체계는 전통적인 자연세계의 법칙과 의미를 지나치게 격하시키는 것이었고, 인식문제와 관련해서도 그는 진리를 분간할 줄 아는 이성의 참된 능력과 지식이 있다고 주장하면서도 이성에다 감각을 넘겨줌으로써 그 두 지식 간의 구별을 정당화하기가 힘들었다. 그에 따라 자신이 가정해야 했던 지식의 기초를 명시적으로 제공할 수도 없었다.

반면에 거의 바로 뒤를 이어 현상의 구제에 관심을 가졌던 플라톤은 데모크리토스보다 훨씬 용의주도하고도 치밀하게 주위의 사상을 오히려 자신의 이론에 용해시켜 나갔다. 하물며 플라톤은 자신의 목적론적 사고에 해가 된다는 이유로 데모크리토스의 기계론적 사고를 아카데미에 발도 못 붙이게 하고 그 가르침을 아리스토텔레스에게도 이어가도록 했지만, 정작 그 자신은 『티마이오스』편에서 누가 보기에도 분명하게 선배 데모크리토스의 원자론적 착상을 자신의 중요한 통찰의 일부로 삼았다. 그러면서도 플라톤은 데모크리토스의 이름을 자기 책 어느 곳에서도 거론하지 않고 있는데, 이는 당대 종합적인 현실구제이론을 꿈꾸었던 라이벌로서 그에 대한 플라톤의 애증을 시사하는 것이라 할 수 있다. 하지만 그들은 결코 화해할 수 없는 상대였다. 플라톤에게 존재와 가치는 본질적으로 목적론적 구도에 연결되어 있었고, 예지적 영혼 부재의 기계론적 원자론은 그가 꿈꾸던 미와 질서로 가득한 목적의 왕국을 여지없이 흔들어놓는 것이었기 때문이다. 그리하여 이후의 주류적 사상을 형성한 플라톤 후예들의 추상적 사유는 데모크리토스를 간과 또는 무시했고, 그의 유물론적 노선에 관한 문제 또한 충분히 개진되지 못했다.

그러나 데모크리토스는 자연에 관한 종합적인 사상가로서 많은 주류적 사상가들이 미처 알아채지 못했던, 그러나 결코 완전하다고는 말할 수 없지만 기존의 것과는 아주 다른 세계에 대한 새로운 지식의 가능성을 열어놓았다. 데모크리토스의 이러한 가르침과 한계를 동시에 의미 있게 간취하고 되짚어보고 넘어서는 일은 에피쿠로스(기원전 342-270)에게로 이어졌다가, 루크레티우스(기원전 99-55)를 거쳐 그로부터 훨씬 뒤인 근세의 기계론적 유물론에 와서야 주목받는 철학적 주제가 되었다. 모든 지적 활동을 물리적 접촉으로 환원시킨 이 진지한 최초의 시도가 전적으로 성공적이지 않았다고 해서 놀랄 건 없다. 여전히 우리는 그의 대담성과 일관성을 칭송해야 할 것이다. 이미 그는 2,400년 전에 자연의 관찰에 대한 설명방식에 대해 다음과 같이 고백했던 것이다.

나는 페르시아의 왕국을 얻기보다 오히려 하나의 원인 설명(mian aitiologian)을 찾아내길 원한다.

대우고전총서

029

사물의 본성에 관하여

루크레티우스

강대진

1. 루크레티우스의 생애

루크레티우스가 언제 태어나고 언제 죽었는지는 아주 정확하게 말하기 어렵다. 현재 남아 있는 전거들이 서로 모순되기 때문이다.

가장 기본적인 것은 카이사레아의 주교였던 에우세비오스(서기 260-340년경)가 쓴 『연대기』 94년 항목에 성 히에로니무스가 덧붙인 구절이다. 그해(기원전 94년)에 루크레티우스가 태어나서 44세(즉 기원전 51년)에 죽었다는 것이다. 물론 생몰 연대만 간략하게 나와 있는 것은 아니다. 그 시인이 사랑의 미약을 먹고 잘못되어 광기에 빠졌으며, 이따금 제정신이 들 때마다 책을 썼고, 나중에는 자살했다는 내용과, 그의 책을 키케로가 편집했다는 내용도 함께 적혀 있다.

이 내용에서 뒷부분은 조금 걸러 들어야 하는데, 그것은 생각지 않더라도 연대에 문제가 있다. 우선 이 내용이 모든 사본에서 다 94년 항목 아래 있는 것은 아니다. 사본에 따라서는 93년에 붙은 것도 있고, 심지어 96년 항목에 있는 경우까지 있다고 한다. 그래서 이 모든 사본들에 동등한 신뢰성을 부여한다면, 루크레티우스의 생몰 연도는 이르게 잡자면 기원전 96년-53년, 늦으면 기원전 93-50년이 된다.

루크레티우스가 죽은 해를 계산하는 기준으로 가장 널리 인정되는 것은 키케로가, 카이사르의 부장(副將)으로 갈리아에 있는 자기 동생 퀸투스에게 보낸 편지(기원전 54년 2월)다. 이 편지에서 키케로 형제는 이미 루크레티우스의 시(poemata)를 읽은 소감을 피력하고 있다. 현재 남아있는 루크레티우스의 작품은 완결되지 못한 상태로, 그가 죽기까지 공식적으로 발표되지 않았을 것이고, 다른 사람들이 그 것을 읽었다는 말은 루크레티우스가 이미 죽었다는 뜻이기 쉽다. 이런 식으로 보자면 루크레티우스는 아마도 기원전 55년에 죽었을 것이다. 하지만 poemata라는 말은 작품 전체를 가리키는 데 쓰이지 않고, 그냥 '운문'이란 뜻이거나 아니면 시의 몇 구절을 지칭할 때 쓰인다는 지적도 있어서, 이 사망년도 역시 확실한 것은 아니다.

그러니 안전하게 하자면, 루크레티우스는 기원전 90년대 전반에 태어나서 50년대 중반에 죽었다고 하는 정도다. 그의 생몰 연도를 가장 쉽게 기억하는 방법은 99~55년으로, 향년 44라고 하는 것이다(사본마다 숫자가 다른데, 99년 출생으로 계산되는 사본도 있다). 물론 99년에 태어나 55년에 죽었다면 로마식으로 하자면 45세에 죽은 것이 되지만, 그냥 중복되는 세 개의 숫자로 기억하는 것이 우리에게는 쉬우니 하는 말이다.

루크레티우스는 헤시오도스보다는 호메로스의 전통을 좇아, 자신에 대해서 거의 아무 정보도 제공하지 않는다. 앞서 본 성 히에로니무스의 기록은, 루크레티우스 당대로부터 400여 년이 지나고 나온 것인 데다가, 그 이전에는 아무도 그런 얘기를 알지 못했던 것으로 보아, 나중에 만들어진 이야기인 듯하다. 아마도 이 '유물론자'가 세계에 대한 신학적 설명을 공격하는 데 반발하여, 그의 성가를 깎아내리기 위해서일 것이다. 이전부터 그런 말이 있었다면, 락탄티우스(서기 240-320년경) 같은 기독교 호교론(護敎論)자가 즐겨 인용했을 것이다. 그는 그렇지 않아도 루크레티우스를 무신론자라고 비난했기 때문이다.

우리가 루크레티우스 본인에 대해 추정할 수 있는 것은, 그의 작품 속에 보이는 실마리들로부터다. 그런 추정들을 요약하자면, 그는 아마도 로마에 거주했던 교양 있는 상류층 인사이며, 시골 정경에도 익숙한 것으로 보아 별장 하나 정도는 갖추고 살지 않았나 싶다. 그가 로마에 살았으리라고 추측하는 것은, 2권에 나오는 군사훈련 장면(40-43행, 323-332행)이 아마도 카이사르가 갈리아 원정을 앞두고 마르스 벌판에서 병사들을 훈련시키던 장면을 그려놓은 것으로 보이기 때문이다. 또 경마장(2권 263-265행, 4권 990행)이나 극장의 정경(2권 416-147행, 4권 75-83행, 978-983행, 6권 109-110행)을 자주 예로 사용하는 것도, 그가 대도시 생활에 익숙한 사람이라는 인상을 강화해준다. 또 뭔가 급히 할 일이 있는 듯 서둘러 도시를 떠나 시골집으로 향하고는, 정작 시골에 닿으면 할 일이 없어 다시 도시로 돌아가거나 그저 잠이나 자는 이를 그리는 대목(3권 1060-1067행)에서나, 수많은 양들의 무리도 멀리서 보면 흰 얼룩무늬같이 보인다든지(1권 317-322행), 어미 소가 사라진 송아지를 애타게 찾아다닌다든지(2권 352-366행) 하는 묘사들을 보면 시골 생활에도 익숙해 보인다. 또 몇몇 구절에서, 그가 결혼했음(4권 1277행)을, 혹은 아이들을 좋아했음을 지적하는 학자도 있으나, 모두가 그저 추정일 뿐이다.

그가 살던 시기는 공화정 말기로, 큰 사건들과 사회적 혼란이 연이어 밀려오던 때다. 삼니움 족의 로마 공격, 스파르타쿠스의 난, 카틸리나의 반란이 각각 그의 10대, 20대, 30대에 일어났다. 이런 혼란기를 거쳐온 사람이라면 에피쿠로스 철학이 권하는 마음의 평정과 '숨어 사는 삶'을 선택하는 것도 어쩌면 당연할 것이다.

한편 밖으로 이 시기는 희랍에서 벌어진 미트라다테스 전쟁으로, 아테나이의 학자들이 여러 다른 지역으로 흩어지고, 그 일부가 이탈리아로 흘러들면서 그곳에서 유례없이 활발한 철학 활동이 펼쳐진 시기이기도 하다.

2. 작품의 구성과 내용

전체 6권으로 되어 있는 『사물의 본성에 관하여』는 주제별로 두 권씩 짝지어볼 수 있다.

1-2권은 원자에 대해, 3-4권은 인간에 대해, 5-6권은 이 세계에 대해 다룬다. 그래서 전체적으로 이 작품은 시야가 확장되어가는 꼴을 취하고 있다. 또 각각의 짝에서 첫 권은 각 주제의 기본적 사실에 대해 언급하고, 둘째 권은 좀 더 확장된 성질에 대해 언급한다. 전체 여섯 권의 내용을 얼른 훑어보면 이렇다.

1권: 서시(베누스와 에피쿠로스에 대한 찬양), 원자론의 기본 원리, 우주의 무한함

2권: 원자의 운동과 모양, 원자에는 이차적 성질이 없음, 세계들의 숫자는 무한함

3권: 서시(에피쿠로스에 대한 찬양), 정신과 영혼의 본성, 정신과 영혼은 생성 소멸함, 죽음에 대한 공포는 그릇됨

4권: 서시(루크레티우스의 사명), 사물들의 섬세한 상(像)이 존재함, 감각과 사고, 여러 가지 생명의 기능들(성적 욕망에 대한 경고)

5권: 서시(에피쿠로스는 신과 같음), 우리 세계의 성질과 구성, 천문 현상들, 생명체의 발생과 문명의 발전

6권: 서시(아테나이에 대한 찬양), 대기 현상들, 지상의 현상들, 아테나이의 대역병

이 작품에서 인간과 세계는 서로를 반영하는 닮은꼴로 제시되어

있다. 그 닮은 면에서 가장 강조하는 것이 영혼과 세계, 이 둘의 소멸 가능성이다. 이 둘은 껍질이 흩어짐으로써 소멸된다. 영혼은 그것을 담고 있는 육체가 흩어짐으로써, 세계는 그것을 에워싼 담이 무너짐으로써다. 그 가능성에 대한 증명은 다소간 순환적인데, 처음 두 권에서는 세계의 소멸 가능성이 강조되고, 그것에 준하여 3-4권에서는 영혼의 소멸이 입증되고, 다시 이것을 기초로 5-6권에서 세계의 소멸을 논한다.

위의 요약을 보면 이 작품이 물리학에 치중하고 있어서, 우리나라에서 에피쿠로스학파에 대한 '상식'으로 되어 있는 '쾌락주의'는 이 작품과 크게 상관이 없음을 알 수 있다. 루크레티우스가 가장 중점을 두는 것은 죽음에 대한 공포와 신들에 대한 공포를 없애고, 내세에 벌을 받을지도 모른다는 불안감을 해소하는 일이다. 그리고 이런 '윤리적' 목표는 우리가 자연의 이치를 알게 되면 저절로 달성된다는 게 그의 생각인 듯하다. 한편 전통적인 철학의 세 분과(인식론, 형이상학, 윤리학) 중에서, 인식론에 대한 것은 오로지 경험만을 지식의 바탕으로 삼는다는 입장 표명 속에 들어 있다.

그리고 내용 요약을 대신하여, 본문의 소주제들을 더 자세히 밝히자면 다음과 같다. 아래의 내용은 스미스(M. F. Smith)의 번역에서 각 권의 앞에 붙은 표를 약간 수정한 자료이다.

제1권

서문

원자론의 기본 원리

모든 원자는 항상 운동함(80-141)

원자의 속도는 엄청남(142-166)

곁 이야기: 신들이 세계를 창조하고 다스린다는 믿음에 대한 반박 (167-183)

모든 것은 원래 아래로 움직임(184-215)

어쩌다 비껴가는 운동이 생겨 충돌과 자유의지가 있음(216-293)

물질과 운동은 언제나 있음(294-307)

사물들 속의 운동이 감지되지 않는 이유: 우리 감각으로 느끼기에 는 너무 작은 운동임(308-332)

원자의 모양

원자들은 매우 다양한 모습을 띠고 있음(333-380)

모양이 다르면 영향도 다름: 감각에 미치는 영향(381-477)

원자 모양의 수는 한정되어 있음(478-521)

각각의 모양을 갖는 원자 수는 무한함(522-568)

보충설명: 생성과 소멸의 힘은 균형이 잡혀 있음(569-580)

한 가지 종류의 원자만으로 구성된 사물은 없음(581-599)

곁 이야기: 대지모신 숭배(600-660)

원자들의 모양 차이에서 사물들 사이의 차이가 생김(661-699)

원자들은 아무 방식으로나 결합할 수 없음(700-729)

원자들은 이차적인 성질을 갖지 않음

원자에는 색깔이 없음(730-841)

제3권

정신과 영혼은 네 요소(숨결, 열, 공기, 이름 없는 요소)로 이루어져 있음(231-257)

네 요소가 결합하는 방식들, 결합 방식의 차이가 사람과 동물들의 기질 차이를 설명해줌(258-322)

영혼과 육체는 서로 연결되어 상호 의존함(323-349)

육체 자체가 감각을 가짐: 감각기관은 입구일 뿐이라는 이론에 대한 반박(350-369)

영혼과 육체의 원자가 교대로 정렬되어 있다는 데모크리토스 이론을 반박함(370-395)

생명에는 정신이 영혼보다 더 중요함(396-416)

정신과 영혼이 생성, 소멸한다는 사실에 대한 증명들

들어가는 말: 영혼의 필멸성이 증명되면 이것은 정신에도 적용됨(417-424)

영혼은 육체를 떠나면 공기 중에 흩어져야 함(425-444)

육체가 태어나고 자라서 쇠하므로, 정신도 육체와 함께 죽어야 함(445-458)

정신적 질병과 고통은 정신의 필멸성을 보여줌(459-462)

정신이 육체의 질병의 영향을 받으며, 약으로 치료된다는 사실도 그것의 필멸성을 보여줌(463-525)

사람이 죽어갈 때, 영혼이 점차적으로 떠나간다는 사실은 그것이 분할 가능하며 필멸임을 보여줌(526-547)

정신은 육체의 일부이며, 육체 없이는 존재할 수 없음(548-557)

죽음에 대한 공포는 비논리적임

제4권

서문

사물에서 나온 얇은 영상의 존재와 속성

여러 가지 생명의 기능들: 영양 섭취, 운동, 수면, 꿈, 짝짓기

제5권

서문

| 사물의 본성에 관하여

| 사물의 본성에 관하여

제6권

서문

대기의 현상들

3. 작품의 시작: 전통과 영향

이 작품은 전통적인 신들에 대한 숭배를 비판하고 있는데, 이상하게도 전체 작품은 베누스에 대한 찬양과 기원으로 시작된다. 이것은 루크레티우스가, 자신이 여러 차례 찬양한 바 있는 철학자이자 시인 엠페도클레스를 모범으로 삼으면서, 또한 그 사실을 분명하게 밝히고자 했기 때문이다. 엠페도클레스의 작품은 온전하게 전해지지는 않지만 현재 수습된 단편들을 보면, 루크레티우스와 많은 유사점들이 발견된다. 우선 제목이 『자연에 관하여』로 루크레티우스의 것과 같은데, 수다 사전에 나온 제목 『존재하는 것들의 본성에 관하여(*peri physeos ton onton*, DK 31A2)』를 취하면 더욱 그렇다. 엠페도클레스가 칼리오페를 불러 도움을 청하는 것(B131)도 루크레티우스(6권 92-95행)와 같으며, 파우사니아스라는 대화 상대자(addressee)를 설정한 것(B1)도 루크레티우스가 멤미우스에게 시를 들려주는 것과 같다. 그리고 루크레티우스가 에피쿠로스를 극히 높이는 것은, 엠페도클레스가 퓌타고라스를 특별한 지식을 가진 이로 대접하는 것(B129)과 같다.

이러한 엠페도클레스의 영향은 1권 서시에서 아주 분명하게 드러난다. 우선 다음 인용문(1권 1-9행)을 보자.

아이네아스의 후손들의 어머니시여, 인간과 신들의 즐거움이시여,
생명을 주시는 베누스시여, 당신은 하늘을 미끄러지는 별들 아래
배들을 나르는 바다와 곡식을 가져오는 땅들을
그득하게 채워주십니다. 당신으로 인하여 목숨 가진 것들의 모든

> 종족이

> 수태하며, 생겨나 태양빛을 보러 오니까요.

> 당신을, 여신이시여, 당신을 바람들이 피합니다. 당신을 하늘의 구
>   름들이,

> 당신께서 오시는 것을 피합니다. 당신을 위하여, 교묘한 재주 지닌 땅이

> 달콤한 꽃들을 피워냅니다. 당신께 바다의 수면이 미소 지으며,

> 평온해진 하늘이 흩뿌려진 빛으로 반짝입니다.

여기서 루크레티우스는 우선 베누스 여신을 찬양하는데, 엠페도클레스 역시 아프로디테를 찬양하는 것으로 『자연에 관하여』 시작 부분을 열었던 듯 보인다. 그리고 베누스 여신에게 붙는 수식어들 대부분이 엠페도클레스에서도 발견되는 것들이다. 첫 줄의 '인간과 신들의 즐거움'이라는 구절에서 앞부분은 호메로스의 공식구를 빌린 것이지만, 그다음의 '즐거움(voluptas)'은 엠페도클레스에서 아프로디테의 다른 명칭(Gethosyne, B17.24)이다. 또 2행의 '생명을 주시는(alma)'도 엠페도클레스가 아프로디테에게 붙였던 수식어(zeidoros, B151)를 옮긴 것이다. 그다음 구절들은 생명을 주는 베누스의 기능을 찬양하는데, 이것은 엠페도클레스의 한 단편(B86)에서 아프로디테가 눈을 창조했다고 찬양하는 것과 같다.

한편 여신의 오심을 자연이 기뻐하는 대목은 엠페도클레스의 '4원소'를 담고 있다. 2-5행의 하늘, 바다, 땅, 태양빛은 바로 공기, 물, 흙, 불에 해당한다. 이 네 요소는 그다음 구절들에서도 반복된다. 이번에는 바람, 땅, 바다, 빛이다. 한데 이 요소들은 엠페도클레스의

다원론을 비판하는 대목에서, 그 철학자-시인을 소개하는 대목(1권 716행 이하)에 다시 다소간 암시적으로 등장한다.

이런 이들의 우두머리 가운데 아크라가스의 엠페도클레스가 있도다.

이 사람을 섬이 땅의 세모꼴 경계로써 품었고,

그 섬을 둘러 이오니아 해가 커다란 만곡(彎曲)들로

감싸 흐르며, 푸른 물결들로부터 짠 기운을 흩뿌리도다.

좁은 해협에서 흐름 빠른 바다가 물결로써

아이올리아 땅의 해안을 이 섬의 영역으로부터 나누도다.

여기에 파멸적인 카륍디스가, 여기에 아이트나의 으르렁거림이

위협하도다, 다시금 불길들의 분노를 모으노라고,

그래서 그것의 힘이 다시금 목구멍으로 불을 쏟아 토해내리라고,

또다시 불벼락을 하늘로 쏘아 보내겠노라고.

이 섬이 여러 면에 있어 인간 종족들에게

큰 경이로 보이고, 가볼 만한 곳이라 이야기되며,

좋은 물산으로 풍성하고, 인간들의 많은 힘이 갖춰져 있지만,

이 사람보다 더 영광스러운 것을 자신 안에 지닌 적이 없으며,

더 거룩하고 놀랍고 소중한 것도 가진 적 없어 보이도다.

여기에서도 다시 흙('땅의 삼각형'), 물(바다), 불(아이트나 화산), 공기(하늘)에 해당하는 것이 등장한다. 그리고 위 인용문에 들어 있는 흥미로운 구절 하나를 소개하자면, 730행의 '소중한(carum)'은 루크레티우스(Titus Lucretius Carus)의 덧이름(cognomen)을 슬쩍 끼워 넣

은 것이다. 아마도 루크레티우스는 엠페도클레스에 대한 자신의 존경심과 친근감을, 약간 장난기를 섞어 보여주고 싶었던 모양이다.

사실 다른 이야기 속에 은근히 4원소를 넣은 것 역시, 엠페도클레스가 모범을 보인 바 있다. 딜스(H. Diels)는 『정화(*Katharmoi*)』에 속하는 것으로 보았지만, 근래에 『자연에 관하여』에 속한다는 주장이 제기된 단편 B115에서다. 그 내용은, 잘못을 저지른 다이몬은 축복받은 존재들을 떠나서 3만 년 동안 여러 모습을 취하며 세계를 떠돌아야 하는데, 자신도 그런 다이몬 중의 하나라는 것이다.

> 왜냐하면 아이테르의 힘은 그를 바다로 쫓아내고,
> 바다는 대지의 문턱으로 내뱉으며, 땅은 빛나는 태양의
> 빛살 속으로, 태양은 소용돌이치는 아이테르로 던져 넣기 때문이다.
> 저마다 다른 것으로부터 받기는 하지만, 모두가 그를 미워하도다.
> 그런 이들 가운데 이제 나도 속하노라, 신에게서 온 도피자요 떠돌이로,
> 광란하는 다툼에 의지한 채.(9-14행)

한편 다음 대목(1권 29행 이하)은 엠페도클레스의 세계 구성 원리인 사랑과 미움에 해당되는 것을 제공한다. 베누스와 마르스가 그들이다. 이들은 각각 헤시오도스의 『신들의 계보』에서 초반에 중요한 역할을 하는 에로스, 후반 특히 신들의 전쟁에서 중요한 역할을 하는 에리스와 같은 격이기도 하다.

그사이, 군사의 거친 일들은

온 땅과 바다에 걸쳐 잠들어 조용하게 하소서.

왜냐하면 당신만이 고요한 평화로써 인간들을 도우실 수

있기 때문입니다. 전쟁의 거친 일들은 무기를 지배하는

마르보스(마르스)께서 다스리시는데, 그는 사랑의 영원한 상처에 굴
    복하여,

자주 당신의 무릎에 자신을 되던지니까요.

그리고 그는 그렇게 유연한 목을 기대어 받치고 올려다보며,

당신을 응시하며, 여신이여, 탐욕스러운 시선을 사랑으로 먹입니다.

또한 기대어 누운 그의 숨결은 당신의 입에 매달려 있지요.

당신은, 여신이여, 당신의 신성한 몸에 의지해 누운 그를

위에서 감싸며, 입에서 달콤한 속삭임을

쏟으소서, 이름 높으신 이여, 로마인들을 위해 고요한 평화를 구하며.

하지만 이렇게 엠페도클레스의 모범을 좇는다고 해서, 루크레티
우스가 그의 사상까지 받아들인다는 것은 물론 아니다. 위에 인용한
엠페도클레스에 대한 찬양 다음에 곧이어 루크레티우스는, 이들이
자신들의 발견을 분명하게 전하기는 했지만, 근본적인 오류를 범한
것으로 평가한다.(1권 734행 이하)

하지만 이 사람과, 위에서 내가 말했던, 현저히 많은 몫만큼

뒤지고 크게 처지는 사람들은,

그들이 많은 것들을 잘, 신과 같이도 발견하고

가슴속 지성소(至聖所)로부터인 듯 답변을 주었으며,

이 답들은 퓌티아가 포이부스의 세발솥과 월계수로부터 예언하는
　　것보다
더 신성하고 훨씬 더 확실한 이치를 따른 것이었지만,
사물들의 기원과 관련해서 그들은 파탄을 이뤘으며
큰 인물인 그들은 여기서 무겁게 큰 추락으로써 떨어지고 말았다.

이런 평가는 사실상, 앞에서부터 준비되었다고 할 수도 있는데,
멤미우스에게 앞으로의 강의 계획을 제시하는 대목에서다. 시인은
우리가 사제들의 위협에 넘어가기 쉽다고 경고하며, 그 이유를 이렇
게 설명한다.

왜냐하면 영혼의 본성이 무엇인지 모르기 때문이다,
그것이 생겨나는 것인지, 아니면 태어나는 자들에게 들어가는 것인지,
우리와 함께 죽음에 의해 흩어져 스러지는 것인지,
아니면 오르쿠스의 어둡고 광막한 허공을 보게 되는 것인지,
아니면 신들의 뜻에 의해 다른 동물들에게 들어가게 되는 것인지.

여기에 특별히 윤회설이 들어간 것에 대해, 세들리(D. Sedley)는,
여기서 루크레티우스는 위에 인용한 B115의 내용을 공박함으로써,
자신이 엠페도클레스를 문학적 모범으로 삼기는 하지만 철학적으로
는 그렇지 않음을 밝히려 했다고 본다. 형식적으로는, 철학적 내용을
서사시의 운율로 전한 엠페도클레스를 본받고, 내용에서는 에피쿠로
스의 철학을 택함으로써, 서로 다른 전통을 결합시키고 새로운 로마

| 사물의 본성에 관하여

적 전통을 세웠다는 것이 루크레티우스의 성취였다고 할 수 있다.

엠페도클레스-루크레티우스 계통에 헤시오도스가 강한 영향을 준 것은 이미 드러난 것 같은데, 그와 대비되는 흐름이라고 할 수 있는 호메로스 전통의 영향에 대해서도 조금만 언급하자면 이렇다. 아리스토텔레스는 엠페도클레스를 '호메로스적인(homerikos)' 시인으로 꼽았으며, 루크레티우스 역시 시의 첫 줄부터 호메로스 공식구('인간과 신들의', andron te theon te)를 이용하고, 신들의 거처를 묘사하는 대목(3권 19행 이하)에서는 아예 『오뒷세이아』의 구절(6권 42-6행)을 거의 그대로 옮겨놓았다.

> 그것들을 바람도 뒤흔들지 않으며, 구름도 빗줄기로
> 흩뿌리지 않고, 날카로운 서리로 얼어붙은 회색 눈도
> 떨어져 침범치 않고, 언제나 구름 없는 대기가
> 덮고 있지요, 그리고 그것은 널리 빛을 흩뿌리며 웃지요.

그 밖에도 지면상 다 다룰 수는 없지만, 루크레티우스가 만든 많은 복합어들 역시 호메로스 전통에 기댄 것이다.

여기까지 주로 루크레티우스에게 영향을 끼친 전 시대 시인들을 살펴보았는데, 반대로 루크레티우스에게 큰 영향을 받은 유명한 시인이 있다. 바로, '루크레티우스가 죽던 날, 어른이 되었다'고 기록된 베르길리우스다. 그리고 루크레티우스가 그랬듯, 선배 시인을 본받고, 또 그 본받음을 널리 알리는 사례로서 잘 알려진 것은 『아이네이스』의 서두다. '무구와 남자를 나는 노래하노라'에서 호메로스의 두

서사시의 주제를 앞세워서다. 도나투스가 루크레티우스가 죽던 해에 베르길리우스가 성인식을 치렀다고 기록한 것은, 서양식으로 말하자면 '루크레티우스의 외투가 베르길리우스의 어깨에 얹혔다'는 것이고, 좀 더 우리식으로 하자면 베르길리우스가 루크레티우스의 '의발(衣鉢)을 물려받았다'고 주장하는 셈이니, 사실 베르길리우스 자신도 의식적으로 루크레티우스를 본받은 것 같다. 예를 더 들자면, 베르길리우스는 『사물의 본성에 관하여』와 같은 장르에 속한다고 할 수 있는 『농경시(Georgica)』 1권 첫머리에서 루크레티우스가 좇았던, 헤시오도스 이래의 '가르치는 시(didactic poem)'의 전통을 따르고 있다. 마이케나스라는 대화 상대자를 놓은 것, 여러 신들을 불러 찬양한 것, 그리고 뛰어난 인물 루크레티우스를 찬미한 것(2. 490-492) 등이다. 특히 이 선배 시인에 대한 찬미는, 루크레티우스가 에피쿠로스를 찬미한 것과 비슷한 분위기다.

　　행복하도다, 사물들의 원인을 알아볼 수 있었던 이,
　　또한 모든 공포와 빌어도 벗어날 길 없는 운명과
　　탐욕스러운 아케론의 으르렁거림을 발 아래 이겨 누른 이는.

한편 루크레티우스의 직유들의 특징 중 하나가, 호메로스나 아폴로니오스 로디오스의 경우와는 달리, 직유와 그 직유의 대상이 세부까지 상응한다는 점이다. 이런 특징이 나타나게 된 것은 루크레티우스가 철학적 논리를 시각화하는 재능이 매우 뛰어났고, 직유를 짜는 데서 매우 공을 들였기 때문이다. 한데 이런, 세부까지 들어맞는

직유가 잘 나타나는 것이 바로 베르길리우스의 『아이네이스』다.

요약하자면, 루크레티우스는 호메로스 전통과 헤시오도스 전통을 모두 받아들이는 한편, 에피쿠로스의 철학을 엠페도클레스의 틀에 얹어 작품을 썼고, 그 영향을 가장 강하게 받은 이가 베르길리우스라는 것이다.

4. 작품의 끝맺음: 의문스러운 결말에 대한 추측

앞에서 잠깐 언급했지만, 아테나이의 끔찍한 전염병이 묘사되는 작품의 끝부분에 대해 거의 모든 학자들은, 원래 루크레티우스가 계획한 대로가 아닌, 끝손질을 제대로 하지 못한 것으로 간주하고 있다. 물론 이것이 시인의 본래 의도대로라는 학자들도 있는데, 그런 이들은 이것이 '최종 시험'이라고 본다. 에피쿠로스 '선생님'의 가르침을 제대로 받아들인 '학생'들이라면, 이 마지막의 끔찍한 재앙에서도 마음의 평온을 찾을 수 있어야 한다는 것이다. 하지만 이런 '각자 알아서(Do It Yourself)'라는 식의 결론은 아무래도 이상하다는 것이 중론이다. 세들리 같은 이들이 지적하듯이 뒤의 세 권은 앞의 세 권보다 분량이 많은데, 이것은 보통 이 세 권이 정리가 덜 되었기 때문인 것으로 설명된다. 루크레티우스가 일찍 죽지 않았더라면 분량도 줄이고, 내용도 확실한 매듭을 지었으리라는 것이다.

이 부분의 특징은, 이 재앙이 400여 년 전, 희랍 땅에서 일어난 일이지만, 그냥 먼 나라, 먼 시대의 사건으로가 아니라, 마치 독자들의 현실인 것처럼 묘사되어 있다는 점이다. 루크레티우스는 이국성을 강조할 때(1권 473행 이하) 희랍어 단어를 많이 쓰는 경향이 있는데, 이 부분에서는 전혀 그렇지가 않다. 그리고 투퀴디데스가 『펠로폰네소스 전쟁사』에 기록한 것을 자료로 사용했음이 거의 분명한데 그것을 그대로 옮기지 않고, 어떤 이에게는 오역으로 보일 정도로, 심리적인 측면을 강조하여 자기 식으로 바꾸었다. 그런 점으로 보아, 6권 처음에 에피쿠로스를 우리에게 보내준 아테나이에 대한 찬양이 나오는 것과 짝을 맞춰 마지막에는 같은 도시의 재앙을 보여주고, 이런 재난 상황에서도 마음의 평온을 가지라는 권고가 있었을 듯하다.

이런 추측을 하는 것은 에피쿠로스의 가르침의 요약 중 요약이라고 할 수 있는 '네 가지 치유책(tetrapharmakon)'이라는 것에서 다른 것들은 다 언급되었는데, 마지막 하나가 언급되지 않았기 때문이다. 「핵심적인 가르침들(Kyriai Doxai)」의 첫 네 가지 항목을 요약한 그 치유책이란 이렇다. "신은 두려움을 주지 않으며, 죽음은 걱정을 주지 않는다. 좋은 것은 얻을 수 있고, 나쁜 것은 견딜 수 있다." 그러니까 마지막 '나쁜 것'의 사례로 아테나이의 전염병이 나왔다는 것이다.

하지만 그 앞에 시인이 했던 것들을 보면 여기에도 어떤 원자론적 설명이 덧붙는 게 당연해 보인다. 어쩌면 시인은, 아마도 갑작스러운 죽음 때문에 그런 설명을, 그리고 그에 더하여 전체의 결론을 덧붙일 시간적 여유를 얻지 못했는지도 모른다. 또 어쩌면, 길게 설명하지 않고, 그저 이것이, 전에도 수없이 일어났고 언젠가 우리에게 다시 일어날 세계의 무너짐과 같은 성격의 것이라고만 언급하고, 모든 진리를 아는 사람이라면 그런 상황에서라도 품위를 지키며 평온하게 받아들이는 게 옳다고 했을지도 모르겠다. 하지만 우리가 이 정도만 보충해도 전체 틀이 완성되므로, 이 위대한 철학자 시인의 작품에서 부족한 부분은 아주 적다고 할 수 있고, 끝부분도 아주 이상하게 마친 건 아닌 셈이다.

이상에서 우리는 저자의 생애와 작품의 대체적인 내용, 그리고 작품의 시작부분과 끝부분의 문제에 대해 알아보았다. 하지만 작품에 관한 지식보다 더 중요한 것은 독자가 작품을 직접 읽고 자신만의 해석을 이끌어내는 것이니, 고대 이래로 늘 경탄을 받아온 이 작품을 직접 대하여 그 가치를 최대한 찾으시길 권한다.

대우고전총서

003

모놀로기온

캔터베리의 안셀무스

박승찬

1. 『모놀로기온』의 저술과 출판

　『모놀로기온』은 캔터베리의 대주교 안셀무스가 체계적으로 저술한 첫 작품이다. 그는 이 책을 1076년 마흔이 갓 넘어 베크 수도원의 부원장으로 있을 때 저술했다. 안셀무스는 서론에서 이 '명상(meditatio)'(그는 이 책을 이렇게 부른다)을 동료 수사들의 간청 때문에 쓰게 됐다고 저술 동기를 밝힌다. 그는 "하느님(신성)의 본질을 명상하는 것에 대해, 그리고 그 밖의 이런 종류의 명상과 관련된 것들에 대해" 수사들과 대화하며 강연했던 것을 글로 옮긴 것이다. 그러나 그 저술을 위한 간접적인 전제는 교부들, 특히 아우구스티누스의 학설에 대한 오랜 탐구와 교부들에게서 전수된 것을 스스로 숙고한 것이었다.

그러나 작품의 완성부터 출판까지는 오랜 시간이 걸렸다. 안셀무스는 자신의 첫 작품을 모험적인 시도라고 느꼈기 때문에, 캔터베리의 대주교였던 그의 옛 스승 란프랑쿠스에게 판단해줄 것을 청했다. 그리고 나서야 그것을 필사하는 일을 허가하려 했다. 이 때문에 많은 편지가 안셀무스가 있던 노르망디와 란프랑쿠스가 머물렀던 영국을 오갔다. 오늘날 우리에게는 단지 안셀무스 자신이 란프랑쿠스와 당시 캔터베리에 머물고 있던 베크 수도원의 수사 마우리티우스에게 쓴 편지들만이 남아 있다. 대주교인 동시에 각료로서 업무가 많았던 란프랑쿠스는 오랫동안 안셀무스의 편지에 답하지 않았다. 그러나 바쁜 업무 외에도 베렌가리우스와의 논쟁을 생생하게 기억하고 있던 란프랑쿠스는 성서나 교부들의 권위 있는 저서를 인용하지 않은 안셀무스의 저술 방식을 좋아할 수 없었을 것이다. 마침내 란프랑쿠스는 안셀무스에게 안셀무스 자신의 작품 안에서 이성적인 증명이 가능하지 않기 때문에 "신적인 권위를 통해서" 증명해야만 하는 부분들에 대해서 안셀무스에게 주지시키려 했다. 이에 대해 안셀무스는 자신이 성서 안에서 또는 아우구스티누스 안에서 발견하지 못한 것에 대해서는 아무것도 말하지 않았다고 변론했다. 남아 있는 사료에서 얻을 수 있는 정보는 여기까지이다. 그러나 전해 내려오는 첫 번째로 수정된 수사본(手寫本)과 최종적으로 완성된 작품을 비교해볼 때 단지 지엽적인 차이만이 나타나기 때문에, 안셀무스가 자신의 작품의 성격을 변화시킬 만한 것은 아무것도 받아들이지 않았다는 사실을 알 수 있다. 안셀무스는 자신의 기획에 대해서는 타협하지 않았고, 란프랑쿠스도 이 작품의 필사본이 통용되는 것에 대해서 더 이상 반대하지 않았다.

2. 제목, 서론, 목차

이 작품의 제목은 하나의 역사를 지니고 있다. 안셀무스는 란프랑쿠스에게 저자의 이름과 제목 없이 이 작품을 보내면서, 그에게 제목을 붙여줄 것을 청했다. 그러나 란프랑쿠스가 응답을 하지 않았기 때문에 안셀무스 자신이 "신앙의 근거에 대해서 명상하는 한 예(Exemplum meditandi de ratione fidei)"라고 제목을 붙였다. 그렇지만 저자인 자신의 이름을 덧붙이지는 않았다. 이 작품에 대한 첫 번째 제목은 몇몇 수사본에서 아직도 발견된다. 『프로슬로기온』이 "이해를 추구하는 신앙(Fides quaerens intellectum)"이라는 제목으로 출간된 후, 리옹의 후고 대주교는 저자에게 두 작품들에 이름을 적도록 명령했다. 이 기회에 그는 새로운 제목 "신앙의 근거에 대한 독어록(Monoloquium de ratione fidei)"과 "신앙의 근거에 대한 대어록(Alloquium de ratione fidei)"을 붙였고, 마침내 순수 그리스적인 형태의 『모놀로기온』과 『프로슬로기온』이 되었다.

제목 "모놀로기온"과 "프로슬로기온"은 내용을 지칭하는 것이 아니라 작품들의 문학적 형태를 의미한다. 안셀무스 자신의 설명에 따르면, 그는 한 작품을 "자기가 모르는 것을 조용히 탐구하는 사람의 입장에서", 다른 작품을 "하느님께 대해 명상하기 위해 정신을 드높이려고 애를 쓰면서, 자기가 믿는 것을 이해하기 위해 노력하는 입장에서" 저술했다. 안셀무스가 그 작품들에 부여했던 첫 번째 제목들은 우리가 아래에서 살펴보게 될 안셀무스 자신의 계획을 암시하고 있다.

서론에서 저자는 위에서 말한 바와 같이 자기 작품의 저술 동기에 대해서 설명한다. 이어서 그는 자신의 저술이 교부들에게, 특히 삼위일체의 용어는 그리스 교부들에게 근거를 두고 있다고 밝힘으로써 전통에 근거하지 않는 독자적 용어를 사용한다는 오해를 막으려고 노력한다. 끝으로 그는 이 서론을 항상 목차 앞에 두도록 요청한다.

이 목차는 80번으로 되어 있다. 작품의 원본에서 안셀무스는 당시의 일반적인 관습에 따라 제목을 반복하지 않고 단지 그 해당 숫자를 각각의 장이 처음 시작할 때 귀퉁이에 써 넣었다. 각 장의 내용은 안셀무스의 집필 의도에 따라 매우 주의 깊게 정해져, 그의 목차는 간략한 내용 설명을 대신할 수 있을 정도이다.

3. 『모놀로기온』의 신학적 계획

『모놀로기온』은 안셀무스의 독창적인 창조물이다. 안셀무스가 이 작품을 쓰게 된 동기는 그의 제자들의 간곡한 요청 때문이었다. 그 밖에 어떤 외적인 강요도 없는 상태에서 그는 이 작품을 쓸 수 있었기 때문에, 이 작품에는 그의 철학적·신학적 의도가 가장 순수하게 표현되었다. 따라서 이 작품을 통해 그가 궁극적으로 추구하는 바를 가장 잘 파악할 수 있다. 그리고 안셀무스의 제자들이 『모놀로기온』의 대상, 방법, 기술 방식 등에 대해 제시했던 '규정들'에 나타나는 구체적인 관심은, 확실히 안셀무스가 수도원 학교에서 강의를 듣는 과정을 통해 일깨워졌던 것이었다.

안셀무스는 작품의 소재를 대부분 공통된 관심을 가졌던 아우구스티누스에 의존하고 있다. 아우구스티누스의 중요한 저서 『삼위일체론(*De Trinitate*)』이 안셀무스에게 풍요로운 정신적 보고(寶庫) 노릇을 한 것은 분명하다. 그렇지만 그는 아우구스티누스에게 완전히 종속되지 않고 항상 독립적으로 남아 있었으며, 뚜렷한 자기 생각을 지니고 있었다. 몇몇 문제들에 대해서는 아우구스티누스와 다른 의견을 지니고 있었으며, 뚜렷한 반대 입장을 보이기까지 했다. 슈미트—안셀무스 작품의 비판본을 만든—에 따르면 안셀무스는 아우구스티누스의 신플라톤주의를 자신의 작품에 완전히 받아들이지는 않았다. 그는 오히려 자신의 고유한 철학적인 체계를 건설했으며, 그 체계는 그의 다른 어떤 작품보다도 『모놀로기온』에서 가장 명확하게 드러난다.

서술 방식에서도 안셀무스는 자신의 정신적 스승 아우구스티누스와 거리를 둔다. 따라서 아우구스티누스가 폭넓게 설명하는 것과는 달리 안셀무스는 간결하고 체계적으로 저술한다.

그러나 『모놀로기온』이 아우구스티누스의 작품들과 완전히 구별되는 것은 그의 새로운 학문적인 방법이다. 이것은 서론에도 명시되어 있다. 안셀무스는 자신의 동료 수사들에게서 다음과 같은 요청을 받았다. "그 글 안에서는 아무것도 성서의 권위에 따라 설득돼서는 안 된다. 대신 개별적인 탐구 끝에 결론이 주장하는 것은 모두가 명확한 형식과 일반인들이 이해할 수 있는 논증, 그리고 단순한 설명을 통해 이성적 필연성을 간결하게 강조함과 동시에 진리의 필연성을 명백하게 보여주어야만 한다."

그러므로 『모놀로기온』의 계획은 부정적으로 표현하자면 논증의 원천으로서의 성서 역할을 배제하는 것이고, 긍정적으로 표현하자면 증명을 위해 이성적 근거만을 사용하는 것이다.

4. 『모놀로기온』의 학문적 방법

성서를 논증 원천에서 배제하는 것

그리스도교에서는 성서가 항상 신앙과 신학을 위한 첫째 원천으로 받아들여졌다. 그 곁에서 이성적인 논증은 부차적인 역할을 하고 있었다. 서구 신학의 최고봉이던 아우구스티누스에게도 성서에 근거를 둔 논증과 이성적인 논증은 나란히 병행하고 있었다. 성서 논증과 이성 논증을 극단적으로 분리시키고 단지 이성 논증에만 근거해서 자신의 신학을 전개하려 했던 것은 안셀무스가 처음으로 시도했던 것이다. 이것은 매우 과감한 시도였고, 큰 반향을 불러 일으켰다.

그렇다면 안셀무스는 왜 계시의 원천인 성서를 배제하려고 했는가? 이것은 결코 성서를 무시하기 위해서가 아니라, 오히려 성서가 우리에게 가르치고 있는 것이 이성에 부합한다는 사실을 증명하고 싶었기 때문이다. 이러한 사실은 다시 성서를 통해 증명될 수 있는 것이 아니라 다른 증명 수단, 즉 이성을 필요로 했다. 안셀무스는『모놀로기온』에서 이성을 통한 신앙의 근거를 마련하고자 했던 것이고, 따라서 이 책은 그 이전까지 저술된 호교론적인 성격을 지닌 작품 중 최고급에 속하는 것이다.

안셀무스가 성서를 자기가 탐구하고 사용해야 하는 원천에서 배제시킨다면,『모놀로기온』의 여러 판본 및 우리의 번역에서 설명하고 있는 성서 구절들은 어떻게 이해해야 하는가? 대략 20개 정도의 인용들을 조사해보면 우리는 그것이 텍스트 안에 포함된 인용에 지나지 않고, 안셀무스에 의해서 명시적으로 성서 구절이라고 표시되지 않았을 뿐 아니라, 더욱이 증명을 위한 결정적인 단서로 도입된 것은 결코 아니라는 사실을 발견할 수 있다. 이 구절들은 모두 사변적인 길을 통해 얻은 결과들을 성서의 어구들과 일치되도록 함으로써 자동적으로 성서의 변호가 되도록 해놓은 것이다. 안셀무스는 이미 완전히 자연적인 방식으로, 즉 이성적인 길을 따라 성서가 계시의 길을 통해 가르치고 있는 결과들에 도달하도록 기획해놓았다. 따라서 성서에서 다룬 내용들이 믿을 만한 것으로 드러나기를 바랐던 것이다.『모놀로기온』에서 드물게 사용된 성서 구절의 인용은 이런 의미에서 이해되어야 한다.

유일한 논증 원천으로서의 이성(sola ratione)

안셀무스가『모놀로기온』에서의 자신의 방법을 묘사하기 위해

'이성적 필연성(rationis necessitas)'(서론), '이성만으로(sola ratione)' 또는 '필연적인(이성적) 근거를 통해서(rationibus necessariis)'(『모놀로기온』과『프로슬로기온』에 대해서 논한『말씀의 육화에 대하여』)라는 표현을 사용하고 있다면, 그는 이 표현들을 통해서 명백하게 순수 이성이야말로 자신의 신학의 유일한 원천이라고 지칭하고 있는 것이다.

안셀무스는 순수 이성적인 숙고를 통해 신앙의 진리들에 도달하고자 했다. 그는 이 방식을 통해 그 진리들의 '사실(그러함)'을 증명하려 했을 뿐만 아니라, 어느 정도까지는 그 '방식(어떻게)'도 증명하려 했다. '방식'에 대한 통찰의 한계를 제64장과 제65장에서 설명했는데, 거기에서는 동시에(비록 단지 유비적이라 하더라도) 이성적인 하느님 인식의 가능성이 강조되고 있다.

자신의 의도를 타당하게 수행하기 위해서 안셀무스는 어떤 것도, 심지어 하느님의 존재마저도 믿지 않는 사람의 입장이 된다. 이렇게 중요한 계획을 시작하는 제1장에서 안셀무스는 매우 명백하게 비신앙인에게도 계시의 도움 없이 신앙진리들에 대해 설명할 수 있다는 사실을 확신하고 있음을 밝히면서, 자립적으로 생각하는 모든 사람들에게 '자기 스스로 오직 이성만으로 확신하도록'(『모놀로기온』, 제1장) 만들려는 계획을 방해받으려 하지 않았다. 이것은 비록 그가 사람들은 자신의 '필연적인 논증'이 어떠한 권위에도 부합하지 않는다면(같은 곳), 그 논증을 '마치-필연적인(quasi-necessarium)' 것으로 보아야 한다는 설명을 집어넣었다고 하더라도 변화되지 않는다. 안셀무스에 따르면 그리스도교 계시가 신에 대해 가르치는 것은 지성을 지닌 모든 사람에게 가르치는 내용 자체에서 논증적으로 증명될 수 있다. 따라서 안셀무스는 자신의 신앙을 고려하지 않고, 자신이 믿는 것을 하나하나 단순한 이성적 숙고로써 얻어내려고 노력한다. 이는 이중의 호교론적인 의도에 따라 이루어진다. 비신앙인들을 논박하는 동시에 신앙인들에게는 신앙의 합리성에 대한 통찰에 따라 기쁨을 주려는 것이다.

안셀무스는 이러한 자신의 계획을 『모놀로기온』에서 전례를 찾기 힘든 학문적인 정교함으로 실현했다. 그는 이 계획을 실현하는 데 건전한 인간의 지성 외에는 아무것도 전제하지 않았다. 모든 문장은 증명되었거나, 이미 증명된 것으로부터 귀결되었다. 따라서 거의 모든 문장마다 논증 단어들(때문에, 이니까, 그 이유는, 그러므로, 따라서, 필수적이다 등)이 사용되고 있다. 그의 이성적 방법의 일관됨은 이성(ratio), 필연성(necessitas), 진리(veritas) 내지 이와 유사한 단어들이 자주 사용된다는 사실이 증명해준다. 처음 네 장에서만 이 단어들은 대략 몇십 번 사용되었다. 이렇게 해서 『모놀로기온』의 독특하며 짜임새 있고 빈틈 없이 구성된 체계가 생겨나고, 이 체계는 상당한 변증법적인 힘을 지니고 있다.

논리적이고 단계적인 방법이 어떻게 사용되었는가를 이해하기 위해서, '하느님' 개념이 어떻게 도입되는가를 살펴보는 것은 좋은 예가 될 것이다. '하느님'이라는 명칭은 마지막 장에서야 비로소 등장한다. 처음에 하느님은 좋은 사물들의 원인이요, 그 자체로서 최고선이어야 하는 '어떤 것'처럼 보인다. 그것은 최고선이요 가장 큰 것이며 최고의 존재, 즉 모든 존재하는 것 중의 최고의 것(제1-2장)이다. 제3장에서는 그것을 위해 본질, 실체, 본성이라는 명칭이 부과되었다.

이 세 명칭들은 그 후에 계속해서, 좀더 혼합된 채로 사용된다. 제
27장에서 이 본질이 개별적인 정신이라는 것이 증명된 후에 그것은
계속해서 최고 정신이라고 불린다. 제42장에서 최고 정신과 그에 따
라 출산된 것이 아버지와 아들이라는 사실이 밝혀진 후, 이 두 이름
이 사용되었다. 셋째 신적 위격인 사랑이 도입된 후 다시 최고 정신
에서 출발한다(제49-53장). 제54장에서 아버지와 아들과 사랑(제59장
부터는 영)이 설명된다. 신적인 위격들에 대한 이론이 끝나고 하느님
의 인간에 대한 관계를 다룰 때 본질이나 본성 내지 최고 정신이라는
표현이 다시 사용된다(제66-76장). 제80장에서 마침내 이 최고 본질
에 유일하게 본래적인 이름인 '하느님'이 부과된다고 말한다.

이와 유사한 수학적인 정교함을 가지고 위격들이 삼위일체에 도
입되는 것도 이루어진다. 제42장에서야 비로소 아버지와 아들, 제
49장에서야 세 위격이 설명된다. 삼위일체라는 개념 자체는 끝에서
세 번째 장에서야 비로소 나타난다. 비록 삼위일체 개념이 나중에 가
서야 나타나지만 안셀무스가 『모놀로기온』에서 생각하고 있는 하느
님 개념을 처음부터 아우구스티누스적 삼위일체론의 의미로 이해했
다는 사실은 중요하다. 그는 이 그리스도교의 '하느님' 개념이야말로
인간이 자신을 인식하는 데 필수적으로 포함되어야 하는 요소라고
생각했다.

이성적 방법과 삼위일체

신앙진리들에 대한 이성적인 탐구에서 안셀무스는 이른바 '자연
적인 진리'와 '초자연적인 진리' 사이에 아무런 차이도 두지 않는다.

즉 제1장의 도입 문장 이후에 나오는 "우리가 하느님과 그의 창조에 대해서 만든 것"은 아무런 차이 없이 이성에 따라 파악할 수 있다.

실제로 안셀무스는 우리가 오늘날 사용하는 표현에 따라 '신론 (De Deo uno)'에서 '삼위일체론(De Deo trino)'으로 넘어가는 곳에서 쉼표를 찍지 않는다. 그는 우리가 이제 이성의 통찰만으로 더 이상 갈 수 없는 영역에 들어선다는 사실에 대해 아무런 이야기를 하지 않을 뿐만 아니라, 이와 반대로 그는 중요한 구절 세 곳에서 이성에 의존하고 있다. 최고 본질에 대한 이야기의 첫째 부분을 마무리 짓는 제12장에서 그는 다음과 같이 명백하게 말한다. "이성이 가르쳐주듯이 최고 실체가 만든 것은 무엇이든지 …… (그의 내면적인 말함을 통해서 만들었다) …… 라는 사실은 마찬가지로 확실하다." 이 주제가 다시 다루어지는 제29장에서는 "내가 위에서 주목할 수 있던 모든 것이 이성의 굽힐 수 없는 힘을 지니고 있기 때문에"라고 말한다. 이미 '말씀'에 대한 이야기가 도입된 제37장의 유사한 구절에서는 "앞에서 설명된 이성적 근거들은 최고 얼이 그의 말씀을 통해서 모든 것을 만드셨다는 사실을 명백하게 가르친다"라고 말한다.

이렇게 이성에 기초한 깊은 통찰 안에서 본질적이고 진정한 진리와 선함을 계시하는 말씀이 선포된다. 이 살아있는 말씀은 "본질적인 말씀과 본질적인 사랑 없이는 생각할 수조차 없는" 살아 계신 창조주의 정신과 하나를 이루고 있다. 의식과 기억(memoria), 인식과 통찰(intelli‐gentia), 사랑(amor)은 창조주의 정신과 피조물의 정신 모두에게 중요한 구성 요소이다.

『모놀로기온』의 신앙

그러나 『모놀로기온』에서 '신앙'과 '믿는다'는 것에 대해 말하는 구절은 무엇을 의미하는 것인가? 신앙이라면 이성은 아닌 것이다. 그렇다면 이 구절들을 그 맥락에서 살펴보자.

제64장은 우리가 신앙진리들의 사실을 이성으로 확정지을 수 있다고 하더라도, 그 방식(어떻게)을 항상 설명할 수 있는 능력을 지닌 것은 아니라고 말한다. 그리고 계속하기를, "그래서 다른 이유들과 모순됨이 없이 필연적인 증명을 통해 주장되는 것들에 대해서는 그것의 자연적인 뛰어남은 파악불가능하기 때문에 설명하는 것을 허용하지 않을지라도 신앙의 확실성을 덜 부여해서는 안 된다"라고 말한다. 이 말들로부터 여기서는 계시에 그 근거를 둔 초자연적인 신앙을 다루는 것이 아니라 필연적인 증명에 근거를 둔 자연적인 신앙을 다루고 있다는 사실이 의심할 여지없이 드러난다. 어떤 계시 내용이 진리라는 사실이 확정되어 있기 때문에 그 방식(어떻게)에 대한 통찰이 결여되어 있더라도 그것을 받아들여야 한다. 바로 이 신비적인 성격 때문에 신앙은 자신의 위치를 지닌다.

제76-78장에서 안셀무스는 신앙을 필수적인 사랑과 희망의 전제로서 다룬다. 특히 최고 본질 안의 세 위격을 믿어야 하며, 그들에 대한 신앙은 사랑 없이는 죽은 것이고 아무런 소용이 없다고 말한다. 여기서도 초자연적인 신적인 덕에 대해서는 단 한 마디도 설명이 없기 때문에 지금까지의 이성적인 증명 과정은 여전히 유효하다. '신앙' 과 '믿는다'는 용어는 『모놀로기온』에서 순수한 이성적인 숙고 과정을 통해 얻은 신앙이다. 안셀무스는 이성적인 방식으로 신앙의 신비에 대한 이성적 신앙의 필연성을 증명한다.

안셀무스의 학문 방법에 대한 평가

안셀무스의 방법은 하나의 새로움이었다. 권위의 도움 없이 단지 이성만으로 하느님에 대한 신앙의 자료들을 (삼위일체를 포함하여) 설명하려는 시도는 그때까지 수도원 학교에서 아무도 하지 않은 것이었다. 그것은 신앙과 이성이 서로 모순되지 않는다는 확신에서 우러나온 것일 뿐 아니라 자연적인 이성의 능력에 대한 뚜렷한 확신을 전제하는 것이었다.

안셀무스는 이 방법의 의심스러움에 대해서 전혀 알지 못했고, 그의 동시대인들도 전혀 그것에 대해서 이의를 제기하지 않았다. 시대적 상황을 고려한다면 아무도 그를 그의 이성적 체계 때문에 비난할 수 없을 것이다. 그의 인격을 보면 안셀무스는 비난받는 의미에서의 합리주의자와는 거리가 멀었다. 그는 내면적으로 신앙에서 단 한순간도 분리된 적이 없었다. 그의 뒤에는 항상 성서의 '더 높은 권위'가 규범적으로 서 있었다. 단지 방법론적으로 그는 이를 증명에서 배제시키는 것이다. 그러나 그는 성찰에서 단 한순간도 성서의 권위를 잊어버리지 않았다.

자주 이 방법론이 문제점을 지니고 있다고 비판되었지만, 안셀무스는 사변적인 신학을 결정적인 관점에서 촉진시켰다. 그가 개별적인 교의들의 신학적인 근거(ratio theologica)들로 만족하지 않고 신앙의 근거를 기초부터 다루었다는 것은 사변적인 신학의 장점으로 작용했다. 향후의 스콜라철학, 특히 그 완성자로 칭송받는 토마스 아퀴나스는 안셀무스의 이성적인 방법을 '정통적인' 궤도로 이끌었다. 최초로 신앙 자료들의 체계적인 논증을 시도한 안셀무스에게 '스콜라철학의 아버지'라는 명예로운 이름이 주어진 것은 너무나 당연하다고 말할 수 있을 것이다.

5. 작품의 언어적인 형태

안셀무스에게 작품을 쓰도록 간절하게 요청했던 수사들은 그에게 서술 방식에 대한 지침까지도 주었다. 그들은 '명확한 형식과 일반인들이 이해할 수 있는 논증과 단순한 설명'을 요구했다. 안셀무스는 겸손하게 자신의 부족함을 고백했지만, 동료 수사들의 원의를 기대 이상으로 충족시켜주었다. 『모놀로기온』은 또한 그 안에서 사용된 언어적인 형태와 어법을 통해서도 주목할 만한 작품이다. 거기에 사용된 어법과 표현 방식은 '명상'이라고 소개한 작품의 흐름에 완전히 적합한 것이다. 『모놀로기온』은 안셀무스가 자신의 '기도와 명상들'을 위해서 창조해내고 『프로슬로기온』의 기도 부분에 사용했던 인위적인 형식은 아니지만, 그래도 세련된 형식과 잘 다듬어진 언어로 저술되었다. 한 문제에서 다음 문제로 부드럽게 넘어가는 것, 재치 있는 대비, 적당하게 사용한 단어의 기교, 예술적인 감수성이 드러나는 문장들, 문맥에 적절하게 사용된 개별적인 상징과 예들, 작품에서 많이 사용되고 있는 무(無) 개념의 인격화 등 이 모든 것은 자칫 거칠고 지루하게만 느껴질 철학적인 소재들을 부드럽게 하고, 이 작품을 읽으면서 문학적이고 언어적인 측면에서도 정신적인 즐거움을 한껏 누릴 수 있도록 해준다.

6.『모놀로기온』의 신존재증명

우리는 여기서『모놀로기온』의 내용 전체를 다룰 수는 없지만, 제1-4장에 나오는 신존재증명의 본성에 대해서는 별도로 설명할 필요가 있다.『프로슬로기온』의 증명과는 비교가 안 될 정도로『모놀로기온』의 신존재증명은 토론의 대상이 되지 못했다. 그 유효함에 대해 계속 의문이 제기되고 있는『프로슬로기온』의 선험적인 증명과는 달리『모놀로기온』의 증명들은 모든 사람이 알고 있고, 인정하는 이 세상 사물들의 완전성에서 출발하며, 따라서 다가오는 스콜라철학, 특히 토마스 아퀴나스의 '다섯 가지 길'을 준비하고 있다는 인상을 준다. 그러나 토마스 아퀴나스가 자신의 증명들을 모두 앞선 이들에게서 전수받은 것과는 달리 (존재의 단계에서 이루어지는 네 번째 길은『모놀로기온』의 제4장에서 유래한다) 안셀무스의 증명은 독창적이다.

먼저 안셀무스는 생각하는 사람이라면 누구나 자신 안에서 발견할 수 있는, 거부할 수 없는 출발점을 찾으려고 시도했다. 안셀무스에 따르면 이 출발점은 생각하는 존재가 어떤 것을 좋다고 여길 때만 그것을 추구할 수 있다는 사실에 있었다. "이 체험 안에 존재하는 것이 무엇인지를 숙고하는 사람은, 피할 수 없이 하느님의 인식에 도달하게 된다." 왜냐하면 그는 다양한 선(善)을 원하며, 또 이 다양한 선들이 공통적으로 가지고 있는 것은 무엇인지를 질문하기 때문이다. 이것들이 공통적인 어떤 것을 가지고 있다는 사실은 안셀무스에 따르면 가장 확실한 것이다. 사람들이 그것에 관심을 기울이기만 하면, 바로 발견할 수 있다. 우리가 어떤 것을 같은 것으로서 또는, 어느 정도 비슷한 것이라고 말하는 곳에서는 어디든지, 우리는 이것을 많은 개별적인 경우에 동일한(idem) 관점에서 파악할 수 있다. 예를 들면 우리가 '정의롭다'고 부르는 많은 의로운 행동이 있는데, 이는 그들 안에 내재하는 공통성, 즉 정의를 근거로 그렇게 부르는 것이다. 모든 좋은 것은 그러므로 동일한 것, 즉 더 이상 다른 어떤 것을 통해 좋은 것이 아니라 그 자체로 좋은 것(bonum per seipsum)을 통해 좋은 것이다. 그것을 통해 모든 것이 좋은 이 선은 그 자체로 좋은 유일한 선이다. 다른 것을 통해 좋은 어떠한 선도 그것과 비교할 수 없기 때문에, 이것이야말로 최고선(summum bonum)이다. 그것은 각각의 선이 그것을 통해 좋은 것이 되는, 바로 그 추구되던 일자(一者)이며 동일한 것이다(『모놀로기온』, 제1장).

안셀무스는 『모놀로기온』 제3장에서 제시된 두 번째 증명에서 이 증명의 기반을 넓히고 있다. 같은 생각은 '존재하는'이라는 규정에도 유효하므로 다음과 같이 말해야만 한다. 즉 존재하는 모든 것은 하나의 유일한 원인, 다시 말해 "자신은 그 자체를 통해 존재하며 그것을 통해 존재하게 되는 모든 것과 구별되는 동일한 것"을 근거로 존재한다. 제4장에 제시된 세 번째 증명은 사물들이 지니고 있는 완전성의 정도가 차이가 난다는 사실로부터 다른 사물보다 탁월하면서, 결코 다른 어떤 사물보다 못하지 않은 그런 대상이 필연적으로 존재하지 않으면 안 된다는 사실을 증명한다.

이것들이 안셀무스가 최초로 제시한 결정적인 신존재증명들이다. 안셀무스는 이 증명들을 자신이 의도했던 방법적인 계획을 이루기 위해 도입했고, 따라서 우리는 여기에서 다시 한번 안셀무스의 의도를 명확하게 파악할 수 있다. 명시적으로 이 증명들은 그리스도교 신앙에 대해 아무것도 듣지 못했거나 그에 대해 아무것도 알고자 하지 않는 사람들에게도 자명해야 한다. 그가 강조하듯이 '모든' 사람들은 항상 아무튼 좋다고 생각하는 것만을 추구한다는 출발 조건을 충족시키며, 모든 다른 것이 그것을 통해 존재하는 한 동일한 것이 존재해야만 한다는 사실을 인식한다. 안셀무스의 강력한 증명 의도에 대해서는 의심할 수 없다. 우리는 이것을 다양한 신앙주의적인 약화 시도를 거슬러 고수해야만 한다. 안셀무스는 자신의 신존재증명의 결과를 의심하는 것은 '존재하는 것이 무이다'라고 주장하는 것처럼 거짓되고 불합리한 것이라고 주장했다.(『모놀로기온』, 제6장) 비록 『프로슬로기온』에 가서야 안셀무스 자신이 확신하게 되더라도, 그는 이미 여기서 단순히 사실상 참인 것이 아니라 사고상 필연적인 것이며, 그것을 부정하게 되면 단순히 틀린 것이 아니라 그 자체로 모순에 빠져버리게 되는 논증을 찾고 있었던 것이다.[01]

안셀무스는 학문적인 신존재증명을 시도했던 최초의 학자였다. 그에 대한 첫 출발점은 아우구스티누스를 통해 영감을 받았다. 그러나 아우구스티누스의 저술을 자세히 검토해보면 그가 논리적으로 완

---

01 K. 플라시, 신창석 옮김, 『중세 철학 이야기』(서울: 서광사, 1998), p.188 참조.

벽한 신존재증명을 의도했던 것이 아니라는 사실이 분명해진다.[02] 비록 안셀무스가 내용과 결론 면에서는 아우구스티누스와 일치했다고 하더라도, 방법적인 측면과 추론 과정의 엄격함 등은 새로운 것이었다. 더욱이 모든 철학적인 요구에 상응하는 증명을 제시하려는 것은 안셀무스의 독창적인 생각이다. 그는 하느님에 대한 자신의 숙고에서 완벽하게 전제 없이 나아가기를 원했다. 그렇기 때문에 그는 하느님의 본질에 들어갈 수 있기 전에 먼저 하느님의 존재를 증명해야만 했다.

7. 『모놀로기온』의 다른 주제들

『모놀로기온』에서는 하느님의 존재증명이라는 주제 외에도 엄청난 소재들이 다루어지고 있지만, 그 설명 방식은 대개 매우 간결하다. 대표적인 주제들만 나열해보면 하느님의 본질과 속성; 세상의 창조주·보존자·지배자로서의 하느님; 이성적 피조물의 최종 목적; 삼위일체 안의 하느님; 지성적 본성; 최고 본질의 모상으로서의 인간; 영혼의 능력(기억·인식·사랑); 영혼의 불멸성; 미래의 영원한 복락 내지 단죄; 선택; 공로와 상급; 사랑·희망·믿음; 무; 우주의 질료와 형태; 원인들; 시간과 영원; 장소와 무한성; 존재의 유비 등이다.

---

02 F.C. 코플스톤, 박영도 옮김, 『중세철학사—아우구스티누스에서 스코투스까지』, (서울: 서광사 1988), pp.100-105 참조.

이 많은 주제 중에서도 다음과 같은 내용들은 주목할 만하다. 안셀무스는 이미 신존재증명들에서 유일한 최고선이 모든 것을 존재하게 하고 선한 것으로 만들기 때문에 다른 어떤 것을 그 자체로 전제함이 없이 모든 것의 근거를 제공한다는 사실을 밝혔다. 안셀무스는 계속해서 그 유일한 선이 모든 다른 것에 '작용한다'는 사실을 설명하기 위해 어떤 종류의 근거가 제시될 수 있는가를 탐구했다. 이 유일한 선은 질료 및 수단이 아니라, 각 개별자 안에 내재하면서도 동시에 초월하는 현존함으로써 그것들의 선함을 만든다는 것이다(『모놀로기온』, 제6장). 게다가 그것은 많은 수의 개별적인 선을 자신 안에 가지고 있어야만 한다. 그것은 그 다수성도 자신 안에 내포해야 하는데, 그렇다고 해서 우리가 모든 것을 근거지우는 것으로 인정했던 자신의 단일성을 잃어버려서는 안 된다. 이는 단지 그것이 생각할 때에만 가능하다. 그러므로 그 최고선은 '정신'이다. 그 하나의 선이 자신과 다른 모든 것을 생각할 때, 그것은 자신 안에 자신과 완전히 동일한 자신의 정신적인 표상, 즉 신적인 말씀을 낳는다. 그리고 이러한 지성적인 행위는 순수하게 이론적인 과정이 아니라 우리들이 '사랑'이라고 부를 수 있는 자신에게로 향함이다.

여기에 이르러 안셀무스의 『모놀로기온』은 삼위일체에 대한 논고가 되었다. 이미 위에서 잠시 설명한 바와 같이 안셀무스는 여기서도 자신의 이성적 증명에 대한 요구를 결코 약화시키지 않는다. 오히려 그는 이런 결론에 도달하는 것이 이성적으로 필연적인 것이라고 주장한다. 그 '최고 본성'은 지성적인 실체, 인식 행위, 의지의 작용 사이의 통일성 안에서 자신을 드러낸다. 그것은 또한 우리가 인간 정신과 그 정신의 기억(의식), 인식, 사랑의 삼위일체에서 알고 있는 구조를 드러낸다. 그러므로 인간의 정신은 저 최고 본성의 모상이다. 인간 정신의 본질은 선을 악에서 구분하고, 더 좋은 것을 그보다 못한 것보다 우선적으로 원해야 하는 데 있기 때문에(『모놀로기온』, 제68장), 그는 대부분 홀로 그 자체로 선한 것인 최고선을 추구한다. 이 선에 대한 인식과 사랑에서 인간 정신은 자기 자신을 실현하고, 오직 그 안에서만 자신의 행복을 발견한다. 이것은 영혼이 불멸할 때에만 가능하기 때문에, 인간 삶의 의미가 죽음을 통해 파괴되어버릴 수 있다면, 그것은 가장 부조리한 일(inconveniens nimis)(『모놀로기온』, 제69장)이 되어버릴 것이다. 지상 생활 동안 이성적 존재로서의 인간은 하느님을 사랑하고, 희망하고, 믿어야만 한다. 여기서 안셀무스는 믿음(신앙)이라는 개념에서, "신앙은 최고본질로 향함"(『모놀로기온』, 제76장)과 같은 의미라는 점을 강조한다.

이상의 내용에서도 드러나듯이 전체적인 관점에서 『모놀로기온』은 주로 변신론(辯神論, Theodizee)이다. 그렇지만 그것이 세 신적인 위격들을 포함한다는 점에서 다른 일반적인 변신론과는 구별되는 독특한 성격을 지니고 있다.

그리고 인간의 하느님에 대한 관계와 일부 윤리학적인 주제들도 다루어지는데, 이에 대해서는 안셀무스 자신이 제시한 상세한 목차에서 주요 내용을 발견할 수 있다.

대우고전총서

003

프로슬로기온

캔터베리의 안셀무스

박승찬

1. 『프로슬로기온』의 발생과 역사

　『프로슬로기온』은 『왜 하느님이 사람이 되셨는가』와 함께 안셀무스의 2대 걸작으로 손꼽힌다. 더 정확히 말해서 이 작품은 제2장부터 제4장 사이에 나오는 이른바 '존재론적 증명' 때문에 대단한 명성을 얻게 되었다. 『프로슬로기온』은 매우 적은 분량의 작품이지만 몇몇 관점, 특히 그 형태와 내용, 저술 동기와 영향사적인 측면에서 독특함을 보여준다.

　그 저술 과정에 대해서는 안셀무스 자신이 서론에서 말하고 있는 내용을 통해 많은 정보를 얻을 수 있다. 『모놀로기온』을 완성한 후 그에게는 이것이 많은 증명의 종합을 통해 이루어졌다는 생각이 들었다. 그는 계속해서 스스로에게 하느님의 실존과 본질을 설명하기 위해서, 다른 증명이 전혀 필요 없는 유일한 논증이 존재하지 않을까 하고 물었다. 그는 자신이 얼마나 이 '하나의 논증(unum argumentum)'을 찾기 위해 오랫동안 성과 없이 투쟁했으며, 마침내 그런 생각을 쓸모 없는 노력이라고 여기며 잊어버리려 했는가를 설명했다. 여기서 '논증(argumentum)'이란 분명히 엄밀한 학문적 방법을 위한 규칙을 의미한다. 이것은 단순히 하느님의 실존을 밝히기 위한, 나중에 그 변형된 형태를 칸트가 '존재론적 논증(ontologische Argument)'이라고 부른 신존재증명에만 해당되는 것은 아니다. 안셀무스가 회의에 빠지면서까지 찾고 있던 '논증'은 1) 단순하고, 복잡하지 않아야 하며, 2) 논리적으로 자족적이어서, 그 자체로 별도의 논증을 필요로 하지 않아야 하며, 3) 하느님의 실존뿐만 아니라 그리스도교 신앙이 하느님께 부여하는 다른 규정들도 또한 증명해야만 했다. 안셀무스가 그 노력에 대해 의심을 품고 있던 어느날, 마침내 갑자기 그 해답에 도달했으며, 이 해답의 발견에 대해 크게 기뻐하면서 『프로슬로기온』을 썼다. 안셀무스 자신은 이 과정을 "지성적인 긴 여행"이라고 표현했다. 한편 안셀무스의 전기 작가인 에아드머는 『안셀무스의 생애』에서 이 저술 과정을 수도원의 분위기에 맞게 기적 이야기와 악마의 유혹 등 전설로 여겨지는 내용들과 함께 혼합시켜놓았다.

안셀무스의 첫 작품, 『모놀로기온』은 1176년 후반 무렵 완성되었다. 『프로슬로기온』의 완성도 그보다 많이 늦지 않은 1177년이나 1178년경으로 보고 있다. 초판에는 서론과 제목이 빠져 있었다. 그 제목은 『신앙의 근거에 대한 명상의 한 예』라는 『모놀로기온』의 본래 제목과 유사하게 『이해를 추구하는 신앙(Fides quaerens intellectum)』이라고 되어 있었다. 몇 년 후 그 작품은 서론과 최종적인 명칭을 얻게 된다.

만일 이 책의 너무나도 강한 인상 때문에 독자들이 안셀무스의 다른 책들에서 떠나게 된다면 매우 애석한 일이지만, 그럼에도 이 책이야말로 안셀무스의 성격이 가장 잘 드러나는 독창적인 작품이다. 여기서 안셀무스는 자신이 이제까지 속했던 전통에서 가장 멀리 벗어나 독창적인 길을 갔다. 여기서 그는 고대 철학에서는 전례를 발견할 수 없는 독특한 업적을 이루어냈다. 안셀무스는 이 『프로슬로기온』의 최초의 명칭에서도 드러나듯이 필수적인 논증 근거를 찾아 신앙을 학문적으로 증명하는 계획인 '이해를 추구하는 신앙'을 이룩하기 위해 노력했고, 논리적인 엄밀성을 종교적인 열정과 결합시켰다.

그렇지만 그의 역작 『프로슬로기온』은 세상에 알려지자마자 바로 논쟁의 대상이 되었고, 특히 제2-4장의 신존재증명이 관건이었다. 마르무티에의 가우닐로(Gaunilo)라는 수사가 『어떤 사람이 어리석은 자를 위해서 이(안셀무스의 논증)에 대해 무엇이라고 대답할 것인가?(Quid ad haec respondeat quidam pro insipiente)』라는 짧은 비판에서 그의 증명을 공격했다. 안셀무스는 『이 반론에 대한 이 책[프로슬로기온] 저자의 답변(Quid ad haec respondeat editor ipsius libelli)』을 썼다. 그는 스스로 이 토론이 『프로슬로기온』에 항상 함께 첨부되어야 한다고 명령했다.(대우고전총서의 『프로슬로기온』에는 이 비판과 답변도 함께 실려 있다.)

나중에 좀더 상세하게 다루겠지만 논란이 되었던 안셀무스의 신 존재증명을 간략히 요약하면 다음과 같다. 하느님이란 단어를 통해 사람들은 '그것보다 더 큰 것을 생각할 수 없는 어떤 것(id quo maius cogitari nequit)'을 이해한다. 이제 실제로 존재하고 있는 대상은 단지 사고된 대상보다 더 큰 것이다. 따라서 이것은 실제로 존재해야만 하며, 그렇지 않다면 그것은 '그것보다 더 큰 것이 생각될 수 없는 어떤 것'이 아닐 것이다. 왜냐하면 사람들은 실제로 존재하는 어떤 것을 다시 생각할 수 있을 것이며, 이것이 더 클 것이기 때문이다.

이 증명에 대해서 일반적으로 가해지는 비판은 이 증명이 논리적 질서에서 존재론적 질서로 부당하게 비약한다는 점이다. 한 개념의 단순한 분석을 통해 정신 바깥의 존재에 도달할 수는 없다는 것이다. 오직 그런 대상이 실제로 존재한다는 전제하에서만, 그 대상은 필연적으로 존재해야만 한다.

이 논증을 옹호하는 학자들은 이 비판을 무력화시키기 위한 다양한 해석들을 내놓는다. 그러나 대부분의 이런 해석들은 안셀무스의 생각과 텍스트에서 멀어져가는 것이다.

오늘날 이 논증에 대한 토론은 전에 없이 활발하다. 그러나 늘어나는 옹호자들 가운데 일부는 이 논증의 철학적인 타당성을 증명하려고 하기보다는 이 논증의 순수한 철학적인 특성에 의문을 가지려 한다. 따라서 이 논증을 어떤 학문 분야에 넣어야 하는가가 관건이다. 이와 같은 논쟁은 매우 복잡한 형태를 지니고 있고, 앞으로의 연구를 위한 많은 자극을 주기 때문에 이 글의 마지막 부분에서 좀 더 상세히 다루어보겠다.

『프로슬로기온』은 제2장에서 제4장까지의 짧은 세 장으로만 이루어진 것이 아니라, 이 세 장과는 달리 거의 주목받지 못하는 다른 23개의 장을 포함해 모두 26장으로 이루어져 있다. 그런데 이 23개의 장들도 처음 세 장과 마찬가지로 중요하다. 안셀무스가 투신했던 과제는 단순히 하느님의 실존에 대해 새로운 증명을 발견하려 했던 것이 아니다. 그는 『모놀로기온』 안에서 다루어졌던 신의 실존, 본질, 속성들과 3위 등을 포괄하는 전체 질문(체계)들에 대한 다양한 증명들 대신 하나의 유일한 증명을 제시하려 했던 것이다. 그러므로 당연히 안셀무스가 『프로슬로기온』에서 다루어지는 모든 질문들에서 어떻게 하나의 논증을 사용하고 있는가 하는 것은 흥미를 가지고 관찰할 만하다.

2. 『프로슬로기온』의 개요

여기서 우리는 전체 작품의 구조와 안셀무스가 『모놀로기온』의 여러 증명들을 단 하나의 증명으로 대체하려는 자신의 기본 생각을 각 장들 전체를 통해 어떤 방식으로 실행했는가를 각별한 주의를 가지고 살펴볼 필요가 있다.

서론

서론은 우선 『모놀로기온』의 다양한 증명들 대신 안셀무스 자신이 찾고 있던 단 하나의 증명 방법을 발견하게 된 경위를 설명하고 있다. 이어서 그 작품의 문학적 형태와 작품 안에서 사용된 탐구 방법에 대해 설명한 후 마침내 제목 설정 과정을 설명한다.

제1장

첫 머리는 하느님을 더욱 잘 찾을 수 있기 위해서 정신을 집중할 것을 격려하는 일로 시작한다. 이어서 하느님은 어디에나 계시며 매우 가까이 계심에도 접근할 수 없는 빛 속에서 사시기 때문에, 인간은 하느님을 어디서 찾고 발견해야 할지 알기 어렵다는 난해한 질문이 따른다. 이어서 인간이 원죄를 통해 입게 된 엄청난 손실에 대한 원망이 이어진다. 계속해서 하느님께 인간을 다시 회복시켜주시고, 적어도 멀리서라도 하느님을 바라볼 수 있도록 비추어주시며, 어떻게 그 분을 찾고 발견할 수 있는가를 가르쳐주시기를 간청한다. 끝으로 자신의 계획 '알기 위해서 믿는다(Credo, ut intelligam)'를 설명하면서 전체적으로 기도 형태를 취하고 있는 이 장을 마친다.

제2-4장

이 세 장은 함께 연결되어 있다. 이 장들은 하느님의 실존을 다룬다.

제2장은 '그것보다 더 큰 것이 생각될 수 없는 어떤 것'이라는 기본 개념을 철저히 분석함으로써 하느님이 실제적인 존재이며, 지성

밖에 실존하심을 증명한다.

제3장은 제2장을 더욱 강화시키는 것이다. 다시 한 번 같은 개념으로부터 하느님은 존재하지 않는다고 생각될 수조차 없다는 사실을 증명했다.

여기서 어리석은 자가 '하느님은 존재하지 않는다'라고 어떻게 생각할 수 있는가 하는 난제를, '하느님'이라는 단순한 단어에 대한 생각과 그 내용에 대한 생각을 구분함으로써 해결한다. 이로써 하느님의 실존에 대한 증명이 끝났다.

제5-8장

이어지는 장들에서는 하느님의 본질적인 속성들이 제시되고 증명된다. 증명은 다시 '그것보다 더 큰(또는 훌륭한) 것이 생각될 수 없는 어떤 것'이라는 개념을 근거로 이루어진다(더 훌륭함과 더 큼을 동일시하는 것은『모놀로기온』, 제2장에서 제시된 바 있다).

신존재증명의 경우에는 결코『모놀로기온』을 다시 사용하지 않았지만, 그 밖의 장에서 사용되는 설명은 전반적으로『모놀로기온』의 순서를 따른다.『모놀로기온』에 대한 지식을 암묵적으로 전제하고 있고, 따라서 많은 것을 단지 한 단어로 암시하거나 전체 내용을 그대로 받아들이기도 한다.『프로슬로기온』에서는 모든 것이 어려움 없이 풀려나오는 하나의 논증의 힘으로 많은 것이 단순해졌다. 또한『모놀로기온』에서 다루지 않았던 개별 문제들도 제6-11장, 제14-17장, 제24-26장 등에서 다루어진다.

제5장. 여기서 '그것보다 더 큰 것이 생각될 수 없는 어떤 것'이

라는 개념에서 하느님이 절대적으로 크신 분이라는 사실(『모놀로기온』, 제1-2장)과 존재에서 다른 모든 것에서 독립적이라는 사실(『모놀로기온』, 제3-4장), 이와는 달리 다른 모든 것은 하느님께 종속된다는 점(『모놀로기온』, 제7-8장), 그런 것이 그렇지 않은 것보다 더 좋은 어떤 속성도 결여될 수 없는 절대적인 완전성을 지니고 있다는 사실(『모놀로기온』, 제15장) 등이 설명된다. 마지막에 설명된 내용이 하느님 안에 있을 수 있는 모든 것에 대한 일반적인 기준이다. 이것은 이어지는 장들에서 중요한 역할을 한다. 이런 속성들은 명시적으로 도입되었다. 즉 정의로움, 진실됨, 복됨(제5장), 감각적으로 인식함, 전능함, 자비로우면서도 영향을 받지 않음(제6장), 생명 있음, 현명함, 좋음, 영원함(제12장), 빛임(제14장) 등. 더욱 많은 내용들이 다루어지는 『모놀로기온』의 제15-16장, 특히 제16장과 대비해볼 때 여기서 새로운 것은 '감각적으로 인식함, 자비로우면서도 영향을 받지 않음, 빛임' 등이다.

이미 『프로슬로기온』 제2-4장은 '하느님이 존재해야만 하면서 어떻게 사람들이 하느님이 존재하지 않는다고 주장할 수 있는가'라는 이율배반에 대한 해결이었다. 『프로슬로기온』의 대부분은─『모놀로기온』에서보다 더 강조해서─다른 일련의 이율배반들을 제거하기 위한 노력을 다룬다. 우선 제6-8장에서는 모순처럼 보이는 명제들을 다룬다. 비물체적이면서 감각적임(제6장), 전능하면서 모든 것을 할 수는 없음(제7장), 자비로우면서 동시에 영향을 받지 않음(제8장) 등이 다루어진다.

제6장에서 '비물체적이면서 동시에 감각적으로 인식한다'라는

이율배반은 '감각하다, 느끼다(sentire)'가 인식에 기여하고 따라서 최고의 인식을 지닌 하느님이 또한 최고로 감각적이고, 더 나아가 감각적 존재보다 더욱 완벽한 방식으로 감각적이라는 주장을 통해 해결된다.

제7장에서 '전능하면서 많은 것—예를 들어 소멸되거나 거짓말함 등—을 할 수 없다'라는 이율배반은 '할 수 있다(posse)'가 여기서 적개심과 타락함의 입장에서는 능력이지만 그것에 사로잡혀 있는 주체의 측면에서는 무능을 의미한다는 사실을 밝힘으로써 해결된다. 따라서 하느님은 무능을 통해 아무것도 할 수 없고, 어떤 것도 그 분을 거슬러서 어떤 것을 행할 수 없으면 없을수록 더욱 전능한 것이다.

제8장에서는 하느님의 '영향받을 수 없음'이라는 성격이 어떻게 하느님이 우리에게 보여주는 연민과 부합될 수 있는가를 설명한다. 그 답은 '자비로우신 하느님의 작용을 우리가 느낀다'는 것이다. 그러나 하느님의 연민은 그분 안에서 아무런 감정도 불러일으키지 않고 고통도 주지 않는다.

제9-11장

제9-11장은 하느님이 악인들을 용서하실 때(제9장), 그분이 죄인들을 벌하실 뿐만 아니라 용서하실 때(제10장), 그리고 죄인들을 벌하실 때(제11장) 드러나는 하느님의 정의와 자비(선함) 사이의 충돌을 다루고 있다.

제9장에서는 '그것보다 더 큰(좋은) 것이 생각될 수 없는 어떤 것'이라는 개념으로부터 증명이 이루어진다. 선인에게만 좋은 것보다

선인과 악인 모두에게 좋은 것이 더 좋은 것이다. 오직 좋지 않은 것에서만이 아니라 악에서도 선을 만드시는 분이 더욱 뛰어난 능력을 지닌 분이다. 계속해서 하느님의 헤아릴 수 없는 신비라는 사실이 선함이 설명되고 하느님의 정의와 선함 사이에는 필수적으로 조화가 이루어져야 한다고 주장된다.

제10장에서는 제8장을 근거로 해결책이 제시된다. 하느님이 벌하시면 벌을 받아 마땅한 악인의 관점에서는 정의로우시다. 하느님이 용서하시면 자신의 관점에서, 즉 그것이 하느님의 선함에 부합하기 때문에 정의로우시다.

제11장에서는 '그것보다 더 큰 것이 생각될 수 없는 어떤 것'을 근거로 하느님이 죄인들을 처벌하실 때도 하느님 자신의 관점에서 선하다는 점을 보여준다. 착한 이들뿐만 아니라 악한 이들에게도 그 업적에 따라 갚아주는 분이 정의로운 분이다. 이렇게 해서 두 시편 24, 10(하느님의 자비)과 144, 17(하느님의 정의) 사이의 이율배반은 해결된다. 이어서 선택의 문제가 다루어진다. 왜 하느님은 같은 종류의 악한 이들 중에서 어떤 사람들은 구원하시고 다른 사람들은 처벌하시는가? 이것은 도저히 도달할 수 없는 신비이다. 여기서는 하느님의 의지만이 결정적이다. 끝으로 다시 한 번 하느님이 가지고 있는 속성들, 즉 그러함이 그렇지 않음보다 더 좋은 속성들이 열거된다. 이렇게 해서 제5장에서 제11장까지가 전체적으로 요약되었다. 제6-11장은 『모놀로기온』과 비교해볼 때 새로운 부분이다.

제12장

오직 짧은 세 줄로 되어 있는 제12장은 『모놀로기온』의 제16장을 요약한다. 하느님은 그 자체로 있는 모든 것이기 때문에 하느님 안에서 열거된 속성들은 하느님 자신과 다른 것이 아니다. 하느님은 생명 자체이고 그것으로 자신이 살게 된다.

제13장

공간과 시간을 통한 하느님의 무제한성이 다루어지는 이 장에서 다시 한 번 하느님보다 더 큰 것은 아무것도 없다는 논증이 사용된다. 이미 『모놀로기온』 제18장과 제22장에서 이 주제가 다루어졌지만, 여기서는 '다른 정신들이 존재함에도 왜 하느님만이 홀로 무제한적인가'라는 질문이 첨가된다. 다른 정신들은 단지 물체들과 비교해서 무제한적이다. 그들은 하느님과 비교할 때는 제한적이다. 왜냐하면 하느님만이 홀로 시작부터 영원하시고 전적으로 동시에 어디에나 계신 반면, 창조된 정신들은 오직 멈추지 않음을 통해 영원하고, 오직 한 장소에서만 완전하게 존재한다.

하느님의 무제한성과 관련된 다른 질문들은 제18장에서 제22장 사이에 계속되었다. 그 사이에는 『모놀로기온』에 병행구가 없는 네 장이 놓여 있다.

제14–17장

제2-13장은 엄격한 철학적 작업이다. 우리는 이제 작품 전체의 중간쯤에 이르렀다. 여기서 이제까지 도달한 것을 살펴보기 위해 짧은 휴식공간을 마련했다. 제14장에서는 돌이켜보는 작업이 시작된다. 제2-13장은 세 그룹으로 요약된다. '그것보다 더 좋은 것이 생각될 수 없는 어떤 최고의 것'으로서의 하느님(제2장-11장), 생명 등등 자체로서의 하느님(제12장), 언제 어디에나 계신 하느님(제13장).

제14장은 형태 면에서 제1장과 연결된다. 여기서 다시 처음으로 인간 영혼에게 말을 건다. 도입하는 장의 주요 내용, 즉 하느님을 찾고 발견함이 여기서 다시 나타난다. 영혼의 눈이 지닌 약함과 신적인 빛의 무한함에 관한 대조가 묘사되는 곳에서 수사학적인 형태가 다시 등장한다.

더욱이 『모놀로기온』의 제65장에 대응하는 이 장 또한 사변적인 작업이다. 하느님이 그를 추구하는 이들에게 보여지는 동시에 보여지지 않는(제14장의 제목!) 한에서 이율배반의 해결책이 발견되어야 한다. 이것은 '내 영혼이 하느님을 어느 정도까지는' 보지만, '바로 그분인 것처럼' 보지 못하기 때문에 빛과 진리를 '보았음에도 보지 못했다'는 세 번째 단락의 문장에 담겨 있다. 여기서 이승에서의 하느님 인식 가능성과, 미래의 지복직관(至福直觀) 상태에서의 가능성이 뚜렷하게 구분된다. 이어지는 기도에서 다시 한 번 창조된 영혼이 하느님을 적절하게 인식하지 못하는 무능함이 뚜렷하게 표현된다.

제15장은 제2-4장을 토대로 그 곳에서 내린 정의를 계속 발전시켜 나간다. 하느님은 '그것보다 더 큰 것을 생각할 수 없는 어떤 것'일 뿐만 아니라 '생각될 수 있는 모든 것보다 더 큰 어떤 것'이다. 이것은 섬세한 차이다. 첫 번째 표현은 생각할 수 있는 단계에 머물러 있는 것인데, 두 번째 표현은 그것을 뛰어넘는다. 그 증명은 제2-3장과 비

숫하게 이루어진다.

사람들은 왜 이 장이 바로 제3장 다음에 연결되지 않았는가 하고 의아해 한다. 그러나 '그러므로 주님' 하고 시작함으로써 이것이 앞에서 다룬 것의 결론임을 보여준다. 제14장에서 창조된 지성이 신적인 진리에 도달할 수 없다는 사실이 밝혀졌다. 따라서 그것은 창조된 정신이 생각할 수 있는 것보다 더 큰 어떤 것이어야만 한다. 따라서 이 장은 앞서 나오는 장에 연결되며 다음 장으로 넘어갈 수 있게 해준다.

왜냐하면 제16장은 제15장의 결론으로서 나타나기 때문이다. 하느님이 생각될 수 있는 것보다 더욱 크다면 우리는 그분에게 도달할 수 없다. 하느님은 단지 신적인 빛을 통해서만 인식될 수 있다고 하더라도, 단지 약하고 간접적으로만 인식될 수 있다는 제14장의 생각은 허약한 눈의 예를 통해 설명되었다. 눈은 햇빛의 도움으로 보지만 태양 자체를 직접 바라볼 수 있는 능력은 가지고 있지 못하다.

제17장은 하느님이 조화, 아름다움 등 감각적 인식대상인 모든 것이지만 형언할 수 없는 형태인 반면, 이 모든 것이 피조물에서는 감각적인 종류라는 사실을 보여준다. 따라서 영혼의 감각은 하느님을 포착할 수 없다. 이 장은 감각적 인식의 주체로서의 하느님에 대해서 다루는 제6장과 밀접하게 연결되어 있다.

제18-22장

대부분 예술적인 운문으로 표현된 제18장의 첫째 부분은 하느님에게로의 도달 불가능성과 죄에 따른 낙원과 하느님의 상실에 대한 탄식을 계속한다. 여기서 우리는 제1장의 여운을 느낀다. 끝으로 영혼은 하느님에 대한 탐구를 위해 새롭게 기운을 차리고, 제13장 이후 끊어진 맥락이 다시 연결된다. 동시에 『모놀로기온』의 사고 과정들이 다시 추적된다.

여기서 다루어지는 문제점들(『모놀로기온』, 제17장 참조)은 다음과 같은 것들이다. 하느님이 생명, 지혜 등 다양하기 때문에, 그분은 부분으로 구성된 것인가? 아니면 그분은 완전히 각각인가? 하느님이 부분으로 구성될 수 없다는 사실에 대한 증명은 '그것보다 더 큰 것이 생각될 수 없는 어떤 것'의 유일한 논증에서 이루어진다. 하느님의 영원성이 하느님 자신이기 때문에 항상 전체이듯이 다른 다양한 설명들도 마찬가지이다.

제19장은 하느님의 영원성에게는 과거·미래·현재가 유효하지 않고, 영원성이 시간 바깥에 서 있다는 사실을 증명한다. 동일한 것을 장소에 대해서도 말할 수 있다. 아무것도 하느님을 포괄하지 못하고, 하느님이 모든 것을 포괄한다(『모놀로기온』, 제21장과 제22장 참조).

제20장은 하느님이 어떻게 사물들보다 앞서서, 그리고 나중에 (즉 모든 것을 넘어서) 존재하며 또한 영원까지 넘어서는가를 보여준다. 이 문제는 그에 앞서서 어떤 다른 것도 존재하지 않았고, 그보다 나중에 아무것도 존재하지 않을 것이라는 사실만을 증명하는 『모놀로기온』 제19장의 병행구보다 더 날카롭게 제기되었다. 해결책은 다양하게 제시된다. 첫째, 하느님은 다른 사물들과는 반대로 자기 존재면에서 독립적이다. 둘째, 사람들은 그에 대해서 끝을 생각조차 할 수 없다. 셋째, 그의 영원성은 항상 전적으로 현존한다.

제21장에서 여기서 하느님의 영원성은 성서에 따라 그 분할할 수 없는 단일성 때문에 '세월의 세월(saeculum saeculi)', 즉 단수형의 영원성으로 정의되었다. 동시에 그 종료 불가능한 측량할 수 없음 때문에 '세세의 세세(saecula saeculorum)'라는 복수형의 영원성으로도 정의되었다.

제22장은 하느님에 관한 이제까지의 통찰에서 이중의 결론을 이 끌어낸다. (『모놀로기온』, 제28장 참조) 첫째, 하느님만이 '그가 무엇인 바'인데, 그것은 그만이 분할될 수 없는 유일한 분이고(제18장 참조), 불변하며(『모놀로기온』, 제25장 참조), 끝이 없이 생각될 수 있는 유일한 분이며(『프로슬로기온』, 제20장), 전적으로 그리고 항상 그만이 '그가 무엇인 바'이기 때문이다. 둘째, 그만이 또한 본래적으로 '당신 자신(그가 누구인 바)'인데, 그것은 그만이 오직 현재이고, 존재하지 않는 것으로 생각조차 될 수 없는 분이기 때문이다. 그리고 우리에게는 다양한 본질 속성들로 나타나지만 그는 유일하고 최고선이며, 이 최고선은 자신만으로 만족하는 한편, 다른 모든 것은 존재하고, 편안함을 느끼기 위해 그를 필요로 하기 때문이다. 하느님의 이 마지막 정의는 서론에서 거의 글자 그대로 반복되었다. "당신께 전적으로 충분한 당신(tu tibi omnino sufficiens)"이라는 표현은 『모놀로기온』, 제1장의 유사한 정의로부터 들여온 것이다.

여기서 유일한 하느님에 대한 통찰이 끝나는데, 이것은 우리가 오늘날 변신론이라고 생각하는 것이다(그러나 안셀무스는 여기에 삼위일체까지 포함시키기 때문에 다른 관점을 가지고 있었다).

제23장

이 단 하나의 장에서 『모놀로기온』, 제29-63장을 차지하고 있는 삼위일체론이 다루어지고 있다. 바로 앞에서 설명한 하느님에 대한 개념 정의가 성부, 그분의 말씀(성자), 상호 간의 사랑(성령)에 적용된다. 하느님의 말씀은 진리 자체이어야만 한다. 상호 간의 사랑은 마찬가지로 위대해야 하며, 최고의 신적인 단순성에서는 오직 동일한 것만이 나올 수 있다. 계속해서 각 위격이 하느님의 최고 유일성 및 단순성과 동일하기 때문에 전체 삼위는 본질적으로 각 위격과 동일해야만 한다. 따라서 하느님에게 본질적인 것은 삼위일체라고 진술된다. 여기서 주목해야 할 점은 안셀무스가 그 당시까지 유일신 하느님에 대해서 이야기했던 다른 어떤 작업 방법도 사용하지 않았다는 점이다. 이제 안셀무스적인 변증론은 끝난다. 유일하게 필연적인 선에 대한 마지막 문장은 다음 장으로 인도한다.

제24-26장

이 마지막 장들은 최고선의 즐거운 작용들에 대한 사변적이고 실천적인 탐구들이다. 제1장에서처럼 제24장에서도 이 통찰들 앞에 인간에 대한 격려가 나오는데, 이것은 이제 새로운 것이 시작된다는 표시이다. 제24장은 하느님에 따라 창조된 사물들에서 발산되는 황홀로부터 출발해서 최고선이 주는 희열과 기쁨에 대해 묘사한다. 이 장은 이미 설명한 바와 같이 제1장의 수사학적인 형태를 따른다.

제25장은 미래를 다룬다. 모든 동사들은 미래형이다. 미래의 영광 안에서 누리게 될 최고선의 즐거움이 묘사되고 있다. 그 안에 육

체와 영혼의 모든 선들이 포함되어 있는데, 이것들은 어떤 눈도 본 적이 없는 것들이다. 대부분 성서의 표현들을 근거로 육체와 영혼의 각각 일곱 선들이 최고선 안에서 어떻게 완성에 도달하게 되는지 묘사되어 있다.[01] 이 장의 마지막 부분에는 다른 많은 복된 사람들과 나누게 될 기쁨들을 근거로 최고선에 대한 기쁨이 얼마나 큰지 묘사되어 있다.

제26장의 첫째 부분은 다음과 같은 생각들을 포함하고 있다. 첫째, 엄청난 기쁨이 기뻐하는 이들에게 들어올 것이 아니라, 오히려 이들 자신이 그 기쁨 안으로 들어갈 것이다. 둘째, 기쁨의 크기는 "눈으로 본 적이 없고……" 등의 표현처럼 묘사될 수 없다. 셋째, 기쁨은 사랑에 부합하고, 사랑은 인식에 부합하는데 이 둘에는 다시 "눈으로 본 적이 없고……" 등의 표현이 어울린다.

이 장의 둘째 부분과 따라서 『프로슬로기온』의 마지막 부분은 이승에서 가능한 한, 미래의 '완전한 기쁨'에 참여하도록 해달라는 기도이다.

---

01 우리는 여기서 나중에 유명하게 된 '14 행복들'의 원(原) 형태를 만난다. 이것들은 안셀무스의 제자들에 따라—변형된 형태일지라도—집약되었다. 클뤼니 수도원과 다른 곳에서 행해진 이 주제에 대한 강연을 토대로 에아드머가 요약했다(PL 159, pp.587-606).

3. 『프로슬로기온』 차례

이 목차에도 암시되어 있듯이 『프로슬로기온』은 안셀무스가 치밀한 사고를 통해 이룩한 놀라운 예술품이다. 안셀무스는 각 장의 규칙적인 구조, 사변과 겸손의 조화로운 제한을 통해 불명확한 내용을 장황하게 설명하지 않고 아름다운 통일을 이루었다. 또한 전체의 균형잡힌 체계, 개별 문제들에 대한 이율배반의 역동적인 도입, 그의 세심한 간명함과 치밀함, 그의 천재적이고 직관에 기초한 기본 생각, 이 기본 생각을 전체 작품에서 일관되게 관철시킴 등을 통해 하나의 예술품을 이룬 것이다.

4. 『프로슬로기온』의 신존재증명에 대한 평가

철학에서 안셀무스의 이름은 이른바 '존재론적 증명', 즉 몇 세기 동안 형이상학자들을 갈라놓게 한 치열한 논쟁과 밀접하게 관련되어 있다.[02] 물론 『프로슬로기온』의 주요 내용이 신존재증명만으로 축소되어서는 안될 것이다. 하지만, 제2-4장에 나오는 신존재증명과 이에 대한 가우닐로의 반박, 또 이 반박에 대한 안셀무스의 답변에 대해서는 철학사적인 영향력과 가치 때문에라도 좀더 자세히 살펴볼 필요가 있다. 앞에서 이미 간략하게 요약해보았지만 신존재증명의 논리적 틀을 다시 한 번 살펴보겠다.

『프로슬로기온』 제2장에는 다음과 같은 논증이 나온다. 어떤 사

02　E. 질송, 『중세철학사』, 김기찬 옮김(서울: 현대지성사, 1997), p. 206 참조.

람이 '하느님'을 '그것보다 더 큰 것이 생각될 수 없는 어떤 것'이라 규정할 수 있고 하느님의 실존을 부인하는 사람도 이 설명을 인정할 수 있다면, 그와 동시에 '그것보다 더 큰 것이 생각될 수 없는 어떤 것'의 실재 자체가 '생각되기만 하고 실제로 존재하지 않는 것'보다 더 완전한 것이라는 사실을 동의한다면, 그가 '그것보다 더 큰 것이 생각될 수 없는 어떤 것'이 실제로 존재하지 않는다고 주장하는 것은 모순이 된다.

안셀무스가 이 논증으로 하느님의 실존 문제를 순수하게 이성적으로 해결하는 길을 열어놓음으로써, 이제 이 문제는 하느님에 대한 이성적인 접근 시도(자연 신학)에서 중심을 차지하게 되었다. 아울러 하느님 속성에 대한 일련의 설명에서도 빠지지 않는 소재가 되었다. 『프로슬로기온』의 제3장은 이 기본 틀에 따라 계속 나아간다. '필연적인 방식으로 존재하는 것'은 '우연적으로 존재함으로써 존재하지 않을 수도 있는 어떤 것'보다 더욱 완전할 것이다. 그런데 '그것보다 더 큰 것이 생각될 수 없는 어떤 것'이 만일 우연적인 존재라면, 우연적으로 존재하는 것을 넘어서서 아직도 더욱 완전한 것, 즉 필연적으로 존재하는 것이 생각될 수 있다. 그러므로 '그것보다 더 큰 것이 생각될 수 없는 어떤 것'은 우연적이 아니라 필연적으로 존재해야만 한다.[03]

---

03 제2장과 제3장에 나오는 두 증명 사이의 관계에 대해서는 여러 가지 해석 가능성이 있다. 그 중 플라쉬에 따라 제기된 해석을 소개해보면, 제3장은 제2장의 증명을 비로소 완성시키는 것이 아니라고 한다. 그에 따르면 제3장은 제2장에서 증명된 실존이 더 이상 '사실상의(de facto) 실존'만으로 오인되지 않도록 확인함으로써 증명을 앞으로 더 이끌어 가는 것이다. 따라서 제3장은 필연적으로 존재하는 것이 동시에

안셀무스는 생전에 자신의 논증에 대해 함께 토론할 만한 가치를 지닌 반대자, 가우닐로 수사를 만났다. 이 수사는 그의 증명이 상상할 수 있는 내용을 최고로 상승시킨 모든 경우, 예를 들어 풍요로 가득 차 있는 황금 섬과 같은 경우에 전이될 수 있으리라고 안셀무스를 비판했다. 이에 대해 안셀무스는 최고로 가지적(可知的)인(summum cogitabile) 이데아는 경험적인 이데아―시작과 끝이 있고 한정된―와는 다른 것이며, 자신의 논증 과정은 이 절대적인 이데아에만 예외적으로 적용할 수 있다고 답변했다. 그리고 "만일 당신의 사라진 섬이 내 논증을 적용할 수 있는 어떤 것이라면, 나는 그 사라진 섬을 찾아서 당신에게 줄 것이고, 당신은 그것을 결코 잃어버리지 않을 것이다"(『저자의 답변』, 제3장)라고 답함으로써 자신의 논증과 가우닐로가 제시한 예의 차이를 뚜렷이 밝혔다. 이로써 안셀무스는 자신이 단순한 생각과 실제 사이의 구분에 숙달해 있음을 명확히 했을 뿐만 아니라, 자신이 한 작업의 동기에 대해서도 암시했다. 안셀무스에 따르면 하느님은 더 이상 사실상 존재하고 있는 최고의 주님과 같이 생각되어서는 안 된다. 그분의 통치는 모든 생각하는 존재가 그분에 대해서 숙고하기만 하더라도 잃어버릴 수 없듯이 그분을 자기 자신 안에

실제로도 존재하는 것이지, 거꾸로가 아니라는 의미에서 앞서 나오는 장을 포괄한다는 것이다. 플라쉬에게는 제3장이 제2장의 논증을 위한 기초를 만들고 이런 의미에서 제2장과 함께 바로 그 안셀무스의 논증 자체를 구성한다는 가정이 옳은 것처럼 보이지 않는 것이다. 만일 제2장이 독립적으로 유효한 논증을 포함하고 있지 못하다면 제3장을 통해서도 지지될 수 없기 때문이다. 제3장은 실존의 증명이 완성된 후에 이 증명의 양태가 필연적인 것으로써 증명된다는 점에서 제2장과 밀접하게 연관되어 있다고 플라쉬는 주장한다.

서 발견한다는 점에서 드러나야 한다.

안셀무스의 신존재증명에 관련된 개별적인 문제들은 우선 여기서는 다음과 같은 사실만을 짚고 넘어가고자 한다. 안셀무스의 증명을 비판하던 많은 이들이 주장했던 바, 즉 안셀무스가 '논리적 차원'에서 '존재론적 차원'으로 '비약시킨다'는 주장은 옳지 못하다. 이 비판은 안셀무스의 논리 형식이 지니고 있는 내용과(또는 논리 형식의 본질과) 그 독특한 예외 상황을 잊어버린 채, 논리학뿐만 아니라 실재도 공간적으로만 파악하는 데 그쳤기 때문이다. 또 이러한 비판은 안셀무스의 『프로슬로기온』 논증에도 적합하지 못하다. 왜냐하면 안셀무스는 모든 사고가 비록 의미 있다고 하더라도, 바로 그 의미를 위해 그 사고의 대상이 실제로 존재하지는 않는다는 사실에서 출발했기 때문이다.[04] 만일 안셀무스가 사고 속에 있는 모든 것은 그 자체로 실재한다고 전제했더라면, 그의 논증은 모든 의미를 잃어버렸을 것이다. 하지만 안셀무스는 이와 정반대되는 주장을 펼쳤다. "한 사물이 지성 속에 존재하는 것과 사물이 존재함을 인식하는 것은 다른 것이다."(『프로슬로기온』, 제2장). 그렇기 때문에 바로 '그것보다 더 큰 것이 생각될 수 없는 어떤 것'의 개념은 그 내용의 유일무이함을 근거로, 그리고 이 유일한 내용이 모든 주어진 것을 넘어서 사고상으로 먼저 얻어지기 때문에, 단순히 생각되는 것과 실재하는 것 사이의 차

---

04 오히려 사람들은 안셀무스가 프레게(Frege)의 '의미와 지칭(Sinn und Bedeutung)'을 앞서서 말했다고 칭찬할 수도 있을 정도로 그는 이 문제를 뚜렷이 구분했다. J. Pinborg, *Logik und Semantik im Mittelalter*(Stuttgart: frommann-holzboog, 1972), p.41 참조.

이에서 제외되어야만 한다. 따라서 안셀무스가 근원적인 구분으로 작용해야 할 사고와 실재 사이, 명칭과 사물 사이를 '아직도' 구분할 줄 몰랐다고 말할 수는 없다. 그의 논증은 명시적으로 이러한 구분의 전제하에 유효하고, '그것보다 더 큰 것이 생각될 수 없는 어떤 것'의 개념 내용으로부터 그것이 임의로 떠오르는 생각과 혼동되어서는 안 된다는 것을 목표로 하고 있기 때문이다. 안셀무스는 어떤 사람이 이런 식으로 하느님에 대해서 이야기 할 수 있는지, 또 무신론이 단순히 사려 깊지 못한 이론이 아니라 실제적인 지성적 대안이 될 수 있는가 하는 가능성을 밝혀내기 위해 노력했다.

안셀무스의 논증이 지니고 있는 취약점은 논리적 차원에서 존재론적인 차원으로의 비약이 아니라 다른 곳에서 발견될 수 있을 것 같다. 플라쉬에 따르면, 안셀무스의 논증 구조는 명백하기 때문에 단지 두 측면에서만 취약점을 안고 있다고 한다.

첫째, 취약점은 '하느님'이라는 단어를 '그것보다 더 큰 것이 생각될 수 없는 어떤 것'이라는 표현으로 바꾸는 데 있다. 안셀무스는 이 표현이 특정한 역사적인 맥락에서만 '하느님'과 동일한 것으로 인정받을 수 있다는 사실을 보지 못했고, 무엇보다도 그가 이 표현에 어떻게 도달했으며 이것이 의미를 지니고 있고 모순이 없다는 사실을 밝히지 않았다. '완전한'이라는 단어가 세계 밖의 최대의 것에까지 상승한다면 도대체 어떤 정확한 의미를 지녀야 하는가? 이것이 불분명하게 남아 있는 한, 안셀무스의 논증은 공격받을 여지를 지닌다. 둔스 스코투스, 데카르트, 라이프니츠는 이런 의미에서 그 논증을 수정했다.

논증의 둘째 취약점은 가장 예민한 것이다. 그것은 단순히 생각된 '그것보다 더 큰 것이 생각될 수 없는 어떤 것'과 실제로 존재하는 그것 사이의 비교에 있다. 이 비교는 안셀무스의 논증에서 결정적이며, 그럼에도 안셀무스가 미리 깨닫지 못한 방식으로 의문에 처해질수 있다. 어떻게 단순히 생각된 것의 완전성이 실제로 존재하는 것의 완전성과 동일한 척도에 따라 측정될 수 있단 말인가? 안셀무스는 그의 가치론적 질문 체계가 경험의 한계를 넘어 사용 가능하며, 그것이 단순히 생각된 것과 실제적인 것의 비교를 허용한다는 사실에서 출발했다.[05]

플라쉬도 인정했듯이 안셀무스의 논증은 형식적인 면에서는 엄격함을 보이지만, 그 논증의 전제는 형식성보다 훨씬 덜 엄격한 편이다. 안셀무스는 다른 지지가 불필요한, 유일한 논증을 찾고 있었다. 많은 학자들은 안셀무스가 이 목표에 도달하지 못했다고 판단한다. 그는 자신이 논증의 출발점으로 삼는 표현들 속에 이미 특정한 플라톤주의적 사고의 기본규칙이 전제되어 있음을 깨닫지 못했다는 것이다. 예를 들어 존재가 완전성이라는 그의 명제는 우연적인 철학 체계 안에서만, 즉 플라톤적인 철학 체계 안에서만 유효하다. 만일 이 체계를 벗어난다면, 사람들은 아마도 '실존은 실제적인 서술어가 아니다'라고 칸트처럼 말할 수 있을 것이다. '실존함'이라는 개념은 어떤

---

05 K. 플라시, 신창석 옮김, 『중세 철학 이야기』(서울: 서광사, 1998), p.195 참조.

한 사물의 개념에 첨가될 수 있는 성질의 것이 아니기 때문이다. 실존이란 모든 서술어를 정립시키는 근거이지 그 서술어들 중의 하나가 아니다. 안셀무스는 개념적인 구성과 실제적인 실존 주장 사이의 차이를 극복하려 했다. 물론 오직 '그것보다 더 큰 것이 생각될 수 없는 어떤 것'이라는 특별한 경우에만 이것이 가능하다고 생각했더라도 말이다. 그러나 이 차이를 그보다 더 강하게 유지하고자 하는 사람은 안셀무스의 생각을 우수한 개념 규정으로 인정할지라도, 그것 때문에 하느님의 실존을 사실로 인정하지는 않을 것이다.

현대에 들어와서는 의존해야 하는 다른 어떤 것도 전제하지 않으려는 안셀무스의 이상이 언어적·사고적 규정들과 모순되고, 따라서 그처럼 순수한 시작은 인간 정신 안에서 발견할 수 없다―이미 후기 플라톤이 깨달은 바와 같이―는 지적도 나온다. 그렇다고 할지라도 안셀무스의 논증은 아리스토텔레스의 『자연학』제8권에 나오는 신존재증명이나 아우구스티누스의 신플라톤주의적인 유산에서 빌려왔던 『모놀로기온』의 논증보다 훨씬 더 적은 내용을 전제하고 있다.[06] 안셀무스는 다른 철학자들이나 자신이 『모놀로기온』에서 인정

---

06 『모놀로기온』의 제1장에 나오는 증명은 일련의 실제적인 조건을 전제하고 있다. 즉 인간들이 존재한다, 인간들은 어떤 것을 추구한다, 그들은 다양한 방식으로 추구한다, 그들은 이 다양한 것들을 자신의 선이라는 통일된 관점에서 추구한다, 이 관점은 단순히 그 인간의 주관적인 면이 아니라, 모든 것을 이제까지의 경험을 포괄하고 능가하는 실제다 등이 그런 전제들이다. 더 나아가 우리는 매우 확실한 인식을 가지고 있다는 사실을 전제하고 있는데, 우리는 하느님 인식에 대한 확실성을 여기에 근거지을 수 있다는 것이다. 이것은 다시 세계 근거에 대한 인식, 수많은 세계 안의 대상들에 대한 인식을 전제함으로써, 우리가 존재론적으로나 윤리적으로 하느님이 우월하시다고 인정해야 하는데도, 인식론적으로는 이러한 사실을 하느님께 인정할 수 없도록 만드는 어려움을 내포하고 있다.

했던 다양한 종류의 전제들에 관한 종속성과 그에 따른 불확실성들에서 최고선의 인식을 해방시키고자 노력했다.

안셀무스가 자신의 이상을 완전히 실현하지는 못했지만, 그의 논증을 전반적으로 받아들이지 않는 사람도 다음과 같은 사실에는 동의할 수밖에 없다. 만일 1) 존재하는 것이 완전성이고, 2) 필연적인 실존이 우연적인 실존보다 더 완전한 것이라고 말할 수 있다면, 사람들은 '그것보다 더 큰 것이 생각될 수 없는 어떤 것'이라는 개념에게 실존함, 더욱이 필연적인 실존함이라는 것을 그 특성으로 부여하지 않고는 그 대상을 생각할 수 없다. 안셀무스는 이 같은 사실을 매우 간결하고 분명한 표현으로 나타냄으로써 마침내 철학의 거장으로 자리잡게 된 것이다.

대우고전총서

006

철학의 원리

르네 데카르트

원석영

오늘날 서양 근대를 논하는 데 있어서 서양 근대 과학(이하 근대 과학)을 거론한다는 것은 당연함을 넘어 지극히 자연스러운 일이다. 근대 과학은 코페르니쿠스가 쓴 『천구의 회전에 관하여(*De revolutioni-bus orbium coelestium*)』(1543)를 발판으로 케플러(Johannes Kepler, 1571-1630)와 갈릴레이(Galileo Galilei, 1564-1642)가 확고히 한 천문학 혁명과 더불어 뉴턴(Isaac Newton, 1642-1727)에 의해 완성되었다. 그러나 그 과정은 상당히 복잡했다. 새로운 과학이 등장하는 처음에는, 그 규모나 성과에 대한 인식을 분명하게 갖기란 쉬운 일이 아니었다.[01] 어떤 사람들은 생각하길, 일단 길만 제대로 잡히면 자연에 대한 근본적인 이해가 가능하여 그 후로는 과학이 급속도로 발전할 수 있으리라 기대했다. 베이컨(Bacon)이 그 한 예로, 그는 몇 년 안에 그럴 수 있으리라고 생각했다. 반면에, 새로운 과학의 가능성과 그 성과의 불투명성은 많은 이들을 종교 개혁 논쟁과 더불어 부활한 회의론으로 이끌어갔다. 새로운 이론이 등장할 때 일반 지식인의 반응 역시 간단치 않다는 것도 사실이다. 웨스트팔[02]에 따르면 케플러의 태양 중심 천문학의 경우, 그것을 실제 우주 체계로 받아들일 만한 근거란 그것이 지닌 가설로서의 우수성, 즉 기하학적인 조화와 단순성 외에는 거의 없었다. 뒤집어 말하자면 그 정도의 우수성으로 "물리적 철학적 심리적 종교적 문제들을 포함하는 전통적인 우주의 관념"을 포기하고 새로운 천문학을 받아들이도록 하기에는 역부족이었다. 단순성이 요구한 "또 한 가지 중요한 희생은 상식 그 자체"였는데 이는 우리가 오늘날도 여전히 사용하고 있는 표현들, 즉 '태양이 뜬다'거나 '땅은 움직이지 않는다'라는 표현들을 생각해볼 때 여간 어려운 일이 아니었을 것이라고 그는 생각한다. "새 천문학의 수용에 대한 주된 장애물은 상식이었고 이 상식은 매일매일의 경험을 통해 새 천문학을 조롱했다."(28쪽) 따라서 그에 따르면 그러한 상식이 당시 통용된 역학 이론들 속에 여전히 세련된 형태로 담겨 있었다는 사실은 그리 놀랄 일이 아니다. 우리는 데카르트에게서 이 모든 점을, 즉 확신과 회의와 그 회의의 극복 등과 같은 점들을 역동적으로 경

---

01 Williams, *Descartes*(Penguine, 1972), 25~26쪽 참조.

02 웨스트팔, 『근대 과학의 구조』, 정명식·김동원·김영식 역(민음사, 1992), 27쪽 이하 참조.

험할 수가 있는데, 그 까닭은 데카르트가 근대 과학에 있어서 수행한 중요한 역할과 오늘날 철학자로 분류되는 이유 때문이다.

클라크(Desmond M. Clarke)는 자신의 책 『데카르트의 과학철학 (*Descartes' philosophy of science*)』(Manchester, 1982)을 "데카르트는 여러 측면에서 철학자로서의 성공에 대한 제물이 되었다"(1쪽)라는 도발적인 주장으로 시작한다. 주지하다시피 그는 데카르트가 철학자로서 성공을 거두었다는 것을 자명한 사실로 여기고 있는 듯한데, 이에 앞서 나는 어떤 철학자가 철학자로서 성공을 했느냐 아니냐라는 물음을 어떻게 이해해야 할지 난감하다. 다른 한편, 성공한 데카르트란 철학자로서의 데카르트이고, 희생된 데카르트로서 그가 마음에 담고 있는 데카르트란 과학자로서의 데카르트인데, 이 또한 설명이 필요하다. 철학자와 과학자는 서로 모순 개념이 아니다. 더욱이 철학자로서의 성공과 과학자로서의 성공 또한 그러하다. 따라서 어떤 사람에 있어서 과학자로서의 그가 철학자로서의 그의 성공의 제물이 된다는 것은 당연지사가 아니다. 그렇다면 그러한 경우로 이해할 수 있는 경우란? 내가 생각할 수 있는 유일한 경우는 이런 경우이다. 즉 데카르트가 철학자로서보다 과학자로서 더 성공을 거둔 사람임에도 불구하고, 철학자로서의 성공으로 말미암아 과학자로서 그가 거둔 성공이 제대로 평가되지 못한 경우 말이다. 따라서 클라크가 데카르트가 과학자로서 수행한 작업이 철학자로서 수행한 작업보다 더 성공적이었다는 것을 입증한다면, 데카르트가 오늘날까지 철학자로서 알려져 있다는 사실은 그의 주장이 옳다는 것을 가장 명백하게 보여주는 증

| 철학의 원리

거가 될 것이다. 그러나 클라크가 그의 책에서 수행하는 작업이 그러한 종류의 작업이라고 기대한다면 그것은 오산이다. 바로 이것이 내가 클라크의 주장을 도발적이라고 한 이유이다. 그럼에도 데카르트에 대한 편향적인 이해가 초래한 문제점들을 감안한다면, 클라크의 도발적인 주장을 단순히 도발적인 주장으로만 보아 넘길 수 없다.[03] 데카르트 하면 대부분의 사람들뿐만 아니라 많은 학자들 역시 "나는 생각한다, 고로 존재한다(cogito, ergo sum)" 혹은 "코기토가 모든 지식의 원천이자 근원이다"라는 형이상학적인 구호를 떠올린다는 것 또한 사실이기 때문이다. 내가 이 글을 클라크의 주장으로 시작한 것도 바로 이 때문이다. 데카르트의 대명사처럼 사용되는 "명석 판명한 지각"이라는 말의 모호함을 한번 생각해보라![04]

---

03 그 근거로서 그가 제시한 것을 들자면, 첫째로는 데카르트가 주변 사람들에게 형이상학적인 주제들에 심취하지 말 것을 경고했는데 그 이유는 그것이 삶을 풍요롭게 해줄 수 있는 학문으로서의 자연과학을 도외시하게 만들 위험성을 가지고 있다고 생각했기 때문이라는 것이다. 둘째로는 데카르트 스스로도 형이상학적인 문제보다는 자연과학적인 문제에 더 우선을 두었다는 것이다. 끝으로는 데카르트는 자연과학을 통해서 후대에 기여하고 싶었다는 것이다. 그런데 클라크가 보기에는 몇 안 되는 철학 작품들, 즉 『정신 지도를 위한 규칙들』, 『방법서설』, 『성찰』 등이 거둔 성과로 인해 자연과학자로서의 데카르트의 기본 입장이 철저히 왜곡되었다는 것이다. 즉 『정신 지도를 위한 규칙들』이나 『방법서설』에 기술된 방법론과 『방법서설』이나 『성찰』에서 주장되는 'cogito'의 역할과 기능에 대한 설명들과 그가 애용하는 말인 '연역(deductio)'이 갖고 있는 의미의 모호함에도 불구하고, 자연 탐구에 있어서 그가 실제로 사용한 방법이 오늘날의 의미로서 연역 추론이라고 하는 경향이 산재해 있다는 것이다.

04 클라크가 제안한 방법은 일단 데카르트가 자연을 탐구하기 위해 어떤 방법을 사용했는지를 먼저 자연과학에 관련된 글들을 통해 알아보고 그 후 방법론에 관련된 그의 작품들이나 구절들을 그것들과 연관시켜 이해해보자는 것이다. 클라크가 이를 통해 자신이 바라는 성과를 얻을 수 있으리라는 데 의심의 여지가 없다.

우리는 데카르트에 있어서 두 시기를, 『정신 지도를 위한 규칙들』(이하 『규칙들』로 칭함)을 쓴 시기(1628년 이전 시기)와 그 이후 시기를, 즉 『세계(Le Monde)』(1632, 출판은 1664)와 『방법서설』(1637)과 『성찰』(1641)을 쓴 시기를 구분할 수가 있다. 『규칙들』을 읽은 로크(Locke)가 데카르트에게서 어떻게 학문을 수행해야 하는지를 배웠다고 한 반면, 『방법서설』과 『성찰』을 읽고서는 데카르트에게서 등을 돌려버린 것은 우연이 아니다. 우리는 세퍼(Sepper)의 도움으로 한 가지 이유를 유추해볼 수가 있다.[05] 세퍼는 자신의 논문 「초기 데카르트에게서 심성, 기억술, 그리고 상상적 지식의 통합(Ingenium, Memory Art, and the Unity of Imaginative Knowing in the Early Descartes)」[06]에서 『규칙들』은 그 이전 작품인 『음악 개론(Compendium musicae)』(1618)과 그 이후 작품들 사이에 놓인 과도기적인 작품이라고 주장한다. 그의 논지를 잘 이해하기 위해 먼저 『규칙들』에서 그와 관련된 부분을 살펴보도록 하자.

데카르트는 12번째 규칙에서 인간을 정신과 육체로 이루어진 동물로 간주하며, 우리의 인식 능력을 각각의 기능에 따라 감각, 상상력, 기억, 이성으로 나눈다. 유의할 점은, 이것들 중 본래적 인식 능력을 지니는 것은 이성(bona mens)뿐이라는 것이다. 감각, 상상력,

---

05 세퍼와의 이 논의는 역자의 학위논문 Das Problem des Skeptizismus bei Descartes und Locke(http://webdoc.sub.gwdg.de/diss/1999/won/ inhalt.htm)로부터(99-101쪽) 발췌 인용한 것이다.

06 In *Essays on the philosophy and Science of Rene Descartes*, ed. Stephen Voss(Oxford, 1993).

| 철학의 원리

기억은 물질적 보조 수단으로만 그 의미를 지닌다. 인식 대상이 감각 대상 즉 물질적 대상들일 경우, 이성은 절대적으로 이 보조 수단의 도움을 받아야 한다. 인식 대상이 순수하게 비물질적인 대상들일 경우 이성은 혼자서 활동해야 한다. 데카르트는 인식 능력이 첫 번째의 경우에 있을 때 "심성(ingenium)"이라 불렀고, 두 번째의 경우의 인식 능력을 "순수 지성(intellectus purus)"이라고 불렀다. 하나 더 유의해야 할 점은 앞서 거론된 세 개의 보조 능력은 각각에 상응하는 육체 기관들에 바탕을 두지만 그렇다고 이성과 독립적으로 활동하는 것은 아니라는 점이다. 그것들은 상응하는 육체 기관과 이성의 결합을 통해서만 일어나는 활동이다. 그렇지 않은 경우 그것들은 의식 없이 발생하는 단순한 기계 운동에 불과하다.[07] 그 밖에도 우리는 12규칙 끝 부분에서 데카르트가 원래 『규칙들』을 세 부분으로 구성하려고 했다는 것을 알 수 있다. 그 첫 번째 부분은 자명하거나 이와 유사한 인식들과 이로부터 연역될 수 있는 인식들을 획득하는 데 있어서 지켜야 할 규칙들로, 두 번째 부분은 수학적인 문제들을 해결하기 위해서 지켜야 할 규칙들로, 다시 말해서 'ingenium'을 어떻게 사용해야 하는지에 관한 규칙들로, 세 번째 부분은 자연과학적인 문제들을 해결하는 데 있어서 지켜야 할 규칙들로, 즉 'ingenium'을 어떻게 사용해야 하는지에 관한 규칙들로 이루어질 예정이었다. 그런데 『규칙들』은 18번째 규칙까지만 완성된 상태로 씌어졌을 뿐, 21번째 규칙까지는 그냥 제목만 씌어졌고, 그 나머지와 세 번째 부분은 전혀 씌어지

---

07 이 설명은 역자가 『서양근대철학』(98-99쪽)에 쓴 내용을 다시 기술한 것이다.

지 않았다. 『규칙들』은 이렇게 미완성인 채 남겨져 데카르트가 죽은 후 1701년에 암스테르담에서 『데카르트 유고, 자연학 및 수학(*R. Descartes Opuscula posthuma, physica et mathematica*)』에 수록되어 출판되었다.[08] 이제 다시 세퍼에게 돌아가도록 하자.

세퍼는 『규칙들』이 과도기적인 작품이라는 자신의 주장의 근거를 『정신 지도를 위한 규칙들』이라는 제목에서 찾는다. 이것의 원어는 Regulae ad directionem ingenii인데 그에 따르자면 "a set rules for the direction of imagination"(147쪽)을 담고 있는 글이다.[09] 따라서 『규칙들』에서 'imagination'은 인식 활동에 있어서 적극적이고 긍정적인 역할을 수행한다. 이 점이 바로 『규칙들』과 그 이전 작품에서 그가 찾아낸 공통점이다. 그러나 『규칙들』에는 그 이전 작품과 구별되는 아주 중요한 점이 나타나는데, 그것은 바로 인식 능력(vis cogniscens)을 오로지 이성(bona mens)에게만 부여한 것과 이 능력이 홀로 활동할 수도 있다는 것이다. 이 점이 바로 『규칙들』이 그 이후 작품들과 갖는 공통점이다. 그럼에도 세퍼에 따르면 아주 본질적인 차이가 놓여 있는데, 그것은 'bona mens'가 그 이후 작품들(특히 『성찰』을 의미함)에서는 인식 활동에 있어서 중추적인 역할을 위임받는 반면에 'imagination'은 그 역할을 점점 더 잃는다는 데 있다. 여

---

08 이현복 역, 『방법서설』, 5쪽 이하 참조.

09 『정신 지도를 위한 규칙들』은 *Regulae ad directionem ingenii*를 이현복이 번역한 것인데, 우리말로 번역하기가 상당히 까다롭다. 세퍼는 'ingenium'을 'imagination'으로 번역했는데, 이는 내용적으로 무리가 없는 번역이라고 생각한다. 그러나 그것을 우리말로 '상상력'이라고 번역할 수는 없다. 역자는 『철학의 원리』에서는 'ingenium'을 '(타고난 인식)능력'이라고 의도적으로 애매하게 번역했다.

기서 내가 문제삼는 것은 세퍼가 『규칙들』과 『성찰』에서의 그런 변화를 데카르트의 입장 변화로 여긴다는 것이다. 왜냐하면 그의 결론은 "Imagination, after all, is unreliable and even deceptive"(142쪽) 이기 때문이다. 그러나 이는 단순한 오해가 빚은 결과다. 그의 생각과는 달리 『성찰』에서 데카르트가 'imagina-tion'으로부터 거리를 두는 것은 인식 활동에 있어서 'imagina-tion'으로부터 예전의 역할을 빼앗는 입장 변경을 의미하는 것이 아니라, 『규칙들』과 『성찰』의 주제의 차이에 기인하는 것이다. 『규칙들』의 주제는 수학과 자연 과학에서의 인식 확장이다. 따라서 데카르트에 따르면 당연히 우리는 'imagina-tion' 혹은 더 정확하게 표현하자면 'ingenium'에 의존해야 한다. 그 때문에 'ingenium'이 『규칙들』의 중요 주제를 이루는 것은 당연한 일이다. 하지만 『성찰』에서까지 그럴 수는 없다. 왜냐하면 『성찰』의 주제는 형이상학적인 주제이기 때문이다. 형이상학적인 주제의 경우 데카르트의 입장은 'bona mens' 혼자 활동을 해야 한다는 것이다. 이 경우 물질적 보조 수단의 도움은 도움이 아니라 오히려 해를 초래한다. 따라서 데카르트가 우리를 우리의 감각 능력으로 해방시키기 위해 제1성찰의 도입이 불가피하다고 여러 곳에서 주장할 때, 그 이유가 그 능력이 그 자체로서 아무것에도 도움이 안 되거나 우리를 속이기 때문이 아니라 『성찰』의 주제가 형이상학적이기 때문이다. 결론은 『성찰』에서 데카르트에 의해 제기된 여러 방법론적인 주장들은 그 주제들이 형이상학적인 주제라는 점을 고려해서 이해되어야 하며 따라서 『성찰』을 다른 비형이상학적인 주제들에 대한 데카르트의 입장을 이해하는 주 텍스트로 사용해서는 안 된다는 것이다.

나는 세퍼 식의 오해가 일반적으로 가장 많이 일어날 수 있는 오해라고 생각하며, 그것이 로크에게서도 한몫을 차지했다고 생각한다.

그렇다면 이제 『규칙들』과 이 이후 작품들을 통해 나타나는 일련의 변화와 그에 따른 새로운 주제들(일반 물리학과 회의론 반박과 형이상학의 등장이 바로 그것들이다)을 살펴볼 터인데, 먼저 이런 생각으로 시작해보자. 믿음과 단순한 생각과의 차이는 어디에 있을까? 이에 대한 답변은 여러 가지일 수 있겠지만, 내가 관심을 가지고 있는 중요한 차이란 이렇다. 믿음은 우리의 행위를 제어할 수 있지만 단순한 생각은 그렇지 못하다. 예를 들자면 만일 A가 내일 비가 온다고 믿고 있다면, 내일 나갈 때 그는 우산을 들고 나가거나, 그렇지 않은 경우 적어도 비 맞을 각오는 하고 나갈 것이다. 우리가 그때그때 정보를 필요로 하는 이유는 다름 아닌 바로 이 때문이다. 이와는 달리, 만일 A가 단순히 내일 비가 온다고 상상을 한 후 그와 같은 행동을 취한다면 어떨까? 우리는 상당한 당혹감을 느끼게 될 것이다. 왜 그럴까? 아마 우리가 상상은 자유지만 믿음은 자유가 아니라는 점을 잘 알고 있기 때문일 것이다. 그러나 이것은 과연 그렇게 자명한 것일까? 상상은 자유인데 왜 믿음은 자유가 아닌가? 왜 우리는 아무거나 마음대로 생각하기는 하지만, 아무거나 마음대로 믿지는 않는가? 그 까닭은 무엇일까? 이를 쉽게 설명하기 위해 신에게 있어서 전지(全知)한 능력과 전능(全能)한 능력의 차이를 살펴보도록 하자.

신과 신이 창조한 세계와의 관계를 어떤 식으로 바라보느냐에 따라, 철학자들은 신에 있어서 전지한 능력을 강조하거나 혹은 전능한 능력을 강조하거나 하게 된다. 만일 어떤 철학자가 신이 세계를 창조한 이상 그 이후에도 세계의 모든 일은 신의 뜻대로 이루어질 뿐이라는 입장을 견지한다면, 그는 신에게 있어서 전능함을 강조하는 것이 된다. 여기에서 중요한 점은 이 전능함이 전지함을 함축한다는 것이다. 세계의 모든 일이 신이 생각하고 원하는 바대로 이루어질 것이기 때문에, 신은 전지하기 위해서 특별히 따로 전지한 능력을 필요로 하지 않게 된다. 그러나 만일 어떤 철학자가 신이 비록 세계를 창조하기는 했지만 이미 창조된 세계에는 신이 더 이상 간섭할 수 없는 어떤 것들이 있다는 입장을 견지한다면, 그는 신에게 있어서 전능함보다는 전지함을 강조하는 것이 되고, 신의 전지함은 전능한 능력과는 구별되는 전지한 능력, 순수한 이성적인 능력으로써 보장된다. 이에 대한 가장 좋은 실례는 불교에서 일컬어지는 해탈의 경지라고 하겠다.

그렇다면 인간이 처해 있는 상태는 어떠한가? 우리는 전능한 능력이 없다. 이는 다시 말하자면 세계는 우리와는 독립된 존재라는 의미가 된다. 따라서 우리는 살아남기 위해서는 우리와는 독립된 세계가 어떠한 세계이고 그것이 어떤 식으로 돌아가는 세계인지를 알아야 한다. 그런데 우리는 가만히 방 안에 앉아서 세계에서 일어나는 일을 모두 알 수 있는 전지한 능력이 없다. 따라서 우리가 세계에 관한 정보를 얻기 위해서는 우리와는 독립적으로 존재하는 세계와 우리를 연결해주는 고리가 필요한데, 위안이 된다면 그나마 우리에게는 그래도 제한된 인식 능력이 그러한 고리로서 주어졌다는 것이다.[10]

데카르트는 비록 인간에게 전지한 능력은 주어지지 않았지만 당시의 인간이 처한 시대 상황보다 훨씬 더 윤택한 삶을 영위해 나갈 수 있을 만큼의 능력은 주어졌다고 확신하고 있었다. 앞에서 말했듯이, 데카르트가 처한 시대 상황은 자연과학의 가능성과 그 성과에 대한 막연한 기대감을 가진 자들과 종교 개혁과 더불어 일어나게 된 회의론자들이 뒤섞여 있는 매우 혼란스러운 시기였다. 『규칙들』에서 우리가 경험하는 데카르트는 새로운 자연과학의 가능성과 그 성과에 대한 기대감에 가득 차 있는 데카르트이다. 그가 『규칙들』에서 인간 인식 능력의 범위와 한계를 설정하고자 하는 작업을 수행하고자 한 것도 바로 그런 기대감과 그 기대를 충족시키기 위함이었다.[10]

이 작업은 인간 인식 능력을 모두 드러냄으로써 수행되는데, 이는 이중적 의미를 띤다. 그 하나는 만일 인간 인식의 한계가 설정된다면, 인간 인식 능력의 한계 밖에 있는 것임에도 불구하고 이를 모른 채 많은 시간과 노력과 투자를 소비했던 대상들에 더 이상의 시간과 노력과 투자를 하지 않게 될 것이라는 것이다. 다른 하나는 인간 인식 능력의 한계 내에 있는 대상들임에도 불구하고 이를 모른 채 등한시했던 대상들에 대한 인식을 획득하는 데 시간과 노력과 투자를 하게 될 것이라는 것이다.

방법론에 대한 그의 관심 역시 그러한 기대감을 입증한다. 데카르트는 다른 학문들과는 달리 왜 수학만이 확실한 학문으로 정초될

---

10 이상은 『강사들은 '인문학의 위기'를 어떻게 바라보는가?』(전국 대학 강사 노동조합 성균관대 분회, 2002)에 역자가 기고한 글 「철학의 무용함에 대한 증명」의 30-31쪽을 재인용한 것이다.

수 있었는가에 대한 반성적인 사고를 통해 자연과학을 어떤 식으로 수행해야 할지에 대한 어느 정도의 답을 얻는다. 그는 그 이유를 수학의 대상들과 그 이외의 학문들의 대상들 간에 본질적인 차이점(양과 질)이 있다는 중세 아리스토텔레스-스콜라 철학의 그릇된 견해 속에서 찾았다. 그가 보기에는 모든 학문들이 탐구하는 것은 공히 그 대상들의 질서와 척도(ordo et mensura)이며, 그 대상들의 차이는 단순-복잡에 불과한 것이기 때문이다. 이것이 바로 데카르트가 가지고 있는 학문에 대한 기본 생각이다. 바로 이 생각이 그로 하여금 복잡하고 어려운 자연의 탐구에 들어가기 전에 보편 수학(Mathesis universalis, 대상들을 추상하여 단지 질서와 척도만을 탐구하는)을 예비 학문으로 삼아 전념케 했으며, 그 열매가 다름아닌 해석기하학의 창안이다. 따라서 데카르트는 자연과학을 새로이 세우는 데 있어서 수학과 자연과학의 대상들 간의 차이가 결정적인 장애물이 되는 것으로 생각하지 않았다. 이를 위한 그의 첫걸음이 이른바 제1, 2성질의 구분이다.

나는 이 정도가 데카르트가 『규칙들』 시기에 가지고 있던 인식이라고 생각한다. 그 이상에 관해서는 단지 애매하고 막연한 그러나 긍정적인 인식만을 하고 있었다고 생각한다. 『규칙들』에서 물리학과 기하학의 가장 중요한 차이인 '운동 일반'에 관한 생각을 찾아보기 어려운 것도 바로 이 때문일 것이다. 그는 아마도 흄(Hume)이 주장하는 보통 사람들이 습관적으로 가지고 있는 세계의 규칙성에 대한 막연한 믿음 정도를 가지고 있었을 것이다. 그 이상은 그 후에 나타난다.

즉 데카르트는 일반 물리학과 더불어 세계 생성에 대한 관심을 갖게 되며(『세계』에서 우리는 운동의 일반 법칙을 경험한다), 회의론과 형이상학적인 주제들에 대한 관심(『방법서설』과 『성찰』)도 갖게 되었다. 이는 세계가 주어졌다는 의미를 넘어서 세계에서 일어나는 모든 변화 역시 인간과는 독립적으로 일어난다는 것에 대한 보다 분명한 인식을 통한 나름의 결과라고 생각한다. 이때 그 징검다리 역할을 하는 것이 『세계』이다.

『세계』 1-4장에서 데카르트는 물질 세계에 대한 궁극적인 견해를 제시하는데, 세계는 3차원으로 연장된 하나의 동일한 물질로 이루어져 있다는 것과 이 물질의 부분들의 운동을 지배하는 세 개의 일반 법칙이 그것이다. 또한 데카르트는 이 법칙들을 신의 불변성으로부터 연역했다고 주장한다(7장). 그렇지만 그는 그 구체적인 과정을 전혀 제시하고 있지 않을뿐더러, 신 존재에 대한 증명도 없고, 더 중요한 점은 그가 그 법칙들을 처음 이끌어 들일 때 그는 그것들을 단순히 이성적 근거에서 연역했다고 주장한다는 것이다.

그러나 『방법서설』과 『성찰』에서는 다르다. 거기에서는 신 존재와 더불어 신의 선함에 대한 증명이 있는데, 이는 데카르트가 가지고 있는 신 관념이 전지(全知)한 쪽이기보다는 전능(全能)한 쪽이기 때문이다.

그렇다면 데카르트는 자신이 제시한 법칙들에 도대체 어떠한 지위를 부여하는가? 더 정확히 말하자면 과연 그는 그 법칙들이 실제로 신이 세계에 부여한 법칙이라는 데 대해 어느 정도의 확신을 가지고 있을까? 데카르트가 그 법칙들을 신이 실제로 세계에 부여한 법칙이라고 생각한다고 여길 수 있는 가장 큰 근거는 그가 그 법칙들을 신의 불변성으로부터 연역해냈음을 도처에서 강조한다는 것이다. 그러나 그 진의는 사실 매우 의심스럽다. 데카르트는 두 가지 작업을 구분하는데, 그 하나는 그 법칙들을 신의 불변성으로부터 연역해내는 작업이며, 다른 하나는 자연 현상들을 그 법칙들로 설명하는 작업이다. 이 구분은 매우 중요하다.[11] 왜냐하면 비록 첫 번째 작업이 완수되었다 하더라도, 이 작업의 결과가 제시하는 것은 세계에서 일어나는 것들에 대한 일반적 구속력을 지닐 뿐, 그것이 세계에 현존하는 구체적인 메커니즘을 규정할 수도 또 혼자 그것에 대한 인식을 가능하게 할 수도 없기 때문이다. 이는 다른 방식으로 추구되어야 하며, '어떻게'에 대한 데카르트의 견해는 이렇다. 하나의 동일한 현상을 위의 법칙들 아래 설명할 수 있는 가능성은 여러 가지가 있다. 따라서 문제는 그중 어떤 것을 선택하느냐인데, 이에 대한 해결책은 계속된 실험과 관찰이다. 주어진 조건 아래에서 어떤 하나의 현상을—기하학과 운동학 개념들로 그리고 위에 거론된 법칙들 아래에서 가설-연역적 방법을 통해 설명이 추구된다 해도— 설명할 수 있는 가능성은 하나 이상이다. 이때 데카르트가 서로 경쟁하는 여러 설명들 중 어떤 설명을 선택해야 하는가의 기준으로 삼는 것은 주어진 조건의 확대를 통해서 드러나는 설명력과 단순함이다. 그렇다면 이런 과정을 통해 선택된 가설에 데카르트가 수학이 지닌 정도의 확실성을 부여하

---

11 윌리엄스, 앞의 책, 268쪽 이하 참조.

지 않으리라는 것은 쉽게 추측할 수 있으며 이는 또한 사실이다. 데카르트의 이런 견해는 더 나아가 그가 과연 그가 신의 불변성으로부터 연역해냈다고 주장하는 법칙들에 수학적 인식이 지닌 확실성이나 그 이상의 확실성을 부여할까 하는 의아심을 낳게 한다. 만일 서로 경쟁하는 두 가지 설명 중 어떤 하나를 선택하는 데 있어서 그 기준이 설명력과 단순성이라면, 위의 법칙들과 전혀 다른 법칙들이 서로 경쟁할 수 있는 가능성을 생각해본다는 것은 어려운 일이 아니기 때문이다. 이는 가설의 의미와 역할에 대한 명백한 이해를 지닌 데카르트에게는 오히려 당연한 일이다. 데카르트가 도처에서 선한 신이 보장을 해주는 것은 단지 인간이 그가 인간에게 준 모든 능력을 올바르게 사용했을 때 진리를 인식할 수 있다는 아주 일반적인 보장임을 강조하는 것도 바로 이 때문이다. 그렇다면 우리가 우리 능력을 제대로 잘 사용하고 있는가 아닌가의 기준은 과연 무엇인가? 자연과학에서 설명력과 단순성 외에는 다른 기준이란 없다. 따라서 그 법칙들이 지니고 있는 확실성에 대한 기준 또한 예외가 될 수 없으며, 이것이 데카르트가 『철학의 원리』에서 자신의 이론을 수학적 확실성보다는 떨어지나 도덕적 확실성보다는 위인 하나의 가설로 제시한 이유라고 생각된다. 따라서 우리는 데카르트의 형이상학과 다른 학문들과의 연관관계를 앞서 설명한 대로 아주 일반적인 관계로 파악해야 한다.

이런 사실은 데카르트의 회의론과의 대면과 반박을 그의 형이상학하고만 연계시켜야 한다는 점을 보여준다. 제1성찰의 도입은 더 이상 물리학의 근본 법칙들에 형이상학적인 확실성을 부여해야만 하

| 철학의 원리 |

는 기도를 필연적으로 생각하는 데서 찾아질 수 없다. 다시 말해서, 확실성을 독립적인 형이상학을 통해 기초지으려는 시도를 필연적으로 생각하는 데서 찾아질 수 없다. 그 근거는 오히려 아주 다른 곳에 놓여져 있다. 만일 하나의 가설이 실질적인 메커니즘을 보여주지 않을 수 있다는 가능성이 인정되고, 이 가능성이 단순히 형이상학적이 아니라 실재할 수 있는 것으로 인정되면, 이런 가능성을 인정하는 입장은 회의론을 이끌어 들일 어떤 직접적인 원인을 제공할 수가 없다. 그러나 이런 사실은 다음과 같은 결론에 다다를 수가 있다. 만일 그런 가능성이 존재한다면, 이것은 자연과학 체계들이 최선의 방식을 통해 우리에게 제공하는 세계에 대한 설명이 세계와 다를 수 있다는 것을 뜻한다. 만일 그렇다면 왜 외부 세계의 존재는 예외이어야 하는가? 이 질문은 데카르트에 있어서 그의 해결과 마찬가지로 순수 형이상학적인 것이다. 이것이 내가 데카르트의 회의론 반박의 의미 축소를 꾀하는 학자들을 비난하는 결정적 이유이다.[12]

윌슨(Wilson)은 회의론의 문제에 중점을 두는 것은 『성찰』에 대한 올바른 이해를 그르칠 수 있다고 경고한다.[13] 물론 그녀도 회의론 반박이 『성찰』의 중요한 과제라는 것을 부정하지는 않는다. 그녀의 논지는 그것이 『성찰』의 유일한 과제가 아닐뿐더러 가장 중요한 과제도 아니라는 것이다. 알다시피 적어도 같은 정도의 중요성을 지닌 다

12 당연히 클라크도 이 중 하나이다. 나는 이를 역자의 학위논문 1부 서론에서 상세하게 전개했다.
13 이하는 역자의 학위논문 1부 서론에서 발췌한 것이다.

른 과제들이 있는데, 신의 존재 증명, 영혼과 육체의 실체적 구분 그리고 새로운 물리학의 기반 구축 등이 그런 것들이다.[14] 그러나 단지 이것이 회의론 반박의 문제를 중점화하는 데 대한 그녀의 거부감의 직접적인 이유는 아니다. 그것은 만일 우리가 제1성찰을 논하는 데 있어서 회의론의 문제에 너무 큰 무게를 싣게 되면 데카르트에 의해 제1성찰에 부여된 중요한 방법론적 기능이 사라질 염려가 있다는 것이다. "데카르트는 그러한 전통적인 회의론의 문제를 경험주의에 반하는 형이상학, 즉 (합리적) 과학 실재론의 한 형태를 설득력 있게 제시하기 위한 수단으로 이용하고자 했다."[15] 그중 윌슨이 중요하게 생각하는 것은 새로운 물리학의 정초와 관련된 기능이다. 이와 관련 제1성찰은 "단순히 우리가 보고 만진 것들 혹은 계산을 통해 산출한 결과들에 대해 우리가 통상적으로 가지고 있는 확신에 어떤 까다로운 초월적 확실성을 조금 덧붙이기 위한 연습이 아니라",[16] 오히려 진실된 회의이다. 햇필드(Hatfield)는 이 방향으로 한 걸음 더 나아간다. "그의 성찰에 회의론에 대한 반박이 담겨 있다고 한다면, 데카르트야 당연히 의심할 바 없이 기뻐하겠지만, 회의론자에 대한 반박은 전혀

---

14 이 중 마지막 주제에 대한 데카르트의 언급, 메르센(Mersenne)에게 보낸 그의 편지 (1641년 1월 28일자, AT III, 297쪽) 참조. 윌슨은 이 편지를 근거로 그 주제를 『성찰』에 있어 가장 중요한 주제로 다루기를 주장한다. 윌슨, *Descartes*(London, 1978), 2–3쪽 참조.

15 윌슨, *Descartes*, 8쪽과 『성찰』의 요약, AT VII, 12쪽 그리고 제1성찰을 쓴 이유에 대한 홉스(Hobbes)의 물음에 대한 데카르트의 대답, AT VII, 171–172쪽 참조.

16 윌슨, 앞의 책, 8쪽.

그의 주된 관심사가 아니다."[17] 그러나 새 물리학의 정초를 확립하는 것 역시 성찰의 가장 중요한 과제가 아니다. 왜냐하면 데카르트는 그 전과 마찬가지로 성찰 이후에도 역시 물리학에서 그렇게 강한 수학적 확실성을 요구하지 않고 있기 때문이다. 이 때문에 햇필드는 성찰의 과제를 이성과 자연과 신의 관계를 새롭게 정립하고자 하는 형이상학에서 찾았다. 이에 따라 그는 제1성찰을 단지 우리를 그러한 형이상학적 논의에 적합하게끔 유도하는 순수 방법론적 수단으로 간주했다.

이 두 학자의 공통점은 제1성찰에서 전개된 회의론에 방법론적 기능을 부여함으로써 『성찰』에 있어서 회의론 반박의 의미를 축소하고자 하는 것인데, 이는 오류이다. 나는 회의론의 문제와 그에 대한 반박이 『성찰』의 가장 중요한 주제라고 생각한다. 나는 회의론과의 논쟁이 지식을 가지고 있다고 주장하는 사람들에 있어서 자명한 일이라고 생각하지 않는데, 데카르트 또한 예외가 아니다. 왜냐하면 그 또한 『규칙들』 시기에는 회의론에 어떠한 관심도 갖지 않았기 때문이다. 스트라우드(Stroud)는 적어도 철학자들은 그들의 고유한 인식론 때문에 회의론과 논쟁할 의무가 있다고 주장하지만,[18] 이 또한 사실과 어긋난다. 내 생각에는 이렇다. 만일 어떤 이가 회의론이 인식 가

---

17 햇필드, "Reason, Nature, and God in Descartes," Essays on the Philosophy and Science of Rene Descartes, 1993, 261쪽.

18 스트라우드, *The Significance of Philosophical Skepticism*(Oxford: Clarendon Press, 1984), Preface, viii–ix 참조.

능성에 대한 커다란 위협이며 그 때문에 그것이 반박되어야 한다고 생각하여 이를 실행에 옮긴다면 그에게서 그보다 더 중요한 문제란 있을 수 없다. 나는 데카르트가 이 경우에 해당된다고 생각한다. 데카르트는 누구나 회의론과 형이상학적인 문제들과 씨름을 할 필요는 없다고 하며 만일 정 그렇게 하고 싶다면 오로지 일생에 한 번만 그렇게 하라고 충고한다. 클라크는 이를 데카르트가 형이상학적인 주제를 폄하하는 것으로 이해한다. 그러나 이는 오해이다. "오로지 한번"이라는 말은 '결코 하지 말라'는 말과 다르며, "누구나 다 해서는 안 된다"는 '아무도 해서는 안 된다'와는 다른 말이다. 게다가 그 두 표현이 데카르트에게 그 문제들이 하찮다는 것을 의미하는 것은 더더욱 아니다. 데카르트가 여러 곳에서 오해의 여지가 없을 정도로 밝혔듯이, 그것들은 아주 중요한 문제다. 따라서 데카르트의 충고의 의미는 달리 찾아져야 한다. 그는 사람들 사이에 차이를 두고자 하는 것이다. 이를 이해하기 위해서는 어떤 식으로 해서 데카르트가 회의론과 대면하게 됐는가를 알아야 한다. 그의 회의론 반박 시도가 다른 사람들을 회의론으로부터 보호하기 위함이 아니라는 것을 우리는 알아야 한다. 그는 그 문제를 자신의 진리 추구 과정에서 발견했고 그것이 진리 추구에 있어서 커다란 걸림돌이 된다는 것을 인식했다. 이것이 그가 회의론 반박을 시도하게 된 이유이다. 또한 이는 그로 하여금 그 자신이 그런 시도를 하는 유일한 사람이 아닐 것이라는 생각도 하게 했을 것이다. 왜냐하면 진리를 추구하는 사람들이 자신과 비슷한 처지에 있을 것임을 상상하기란 어려운 일이 아니기 때문이다. 그러나 그에 따르면 어떤 것이 '문제'라는 것을 자기 자신의 스스로의 사고에 의해서가 아니라 다른 사람들로부터 그것이 '문제'임을 배운 사람이 그 문제와 씨름하는 것은 의미가 없다. 왜냐하면 이 경우 그 문제를 해결할 수 있기는커녕 다른 사람이 찾아낸 해결을 이해하는 것조차 쉬운 일이 아닐 터이기 때문이다. 그의 충고는 이에 기인하는 것이다.

이 모든 주제들에 관하여 쉽게 설명하려고 한 시도의 산물이 『철학의 원리』이다. 왜냐하면 데카르트는 교과서로 사용되게 할 목적으로 이 책을 쓴 것이기 때문이다. 당연히 평가는 독자들의 몫이다.

대우고전총서

004

학문의 진보

프랜시스 베이컨

이종흡

1. 베이컨의 지적 · 정치적 편력

프랜시스 베이컨은 1561년 1월 22일에 템즈 강변의 요크 하우스 (옥새상서의 관저)에서 태어났다. 부친 니콜라스 베이컨(Nicholas Bacon, 1510-1579)은 옥새상서와 겸직으로 이미 2년 전부터 대법관에 올라 있었다. 또한 엘리자베스 여왕의 최측근으로 여왕에 버금가는 정치적 영향력을 행사한 윌리엄 세실(William Cecil, 1520-1598)은 프랜시스 베이컨의 이모부였다. 어린 프랜시스가 최상급의 교육과 정치적 경력을 쌓을 수 있었던 데는 가문의 후광이 크게 작용하였음이 분명하다.

그는 12세에 형 앤서니 베이컨과 함께 케임브리지 대학의 트리니티 칼리지에 입학하였으나, 2년 만에 대학생활을 마치고 곧 그레이 인 법학원에 입학하였다. 법학 연구에 착수하기 전에, 그는 3년 동안 프랑스 주재 잉글랜드 대사(Amias Paulte)를 보좌하면서 파리에 체류할 기회를 가졌다. 그곳에서 그는 프랑스 궁정 아카데미의 활동과 도공(陶工) 베르나르 팔리시(Bernard Palissy, 1509-1590)로부터 깊은 감흥을 받았다고 전해진다. 이미 케임브리지 시절부터 아리스토텔레스 학풍에 염증을 느껴왔던 터라, 자연사, 농업, 광물학, 지리학 등에서 실용성을 강조한 팔리시의 대중 강연은, 그에게 지식의 새로운 방향을 가늠할 기회를 제공하였던 것으로 보인다.

부친의 부고를 받고 귀국하면서부터(1579) 그는 그레이 인 법학원에 머물면서 법학과 철학 연구에 몰두하였다. 법관으로서의 경력은 물론, 정치적 야망도 높여가고 있었다. 약관 20세(1581)에 공석이 된 콘월 주 의원직을 승계한 그는, 특히 1580년대 후반에 왕성한 의정활동을 수행하였다. 여기에는 여왕에게 관용적인 종교정책을 조언한 「잉글랜드 교회의 논쟁들에 관한 논고」(1589)가 포함된다. 학문과 정치. 베이컨이 평생 동안 고민하면서 오갔던 이 두 갈래 길은 그의 청년시절부터 이미 시작되고 있었던 셈이다.

베이컨의 지적 편력과 정치적 편력 사이에는 갈등이나 모순이 상정되는 것이 일반적이다. 그가 정치권력을 추구한 것은 자신의 지적 야망을 성취하기 위한 수단이었을 뿐이라는 견해도 있지만, 베이컨이 지적 진보를 강조한 것이 그의 정치적 야망을 실현하기 위한 수단이었다는 상반된 견해도 있다. 그러나, 분명한 것은 베이컨이 언제나 두 길을 함께 갔고, 그에게 두 길은 분리될 수 있는 것이 아니었다는 점이다. 그는 이모부 세실 경에게 보낸 유명한 편지(1592)에서, 국가에 대한 자신의 충성은 군인이나 정치가로서보다는, 철학자로서 수행될 성질의 것임을 전한다.

제가 공무에서 추구하는 목표의 온건함에 비해, 제가 연구에서 추구하는 목표는 실로 방대한 것임을 말씀드리고 싶습니다. 저는 모든 지식을 제 영역이라고 생각해왔습니다. 제가 지식의 영역으로부터 두 부류의 도둑을 추방할 수 있다면, 그 영역을 최상의 상태로 만들 수 있을 것이라는 희망을 가져봅니다. 한 부류가 경박한 논쟁과 논박과 말장난(verbosities)이라면, 다른 한 부류는 맹목적 실험이며 귓속말로 전해지는 전승과 협잡인즉, 두 도적은 참으로 많은 잘못을 저질러왔습니다. 이들을 지식의 영역으로부터 추방한다면, 근면한 관찰과 견실한 토대에 기초한 결론과 유익한 발명 및 발견을 이룩할 수 있을 것입니다. 이런 희망은 제 호기심이나 허영이나 천성에 불과한 것일 수도 있고 …… 인간에 대한 사랑일 수도 있겠습니다만, 너무도 확고해서 제 정신으로부터 떼어낼 수 없다는 것만은 분명합니다. 저는 적절한 후원(countenance)의 자리란 한 사람의 재능보다는 여러 사람의 여러 재능을 통솔하는 자리임을 잘 알며, 이 점을 늘 유념하고 있습니다. 이처럼 힘이 있으되 충돌이 적은 자리는 각하께서도 찾기 힘들 것입니다. 만일 저보다 각하와 각별한 사이인 누군가와 경쟁을 벌이게 될 자리를 제가 원하고 탐한다는 것을 지금이든 미래에든 발견하신다면, 그때에는 저를 거짓말쟁이라고 욕하셔도 좋습니다. 설령 각하께서 저를 기용하지 않으신다 해도 …… 저는 제 유산을 모두 처분하고 …… 모든 공직을 포기하고 …… 깊은 곳에 놓여 있는 진리의 광맥을 뒤지는 참된 선구자가 될 것입니다.(스페딩 외 편, 『베이컨 전집』, 8권, 109쪽)

물론, "모든 지식이 제 영역"이요 "진리의 광맥을 뒤지는 참된 선구자"가 되겠다는 베이컨의 진술을 곧이곧대로 받아들일 수는 없다. 편지를 쓴 31세에 베이컨은 이모부와 다소 서먹한 관계에 있었다. 이모부의 아들 사랑과 여왕의 총애로 출세가도를 달리던 이종사촌 동생 로버트 세실(Robert Cecil, 1563-1612)이 그의 경쟁자로 급부상하였기 때문이다. 베이컨은 다른 후견자를 찾아야만 했고, 한 해 전부터는 에식스의 어린 백작(로버트 데버루)과 돈독한 친분을 유지해 온 터였다. 이런 맥락에서 보면, "저보다 각하와 각별한 사이인 누군가와 경쟁을 벌이게 될 자리"를 결코 탐하지 않는다는 진술은, 이모부의 경계심을 늦추기 위한 가장(假裝)에 지나지 않는 것일 수 있다. 그러나, 왜 하필이면 '지식'인가? "경박한 논쟁과 논박과 말장난"에 물든 아리스토텔레스주의와 "맹목적 실험이며 귓속말로 전해지는 전승과 협잡"으로 점철된 마술이라는 두 도적을 지식의 영역으로부터 추방한다는 것, 그리하여 근면한 관찰과 견실한 토대 위에서 새로운 발견과 발명을 이룩한다는 것이 어떻게 정치적 출세의 대안이 될 수 있는가?

이듬해(1593)에 베이컨은 에식스 백작의 적극적인 후원에도 불구하고, 이모부가 후원한 에드워드 코크(Edward Coke)와의 법무장관 경쟁에서 여왕의 지명을 얻는 데 실패하였고, 뒤이은 법무차관 지명에서도 실패하였다. "좌절의 10년 1591-1603"이라 불리는 기간의 후반기에는 에식스 백작의 몰락과 얽혀 쓰라린 정치적 굴곡을 겪기도 하였다. 그러나, 이런 이유로 그가 학문의 길과 정치의 길을 분리하게 되었다는 증거는 없다. 법무장관 경선이 있기 전이든 후든, 베이컨은 여왕에게 '학문의 진보'를 위한 후원을 일관되게 호소하였다.

베이컨에게 "여러 사람의 재능을 통솔하는", "힘이 있으되 충돌은 적은" 자리는 평생토록 주어지지 않았다. 엘리자베스 치하에서는 물론이지만, 그가 급속한 정치적 부침을 경험한 제임스 1세 치세(1603-1625) 동안에도 마찬가지였다. 그가 진심으로 그런 자리를 갈망하였는지도 분명치 않다. 그러나, 분명한 것은 그에게 학문의 진보를 추구하는 과업이 정치적 출세의 대안이 될 만큼 중요하고 다급한 정치 현안으로 간주되었다는 점이다. 학문이 추구하는 목표는 정치가 추구하는 목표와 구별될 수 없었다. 『학문의 진보』(1605)에서 베이컨은 정치의 최고 목표가 국가의 "미래"를 준비하는 일이며, 이를 위해서는 "건실하고 결실 풍부한 지식을 세상에 더욱 많이 유포하는 일"이 가장 중요함을 진언하였다. 그가 학문의 번영과 진보를 '국왕의 일(opera basilica)'로 규정한 것은 바로 이런 맥락이었다. 나아가, 『신 기관』(1620)에서는, 정치적 야망 중 가장 고귀한 야망이 "우주에 대한 인류의 권력과 지배력"이라고 명시되었다.

『학문의 진보』의 출판을 전후로 개선되기 시작한 베이컨의 정치 경력은, 『신 기관』을 출판할 즈음에 절정에 도달하였다. 그는 제임스가 등극한 해(1603)에 기사작위를 받았고, 이듬해에는 국왕의 법률고문에 임명되었으며, 1607년에는 법무차관, 1614년에는 법무장관에 지명되었다. 경쟁자인 이종사촌 동생 로버트 세실이 죽고(1612), 버킹검 공(조지 빌리어스)의 적극적인 후원이 시작되면서부터, 출세는 더욱 빨라졌다. 1617년에는 옥새상서에 임명되어 자신이 태어난 관저로 되돌아갔고, 다음 해에는 그토록 열망하던 대법관 자리에 올랐다. 1618년에는 베룰람의 남작으로 귀족원에 입문하였고, 『신 기관』을 출판한 다음 해인 60세(1621)에는 세인트 앨번스(St. Albans) 자작이 되었다. 이례적인 출세를 거듭하던 시기에, 베이컨은 청년시절의 단편적인 착상들을 '위대한 부흥'의 계획으로 엮고 있었다. 그 계획이 처음 표현된 것은 1603년의 일로, 『학문의 진보』에서 한층 구체화되었으며, 『위대한 부흥(Instauratio magna)』(1620)에서 체계적으로 표현되었다(『신 기관』은 『위대한 부흥』의 일부였다).

베이컨은 『위대한 부흥』의 헌정사에서 국왕을 "여러 면에서 솔로몬을 닮은 당신"으로 칭송하였다. 솔로몬 왕에게 이스라엘의 무너진 성전을 재건할 사명이 주어졌듯이, 제임스는 인류의 피폐한 삶의 조건을 재건할 사명이 있다는 뜻이었다. 이 작품의 표지 그림은 헤라클레스의 두 기둥 사이로 거친 바다를 헤쳐가는 한 척의 범선을 묘사한 것이었다. 두 기둥은 지브롤터 해협으로 당시 용례로는 지식의 한계를 상징하는 것이었고, 범선은 학문을 상징하는 것이었다. 그림 밑에는 "많은 사람이 빨리 왕래하니 지식이 더하리라"라는 「다니엘서」의 묵시록적 예언(12장 4절)이 적혀 있었다. 전통적으로 지식의 억제를 뜻하던 "더 이상은 아닌(ne plus ultra)"이라는 상투어를 겨냥하여, 지식의 성장을 재촉하는 "더욱더(plus ultra)"라는 구절이 범선에 새겨졌다. 이것은 종말에 이르도록 세상을 주재할 프로테스탄트 '구원자-왕'으로서의 제임스의 자기 이미지에 맞춘 수사학이었음이 분명하다. 제임스는 「다니엘서」의 인용구를 자신의 구원적 통치에 대한 찬양으로 읽었을 것이요, 어쩌면 그 범선의 주인으로 과학 연구를 주재할 사명감마저 느꼈을지도 모를 일이다. 베이컨은 이 작품의 헌정본에 동봉한 편지에서도, "이성의 경계를 확장하고 인간의 운명에 새로운 가치를 선물하는 일이야말로, 만인 중 이성의 가장 위대한 주인이요 시혜의 주관자이신 폐하께 가장 어울리는 봉헌"이라는 상투적 아첨을 빼놓지 않았다.

제임스는 베이컨의 헌정본을 "잠을 빼앗겨가면서까지 주의 깊게" 읽었고, 자신이 '위대한 부흥'을 주재할 만큼 박식하고 유능한 국왕이라는 베이컨의 찬사에 만족감을 표시하였다. 그러나 베이컨의 요구는 단순히 정치적 출세를 위한 아첨으로 보기에는 너무 신중한 태도와 구체적인 계산을 포함한 것이었다. 국왕이 보낸 편지에 대한 그의 답신은 하나의 예가 될 수 있다.

폐하께서 손수 쓰신 지난번 편지를 받고 제가 얼마나 기뻤는지 이루 말로는 다 표현할 수 없습니다. …… 만일 폐하께서 불만족스럽게 여기시는 대목을 은혜롭게도 제게 솔직히 말씀해주신다면, 폐하께서는 저 개인에게 총애를 주신 것만이 아니라, 사업 전체를 위해서도 실질적인 도움을 주신 셈이 될 것입니다. 비록 제 작품은 그 주장과 원리 면에서, 경험에 의하지 아니한 모든 시도를 거부하며 경험의 결실들을 참된 방식으로 추구하는 것이기는 합니다만, 폐하의 판단력의 예리함과 심오함만은 이 일반적 규칙의 예외라고 하겠습니다. 폐하의 질문이며 관찰이며 충고는 무한한 도움이 될 것입니다. …… 이렇듯 편안한 출발은 제게 또 하나의 희망을 가지도록 합니다. 폐하께서 자연 및 실험의 역사를 수집하기 위하여 작업할 인원을 구성하는 데 도움을 주실 것이라고 말입니다. 이 작업은 사업 전체를 위한 토대입니다만, 폐하께도 이따금씩 커다란 기쁨을 드릴 수 있을 것이라고 저는 확신합니다. …… 희망컨대, 어쩌면 폐하의 치세 기간 내에, 인간의 효용을 위해 많은 고귀한 발명들이 이룩될 수도 있을 것입니다.(『베이컨 전집』, 8권, 130-131쪽)

베이컨은, 경험을 축적하는 귀납의 방법이 제임스를 위시한 귀족의 눈에 천한 작업으로 비칠 수 있음을 신중하게 계산하였다. 제임스의 "판단력의 예리함과 심오함"이 모든 경험을 초월한 예외라는 아첨은 이런 계산에서 나왔을 것이다. 아첨을 대가로, 게다가 "많은 고귀한 발명들"에 대한 약속까지 덧붙여서, 베이컨은 "자연 및 실험의 역사(자연사와 실험의 역사)"에 대한 지원을 제임스에게 구체적으로 요청하였다. 이 또한 학문의 진흥에 대한 후원을 요청할 때 베이컨이 즐겨 사용한 수사였다.

그의 요구는 끝내 받아들여지지 않았다. 제임스가 베이컨의 의중을 정확하게 파악하지 못한 탓도 있었지만, 시간도 별로 없었다. 제임스와 베이컨의 밀월은 불과 7개월 뒤에 깨졌다. 1621년 5월에 베이컨은 뇌물수수죄로 체포되었고, 런던탑에 잠시 투옥되었다가 6월 23일에 고르햄베리의 옛집으로 돌아갔다. 이따금 진료를 받기 위해 런던에 와서 요크 하우스에 머물기는 하였지만, 거의 두문불출하면서 홀로 연구에 몰두하였다. 말년의 베이컨은 자신이 '위대한 부흥'의 토대로 설정한, '역사 연구'에 거의 모든 시간을 할애하였다. 1622-23년에는 『헨리 7세의 역사』, 『바람의 역사』, 『삶과 죽음의 역사』를 연속 출판하였으며, 1624년에는 금언들을 모아 편찬하였다. 그의 충실한 비서 윌리엄 롤리(William Rawley)에 따르면, 베이컨은 자신이 "건축가"의 역할을 수행하여야 마땅함에도 불구하고, "노동자나 일꾼의 일까지 하지 않을 수 없는" 처지를 불평하곤 하였다고 한다. 연구 환경만이 열악한 것은 아니었다. 실각 이후로 재정적 곤경이 늘 그를 괴롭혔고, 1625년에는 아내의 불륜으로 인한 이혼에다가 건강 악화까지 겹쳤다. 같은 해에 그는 찰스의 왕위계승을 틈타 귀족원의 복귀를 시도하다가, 오히려 추밀원 고문직마저 박탈당하는 불운을 겪었다. 이런 와중에서도, 그는 '위대한 부흥'의 초석을 다지는 작업에 심혈을 기울였고, 일관되게 정치적 후원을 요구하였다. 『숲속의 숲(*Sylva Sylvarum*)』이 자연사 연구의 최종 결실이었다면, 『새로운 아틀란티스(*New Atlantis*)』는 정치권의 후원을 요청한 최후 진술로 남았다.

1626년 3월에 베이컨은 눈[雪]을 이용해서 음식의 부패를 지연시키는 실험을 계획하였다. 진료차 런던에 갔다가 고르햄베리로 돌아오던 길에, 한 오두막에 멈추어 닭 한 마리를 죽이고 눈으로 덮어두었다. 마차를 다시 타고 나서 조금 뒤에 갑자기 지병이 재발하였다. 그는 근처에 있는 아룬델 백작(Thomas Howard, 1585-1646)의 저택에 여장을 풀고 회복을 기다렸다. 아룬델 백작에게 보낸 마지막 편지에서 임박한 죽음을 예언이라도 하듯이, 그는 "베수비우스 화산에서 실험하던 중에 죽은 연로 카이우스 필리니우스"에 자신을 비유하였다. 정치적 야망과 지적 야망을 오가면서, 자신의 정치적·지적 권력이 낙원에서 추방된 인류의 '위대한 부흥' 즉 부활을 위한 발판이 될 것을 꿈꾸었던 한 파란만장한 일생은, 아룬델 백작의 저택에서 끝내 멈추었다. 1626년 4월 9일, 공교롭게도 부활절 일요일의 죽음이었다.

2. 『학문의 진보』 제1권: 지식기반 사회의 정당성

학문의 진보에 대한 베이컨의 제안이 받아들여지지 않았던 것은, 그 제안이 정치적 출세를 계산한 아첨의 도구였던 탓도 아니지만, 정치권의 후원을 포기한 상태에서 소극적으로 제안된 것이었기 때문이라고 보기도 힘들다. 베이컨은 국왕에 대한 조언자로서 자신의 역할을 분명하게 인식하였을 뿐만 아니라, 자신의 조언이 "미답(未踏)의 새로운 영역"에 관한 것임을 잘 알고 있었다. 우리가 그의 조언의 새로움을 이해하려면, 당시 궁정의 조언 관행부터 살펴볼 필요가 있을 것이다. 세속 군주의 권력이 급속하게 강화된 16세기에, 궁정 주변에는 각양각색의 정책 조언자들(political advisors)이 활동하였다. 스스로 군주가 될 수 없는 그들로서는 군주를 설득하고 군주의 권력을 빌려 각자의 철학을 구현하는 것이 차선이라고 믿을 수밖에 없었다. 이런 믿음은 르네상스 인문주의가 추구한 '능동적 삶'의 중요한 일부였거니와, 그들은 인문주의자답게 선한 통치의 비결을 '건전한 지식'에서 구하였다. 그러나, 어떻게 자신의 철학이 건전한 지식임을 입증할 수 있는가? 군주를 설득하려 경쟁하는 가운데, 그들은 각기 자신의 건전한 지식을 다른 조언자의 '아첨'이나 '그릇된 관념'과 차별화하는 경향이 있었다. 이런 맥락에서 토마스 엘리어트는 군주에게 "아첨이라는 치명적인 독약"을 피할 것을 권고하였으며, 토마스 모어는 『유토피아』의 주인공 히슬로데우스의 입을 빌려, 유럽의 왕들은 "어릴 때부터 그릇된 관념에 물든" 탓에 악과 부패를 뿌리뽑을 "유익한 수단"을 아무리 권하여도 냉소로 지나치기 일쑤라고 비판하였다.

  '비판과 대안 제시'라는 근대 학문의 일상 구조는 이러한 인문주의적 조언 관행으로부터 형성된 것으로 볼 수 있으며, 이런 관행에서 베이컨도 예외는 아니었다. 그러나, 그의 조언을 면밀히 검토해보면, 인문주의적 관행과의 현격한 차이점을 발견할 수 있다. 궁정 주변의 인문주의자들은 군주 자신이 마치 플라톤의 "철학자 왕"처럼, 아니면 마키아벨리의 "영리한 군주"처럼 통치에 적절한 지식을 갖추어야 하며, 그들 각자의 조언이야말로 이에 가장 적합한 지식임을 경쟁적으로 주장하였다. 반면에 베이컨은 일관되게 군주가 "지식의 후원자"가 되어야 함을 설득하였다. 군주 자신이 뛰어난 학식을 갖추는 것도 좋겠지만, 무엇보다 중요한 "국왕의 일"은 학문을 위한 시설, 양서의 출판, 학자의 양성 등 지식의 진보를 위한 기반 조성에 심혈을 기울이는 일이라는 것이었다. 『학문의 진보』 제2권의 헌정사는 그 대의를 다음과 같이 전한다.

영명하신 국왕 폐하 …… 많은 자식을 낳고 후손의 핏줄로 자신의 불멸성을 유지한다는 통찰을 가진 사람이 더 나은 미래를 위해 더 많이 걱정한다는 것은 인지상정의 이치입니다. 그런 사람에게는 미래야말로 가장 소중한 자식을 믿고 맡겨야 할 곳이기 때문입니다. …… 이로 미루어 판단하자면, 폐하께서는 선한 통치를 위한 잠정적인 조치만이 아니라, 일관되고 영속적인 조치도 염두에 두시는 것이 적절하고도 마땅한 일이라고 생각됩니다. …… 영속적인 조치 중에서도 가장 가치 있는 것은 건실하고 결실 풍부한 지식을 세상에 더욱더 많이 유포하는 일입니다. …… 앞에서 열거된 모든 문제점을 제거하는 것은 '국왕의 일'입니다. …… '국왕의 일'에 대해 사사로이 개인이 할 수 있는 것은, 교차로에 이정표를 표시하는 정도일 것입니다. 비록 이정표는 길을 지시할 뿐 그 길로 나아갈 수는 없는 것이지만, 학문을 전체적으로 답사한 뒤 만든 이정표는 학문의 방향을 이끄는 역할을 수행한다는 점에서 중요합니다.

요약하자면, 국왕은 미래를 준비할 수 있어야 하며 이를 위해 가장 중요한 것은 건실한 지식을 널리 확산시키는 일인즉, 국왕은 그 길에 놓여 있는 장애물을 제거할 책임이 있으며, 베이컨 자신은 그 방향을 지시하는 이정표를 작성하겠다는 것이다. 국왕의 통치에 즉각적인 도움을 주기 힘든 "미래"를 설득의 수단으로 삼은 것부터가 인문주의적 관행에서 벗어난 일이었거니와, 그 "미래"가 지식의 진보와 확산에 달려 있음을 베이컨보다 명료하게 정의한 사례는 그 이전에는 없었고, 그 이후에도 좀처럼 찾기 힘들다. 그는 지식의 진보와 미래를 조언 목록에 새롭게 등재하였을 뿐만 아니라, 인문주의적 조언의 '비판적' 태도에 대해서도 일정한 거리를 유지하였다. 이를테면, 그는 자신의 이정표로 "오늘날까지 주목하지 못한 것과 결여된 것만을 지적하고 …… 지금까지 범한 오류나 불완전한 추구에 대해 반론을 제기하지는 않겠다"고 말한다. 자신의 관심사는 "이미 개간된 밭에서 잘못된 경작법을 교정하는" 것보다는, "개간되지 않은 땅"을 가리키는 데 있기 때문이라는 것이다.

베이컨은 '미답의 땅'에서 '미래'를 일구는 자신의 프로그램을 '위대한 부흥'이라 명명하였고, 6부작 계획으로 자신의 청사진을 펼쳐 보였다. 첫째는 과학에 대한 새로운 분류체계를 정립하는 것이고, 둘째는 새로운 논리학 즉 자연의 해석을 위한 새로운 지침을 마련하는 것이고, 셋째는 철학의 기초를 위한 자연사와 실험의 역사를 축적하는 것이고, 넷째는 지성의 사닥다리를 구축하는 것이고, 다섯째는 새로운 철학을 위한 예비작업이고, 여섯째는 새로운 철학(즉 능동적 과학)을 정립하는 것이었다. 이 여섯 단계에서 뒤의 세 작업은 실제로 시도된 적이 없었고, 둘째에 해당하는 『신 기관』과 셋째의 '자연사 및 실험의 역사'를 다룬 여러 단편은 모두 미완성된 채로 남았다. 첫째 작업에 해당하는 것이 바로 『학문의 진보』로, 이 작품은 베이컨이 남긴 유일한 완성작이라는 점 외에도, '위대한 부흥' 전체의 밑그림을 가장 충실하게 보여주는 저작이라는 점에서 주목할 가치가 있다.

제1권은 '학문이 지금까지 받아온 불신과 불명예'에 대한 변론으로 출발한다. 신학적 비난을 겨냥한 변론에서 베이컨은 학문의 진보가 필요한 이유를 두 측면에서 강조한다.

실락원을 야기한 것은 자연과 만물에 대한 순수한 지식이 아니라 선과 악에 대한 교만한 지식이었다. …… 전자의 순수한 지식은 아담이 자기 앞에 주어진 에덴 동산의 다른 피조물들에게 각 피조물의 본성에 어울리게 이름을 부여하는 데 사용한 것이었다. …… 인간의 정신을 부풀리는 것은 지식의 양이 아니다. …… 문제는 지식의 양이 아니라 지식의 질이다. 지식의 질에는 독액 같은 사악한 본성이 있기 때문에 …… 만일 적절한 치료제가 없이 섭취된다면, 뱀독처럼 인간 정신을 부풀려 교만케 하는 것이다. 이 적절한 치료제에 해당하는 것이 바로 사랑이다. …… 인간의 언어와 천사의 언어로 말한다는 것만으로는 결코 뛰어나다고 할 수 없다. 그것이 사랑과 단절된다면, 그리하여 인간이며 인류의 유익을 향하지 않는다면, 그것은 유익하고 실질적인 미덕이라기보다는 헛되이 울리는 허영에 지나지 않는다.(『학문의 진보』, 1. 1. 3.)

실락원 이전에 아담이 갖추었던 '순수한 지식'이란 그로 하여금 다른 모든 피조물을 다스릴 수 있게 해준 지식을 말한다. 〈자연과 만물에 대한〉 지식을 양적으로 확장하고 축적하는 것은, 실락원과 함께 인류가 잃어버린 그 "권력"을 되찾는 유일한 길이다. 바로 이것이 베이컨의 유명한 "아는 것이 힘"이라는 명제의 진정한 의미이다. 인류가 자연과 사회에 대한 "순수한" 지식을 늘리면 늘릴수록, 그만큼 자연과 사회를 통제할 수 있는 권력을 키울 수 있다는 것이다. 동시에 베이컨은 지식이 "사랑" 즉 "인류의 유익"을 지향하는 것으로 제한될 필요성을 강조한다. 지식은 하나님처럼 옳고 그름, 선과 악에 대한 최종적 판단을 위해서 필요한 것이 아니라, 이웃에 대한 사랑으로서 필요한 것이라는 뜻이다.

지식을 '위대한 부흥'으로 이끌 권력이자 이웃사랑으로 정당화한 뒤에, 베이컨은 정치적 비난에 대한 변론을 시도한다. 그의 변론은 지식이 정치에 얼마나 필요한 것인지를 입증하는 데 주안을 두었지만, 지식은 인간을 근면하게 만들고, 나태와 쾌락에 빠지는 것을 막아주며, "정부에 대해 유순하고 너그럽고 관리되기 쉽고 적응하기 쉽게" 만들어준다는 점도 함께 강조한다. 여기서 베이컨의 의도는 분명하다. 지식은 선량한 통치를 위해서도 필요하지만 선량한 시민을 양육하기 위해서도 필수적이라는 뜻이다. 역으로, 선량한 정부와 선량한 시민은 모두 지식에 기반을 둔 사회의 산물이라고 말해도 좋겠다.

지식에 기반을 둔 사회에 대한 베이컨의 전망은, 세번째 변론에서 더욱 분명하게 드러난다. 학계 스스로가 저지른 과오에서 비롯된 학문에 대한 비난을 겨냥해서, 베이컨은 지식의 진정한 본령이 무엇인지를 명료화한다. 기존 학문의 질병은 특히 세 가지로, 각각 "헛된 상상력", "헛된 호승심", "헛된 과시욕"에서 나온다.

바로 여기에서 학문의 첫번째 질병이 발생한다. 사람들이 말은 연구하되 내용은 연구하지 않을 때 발생하는 질병이 그것이다. …… 두번째 질병은 첫번째 질병보다 본성상 더 심각하다. 헛된 내용은 헛된 말보다 나쁘기 때문이다. …… 이러한 부류의 타락한 학문은 스콜라주의 학자들 사이에서 가히 지배적이었다. …… 그들의 기지는 …… 특히 독재자 아리스토텔레스라는 골방에 갇혀 있었다.

…… 그들은 자연사든 시대사든 역사에 대해서는 문외한이었다. 얼마 되지 않는 내용에다가 그들의 기지를 무한정 쏟아부어 공든 거미집을 지은 것이 그들이 일한 전부였다. …… 무릇 인간의 기지며 정신은, 내용에 의존하여 일할 때, 즉 하나님의 피조물에 대한 명상을 향할 때, 비로소 대상물에 맞추어 작업할 수도 있고 대상물에 의해 제한될 수도 있는 법이다. 반면에 인간의 기지와 정신이 마치 거미가 집 짓듯이 스스로에만 의지하여 작업한다면, 여기에는 결실이 있을 수 없다. 단지 학문의 거미집을 지을 수 있을 뿐인즉, 그 실과 작품의 세련됨은 경탄할 만한 것이지만, 실질이나 유익을 기대할 수는 없다. …… 학문의 세번째 질병 내지 악덕에 관해 말하자면, 그것은 기만이나 거짓과 관련되며, 모든 질병 중에서도 가장 추악한 것이다. …… 지식이란 진리의 표상인바, 진리가 진리로서 존재한다는 것과 진리로서 인식된다는 것은 결국 같은 뜻이다. …… 이런 이치에 비추어볼 때, 세번째 악덕은 두 종류로 나뉠 수 있다. 하나는 기만을 즐기는 것이요, 다른 하나는 쉽게 기만당하는 것이다.(『학문의 진보』, 1. 4. 3-8.)

첫째는 수사에 치중하여 사람들의 상상력을 사로잡으려 할 뿐 "내용을 연구하지는 않는" 인문주의의 질병이다. 둘째는 아리스토텔레스가 정립한 한줌의 (그나마 그릇된) 내용을 "거미집" 같은 논리와 자기완결성으로 포장하는 스콜라주의의 질병이다. 셋째는 기만과 경신(輕信)으로 점철된 각종 기술이나 마술(연금술, 자연마술, 점성술)의 질병이다. 베이컨이 기존 학문을 세 가지 질병으로 논파한 의

도는, 지식이 "실재"를 향하도록 만드는 데 있다. 그에게 "실재"는 진리의 유일한 장소이기 때문이다. 또한 "진리가 진리로서 존재한다는 것과 진리로서 인식된다는 것이 같은 뜻"이라는 말은, 실재가 지각과 독립적으로 존재함을 전제로 실재에 대한 완전한 인식을 추구한다는 뜻만이 아니라, 지식이 실재를 대신할 수 있다는 뜻도 포함한다. 안토니오 페레즈라모스가 적절하게 지적하듯이, 이것은 '만든 자의 지식(maker's knowledge)'의 전통에서 형성된 관념이다. 이 전통에서는, '어떤 과학적 진술이 그것이 기술하고자 하는 현상을 성공적으로 복제할 수 있는지'의 여부를, 그 과학이 참이냐 거짓이냐를 판단하는 가장 분명한 기준으로 삼는다.

이 기준에 따를 때, 지식이 실재를 향하도록 한다는 것은, 두 방향의 작업이 동시에 수행됨을 의미한다. 자연철학은 귀감 사례를 제공한다. 그는 자연철학의 두 영역을 '광산과 용광로'에 비유한다. 두 영역은 '원인에 대한 탐구'와 '결실의 생산'으로, 혹은 '사변적(speculative) 지식'과 '시술적(operative) 지식'으로 구분되기도 한다. 그러고는 "실험으로부터 상승하여 원인의 발견에 이르는 사다리가 있는가 하면, 원인으로부터 하강하여 새로운 실험의 발견에 도달하는 사다리도 있다"고 덧붙인다. 일단 자연철학이 자연실재를 지향하게 되면, 진리를 추구하는 방향과 효용을 추구하는 방향은 불가분의 관계에 놓인다. 진리를 위해 '자연의 해석(interpretation of nature)'을 시도하는 측에서는, 인류의 삶과 안락함을 위해 자연을 이용하고 '속박하고 괴롭혀'(즉 실험하여) 즉각적인 결실과 효용을 추구하는 기술의 세계로부터, 풍부한 경험이라는 빛을 얻을 수 있다. 그러나 '효용'만을 추구하는 기술은, '자연의 선취(anticipation of nature)'라는 부정적 질곡에 빠지기 십상이다. 단지 몇 가지 관찰을 토대로 성급한 결론으로 나아갈 위험이 있다는 말이다. 이와 같은 성급함은 사람들의 욕망에 편승하여 사람들의 동의를 손쉽게 얻어내려는 단견에서 비롯된 것으로, 기술을 '욕망의 도구', 나아가서는 '죽음의 도구'로 전락시키고 만다. 기술의 세계가 이런 질곡으로부터 벗어나 장기간에 걸쳐 바른 길로 실험을 진행하고 꾸준히 경험지(經驗知)를 축적하도록 만들기 위해서는, '자연의 해석'이 기준이자 길잡이가 되어야 한다. 비록 진리와 효용은 뚜렷이 구분되지만, 양자의 관계는 모순이나 대립이라기보다, 상호보완적이다. 즉 베이컨은, 지식이 실재를 향하기만 한다면, '진리와 효용'은 동일한 목표로 수렴될 수 있다고 믿었던 것이다.

학문에 대한 그의 세번째 변론은 바로 이런 의미의 권고로 끝맺는다. "지식이 창조주의 영광을 위해, 동시에 인간 삶의 조건을 개선하기 위해 풍부한 창고를 제공한다는 이유에서 지식을 추구한 사람은 거의 없었다. 그러나, 만일 명상과 행동이 예전보다 더 가깝게 직선으로 회합하여 …… 결합되기만 한다면, 이런 목표야말로 지식을 위엄 있게 하고 고양하기에 적합한 것이다." 그러나, '명상과 행동', '진리와 효용'의 결합은 단지 인식론적 수준에서 바람직한 원리로 머물지 않는다. 『학문의 진보』 1권의 종결부는 "학문의 진정한 위엄과 가치"를 뒷받침할 만한 종교적·세속적 증거를 열거하면서, 특히 학문과 지식이 "질서"의 정립에 기여하는 바를 강조한다. 학문은 "하나님의 영광을 찬양하도록 이끌고", "불신앙과 과오에 대한 유일한 치료제이자 예방책"일 뿐만 아니라, "사람들 사이에서 자라나는 반목과 불화를 진정"시키고 "통치와 군대와 관련된 덕을 배양"하며 "개인의 도덕을 키우는" 일에도 탁월한 장점을 지닌다는 것이다. 이는 무엇보다 학문이 "정신의 골격"을 잡아줌으로써, "정신이 그 자체의 결함에 안주하지 않고, 지속적인 성장과 개선에 편입될 수 있도록 해주기" 때문이다. 이렇듯 지식이 개인의 도덕성을 자기개선과 진보에 유리한 방향으로 이끌어준다면, "지식을 다스리는 일"이야말로 "국가의 권력과 권위를 공고하게 확립하는" 지름길이 될 수 있다. 바로 이런 맥락에서 베이컨은, "올바르게 해석된 진리의 힘을 빌려, 인간의 오성에 대해 정당하고 합법적인 주권을 정립하는 일이야말로, 하나님의 통치와 가장 닮은 것"일 수 있다고 주장한다.

개인이든 사회 전체든 지식에 기반을 둘 때, 비로소 안정과 질서 속에 진보와 번영을 구가한다. 이를 가리켜, "인간은 학문에 의해 인간을 넘어선다"고 베이컨은 말한다. 인간이 원죄라는 원초적 유한성을 극복하고 사회의 진보와 번영을 이룩할 수 있다면, 이는 인간의 본성보다는, 지식의 본성에 힘입은 것이다.

학문을 통해 인간은 육체로는 갈 수 없는 하늘과 하늘의 운행에로 상승한다. …… 지식과 학문이 존엄하고 탁월한 이유는, 인간 본성이 가장 염원하여 마지않는 불멸성 내지 지속성을 가진 것이기 때문이다. …… 재능이며 지식의 이미지는 책으로 유지되는 덕택에 세월의 침해로부터 벗어날 수 있고, 나아가서는 계속 거듭날 수 있다. 따라서 지식의 이미지를 '이미지'라는 이름으로 부르는 것은 적절하지 않다. 그것은 계속해서 다시 태어나기 때문이요, 타인의 정신에 씨앗을 뿌려, 후속 세대의 수많은 행동과 의견을 자극하고 야기하기 때문이다. 선박의 발명이 고귀한 이유는 재화와 상품을 이리저리 운반하여 가장 멀리 떨어진 지역조차 그 결실을 나눌 수 있도록 연결해주었기 때문일 것이다. 그렇다면 학문에 대해서는 이와는 비교할 수 없을 만큼 높은 영예가 주어져야 마땅할 것이다. 학문은 마치 선박처럼 시간이라는 광대한 바다를 가로질러, 동떨어진 시대들이 서로 지혜며 지적 재능이며 발명을 나눌 수 있도록 하지 않는가?(『학문의 진보』, 1. 8. 6.)

지식은 "불멸성" 즉 연속성을 전제로, 수정 가능성("계속 거듭 태어날 수 있음"), 확장성("타인의 정신에 씨앗을 뿌림"), 교환 가능성("동떨어진 시대들이 서로 지혜며 지적 재능이며 발명을 나눌 수 있도록 함")을 현실화함으로써, 지식에 기반을 둔 사회를 진보로 이끈다.

그렇다면 어떤 사회가 지식에 기반을 두고 진보를 지향하기 위해서는 무엇이 필요한가? 베이컨은 『학문의 진보』 2권을 시작하면서, 이를 위해서는 먼저 "기초 원리"가 정립되어야 함을 지적한다. "보상이 충분할 것", "지도가 올바를 것", "노동이 협동적으로 진행될 것" 등 세 원리가 제시된다. 우선 첫째 원리와 관련해서 베이컨은, 학문하는 장소, 학문을 위한 책, 학문하는 사람 등에 대한 행·재정적 후원이 필요함을 역설하며, 특히 대학 개혁의 필요성을 강조한다. 그러나 2권의 핵심은 어떻게 학문을 지도하고 협동을 이끌어내느냐 하는 문제이다. 그가 '학문의 분류'를 시도한 것은 이 문제에 대한 해답을 모색하기 위한 것으로 볼 수 있다.

3. 『학문의 진보』 제2권: 지식의 분류와 '협동'

베이컨은 "방랑자에게 바른 길을 제시하는 것"은 "인간으로서의 의무"임을 상기시키면서, "지금까지 주목하지 못한 것과 결여된 것"으로 보이는 학문 영역을 개척하는 자신의 사업은 "어려움이 너무 많아 추진하고 이룩하기 힘들다"는 비판에 노출될 수 있음을 예상한다. 그러나 그는 지도와 협동이 제대로 수행되기만 한다면, 그 문제를 능히 극복할 수 있을 것이라고 말한다.

> 모든 사람이 하기 힘들어도 특별한 사람만은 할 수 있는 일이 있습니다. 혼자는 할 수 없어도 여럿이 협동하면 수행할 수 있는 일도 있습니다. 한 개인의 평생이라는 유한한 시간 동안에는 할 수 없어도, 여러 시대를 이어가는 동안 이룩될 일도 있습니다. 사생활을 쪼개서는 이룰 수 없지만 공적으로 임명되면 이룰 수 있는 일도 있습니다.(『학문의 진보』, 2, 「헌정사」, 15.)

베이컨 자신이든 다른 사람이든 학문을 제대로 지도하여 효과적으로 협동을 일구어낼 수만 있다면, 지식의 진보, 나아가서는 사회의 진보를 이룰 수 있다는 믿음. 이러한 믿음은 2권의 주제인 '학문의 분류'와 어떻게 관련되는가?

베이컨의 학문 분류는 그의 범지론적(凡知論的, pansophical) 이상에 어울리게, 모든 종류의 지식을 포괄한다. 우선 그는 인간 오성의 기능에 따라 지식을 세 영역으로 분할한다. 역사학은 오성의 기억 기능에 상응하고, 시는 오성의 상상 기능에 상응하며, 철학은 오성의 이성 기능에 상응한다. 그리고 지식의 세 영역은 인간적 학문과 신적 학문에 각각 대입된다. 인간적 학문에 역사, 시, 철학이 있듯이, 신적 학문에도 그 세 영역이 존재한다. 하지만 그가 주안을 둔 것은 인간적 학문이다. 신적 학문과 이를 구성하는 역사[예언을 포함한 신성사(神聖史)], 시[성비유(聖比喩) 같은 신성시(神聖詩)], 철학(교리와 계율 같은 영원한 철학)은 간략한 기술에 머물 뿐만 아니라, 더 이상의 세부 분류도 진행되지 않는다.

베이컨의 지식 분류체계를 전체적으로 검토하면서 이를 그의 '협동' 개념과 연결하려 한다면, 이때 우리가 주목할 것은 역사와 철학의 관계이다. 시에 관한 베이컨의 논의는 간단할 뿐만 아니라, 역사나 철학과의 관계도 분명치 않다. 그는 철학에 가장 많은 지면을 할애하며, 철학과 역사와의 관계를 비교적 명료하게 진술한다. 우선 그는 철학을 세 영역으로 나눈다.

'철학'에서 인간의 명상은 하나님의 높이까지 올라가거나, 자연을 향해 집중되거나, 인간 자신에게로 반사되어 되돌아온다. 이 세 종류의 연구로부터 세 종류의 지식이 발생한다. '신에 대한 철학', '자연에 대한 철학', 그리고 '인간에 대한 철학'이 그것들이다. 실제로 모든 사물에는 이와 같은 세 특징, 즉 신적 권능과 자연적 특성과 인간적 효용이 마치 세 겹의 글자처럼 새겨져 있다. 그렇지만 지식이 분포되고 분할되는 양상은, 여러 선분이 한 점에서 만나 오직 한 개의 접점만을 공유하는 양상과는 다르다. 오히려 지식은 한 나무로부터 뻗어난 가지들처럼 분할된다. 나무는 큰가지와 잔가지로 분할되기 전에 밑줄기에서는 합체되어 있는바, 이 밑줄기야말로 전체적이고 연속적인 차원과 크기를 갖는 것이다. 마찬가지로 지식의 분포를 논의하기 전에 '제1철학'이나 '근본철학'이나 '종합철학'이라는 이름으로 하나의 보편학을 정립하고 구성할 수 있다면 유익할 것이다.(『학문의 진보』, 2. 5. 2.)

신과 자연과 인간은 서로 분리된 채 실재를 구성하는 것이 아니라, "마치 세 겹의 글자"처럼 포개진 채 실재를 구성한다. 만물은 하나하나가 신(신적 권능)과 자연(자연적 특성)과 인간(인간적 효용)으로 구성되어 있다는 말이다. 철학의 세 영역은 그 중첩된 세 층위에 상응한다. 신에 대한 철학 곧 '자연신학'은 사물에 새겨진 신적 권능을 향하고, 자연에 대한 철학 즉 '자연철학'은 사물에 새겨진 자연적 특징을 향하며, 인간에 대한 철학 곧 '인간철학'은 사물에 새겨진 인간적 효용을 향한다. 베이컨은 이 중에서 '자연신학'의 의미를 축소하는 대신, "세 겹의 글자"를 완전하게 해독한 상태, 즉 '종합철학'이나 '제1철학'이나 '근본철학'의 정립 가능성을 힘주어 강조한다. 그의 의도는 명백하다. 기존의 자연신학은 겉보기에는 최상위의 지식을 다루는 분야이지만, 아직 종교와 철학을 혼동하는 경향이 있어 종교 문제에 연루되기 쉽고, "신성한 진리를 향해 우리의 이성을 고양"시키기보다는, "신비한 비밀을 우리의 이성으로 끌어내리는" 우를 범하기 쉽다는 것이다. 따라서 미래의 종합철학을 위해 가장 중요한 역할은 자연철학과 인간철학에 주어진다.

또한 베이컨은 인간철학보다 자연철학에 무게를 싣는다. 비록 분량에서는 인간철학을 자연철학보다 길고 자세하게 다루지만, "이 지식[인간철학]은, 인간이 생각하기에는 자연철학의 종착지요 귀결점일지 몰라도, 실제로는 자연이라는 큰그릇 안에 담겨 있는 자연철학의 작은 일부에 지나지 않는다"고 평가한다. 이것은 인간철학보다는 자연철학이 '종합철학'을 위해 올바른 길을 제시한다는 뜻이요, 인간철학의 재분류와 재기술(再記述)이 자연철학의 그것을 모델로 삼는 것이 바람직하다는 뜻으로 해석된다. 왜냐하면, 곧이어 베이컨은 "지식의 작은 부분들을 각기 별개의 영역으로 간주하기보다는 서로 이어진 선(線)과 맥(脈)으로 간주하여, 지식의 연속성과 전체성이 유지되도록 하는 것"을 그의 재분류와 재기술의 규칙으로 정하며, 모든 학문은 서로가 공유하는 공통의 "샘으로부터 양분을 취하여 성장할 수" 있음을 강조하고 있기 때문이다.

따라서 베이컨이 제시한 지식 분류체계의 전체적 성격을 가늠하는 것은 자연철학에 대한 재분류와 재기술, 그리고 자연철학과 자연사의 관계에 대한 그의 입장이다. 특히 주목할 것은 그의 유명한 지식의 피라미드 구조이다.

실로 모든 학문은 삼단 피라미드 형태로 엮인다. 그 밑바탕에 해당하는 것이 역사로, 자연철학의 경우에는 자연사가 맨 밑바탕을 이룬다. 다음 단계에는 물리학이, 그다음 단계인 정점에 형이상학이 각각 자리잡는다. 정점에 해당하는 형이상학은 '하나님이 그 시작부터 끝까지 주관하시는 일'로서, 자연 전체를 요약하는 법칙이다.

우리로서는 과연 인간의 연구가 거기까지 도달할 수 있는지 알지 못한다. 그렇지만 이 세 가지는 지식의 참된 세 단계이다. …… 만사를 하나님의 영광으로 돌리는 사람에게는 그 세 단계가 마치 '거룩하다, 거룩하다, 거룩하다!'는 세 번의 찬미와도 같다. 하나님의 작품들을 기술하고 확장한다는 점에서 거룩하고, 그것들을 연관 지어 함께 엮는다는 점에서 거룩하며, 그것들을 영원하고 통일적인 법칙 속에 통합한다는 점에서 거룩하니, 세 번 거룩하다는 말이다.(『학문의 진보』, 2. 7. 6.)

자연철학의 이론 영역인 물리학은 자연사를 토대로 하며, 형이상학의 아래에 놓인다. 여기서 베이컨은 형이상학을 조금 전에 언급된 '제1철학' 내지 '종합철학'과 구분한다. 제1철학은 "지식 전체를 낳은 …… 공통의 조상"인 반면에, 형이상학은 자연철학의 한 분과로, '형상인과 목적인'을 다룬다. (물리학은 '질료인과 작용인'을 다룬다.) 따라서 자연사—물리학—형이상학으로 이어지는 지식의 피라미드는 어떤 연구자가 특정 주제를 연구하는 순서나 단계라기보다는, 각기 별개로 수행되면서 서로에게 도움을 주는 '협동' 관계에 가깝다. 세 단계가 모두 "거룩하다"는 구절 역시 협동을 염두에 둔 표현으로 해석된다.

물론 형이상학은 물리학이나 자연사보다 우위에 있다. 그것은 만물을 소수의 '형상들'로 환원하고 이 형상들의 차별적인 조합으로 사물의 다양성을 설명하며, 그리하여 "인간의 권력을 해방한다". 즉 인간에게 "최대의 자유와 최대의 가능성"을 선물한다. 그러나 형이상학적 지식에 도달한다고 해서 만사가 해결된 것은 아니다. 앞서 언급한 '만든 자의 지식'의 전통에 따를 때, 이론적 지식의 진리성은 '실천과 효용'에 의해 확인되어야 한다. 실제로 만들어보고 사용해 보아야만 이론적 진리를 확인할 수 있으며, 이론과 실천 사이의 지속적인 상호 피드백이 없이는 종국적 진리에 도달할 길이 없다는 말이다. 베이컨은 이런 맥락에서, 자연사, 물리학, 형이상학 각각에 상응하는 '시술적 분야'를 제시한다. 자연사에 상응하는 것이 '실험적' 시술이라면, 물리학에 상응하는 것은 '철학적' 시술이요, 형이상학에 상응하는 것은 '마술적' 시술이다. 이 상응관계를 통해 베이컨이 전하고자 한 요점은, 원인적 지식과 실천적 지식, 이론적 지식과 현장 지식의 결합이다. 요즘 식으로 표현하자면, 기초과학과 응용기술의 결합이라고도 말할 수 있겠다. 그는 대체로 전자가 후자를 '지도'해야 한다는 점을 강조하지만, 그 역도 가능하다. 이를테면 "사람들이 사색하는 가운데 한쪽 눈을 효용과 실천에 붙들어맨다면, 나름대로 물리적 원인을 인식할 수 있을 것이요, 이렇게 얻은 지식은 새로운 개별 사례에 적용할 다양한 단서와 지침을 제공하기도 한다"는 것이다.

　요컨대 자연사—물리학—형이상학의 피라미드가 협동을 전제한 지식의 수직 분류체계라면, 이론적 분야와 시술적 분야의 구분은 협동을 전제한 지식의 수평 분류체계이다. 이렇듯 수직, 수평으로 연결된 지식의 네트워크는 '협동'을 통해 제1철학 혹은 종합철학을 향한다. 여기서 '협동'은, 지식의 네트워크에 연루된 성원의 수가 많고 부류도 다양한 만큼, 전반적인 사회 개혁 프로그램과 연결되지 않을 수 없다. 개인과 집단을 지식의 진보에 유리한 상태로 바꾸는 인간 개선과 사회적 동원(social mobilization)의 계획으로 이어지는 것이다. '인간철학'에 대한 베이컨의 논의는 바로 이런 기획의 견지에서 재해석될 수 있다. 훗날 베이컨이 "신 기관(novum organum)"이라는 이름으로 심화한 방법론의 밑그림에는, 『학문의 진보』에서 표현된 문제의식, 즉 어떻게 하면 개인과 집단을 새 시대가 요구하는 '합리적 사고'에 어울리도록 만들 수 있느냐 하는 문제의식이 자리잡고 있다. 인간의 육체에 관한 지식들을 길게 논의한 뒤에, 베이컨은 '인간 정신의 기능'에 대한 지식을 크게 둘로 나눈다. 하나는 "오성과 이성에 대한 지식"이고, 다른 하나는 "의지며 욕망이며 감정에 대한 지식"이다. 전자는 그의 새로운 논리학으로, 지식의 발견, 지식의 판단, 지식의 기억(기록), 지식의 전달 등 네 기예로 구성된다. 이 네 기예는 어떻게 이성을 일깨우고 이성으로 하여금 '말보다 실재'를 향하도록 만들 수 있는가, 실재로부터 얻은 지식을 어떻게 축적하고 효과적으로 전달할 수 있는가와 같은 문제를 다룬다. 후자는 도덕철학 혹은 윤리학으로, 인간의 욕망과 의지를 어떻게 다스릴 수 있느냐 하는 문제에 초점을 맞춘다.

4. 베이컨의 유산

베이컨의 사상을 짧은 글로 요약하는 일이 그러하듯이, 그의 사후 오늘날까지 전 세계에 남긴 방대한 유산을 요약하는 것 역시 거칠고 무리한 일반화를 수반할 수밖에 없다. 그러나 적어도 19세기 이전의 베이컨은 '영웅'이라는 한 단어로 요약될 수 있다. 잉글랜드 내란기에 그가 사회개혁의 올바른 방향을 제시한 급진적 선각자로 추앙되었다면, 왕정복고기에는 실험철학의 선조로서만이 아니라, 항구적인 법칙을 정립하여 자연과 사회에 대한 안정화를 시도한 보수사상가의 귀감으로 존경받기도 하였다. 18세기, 계몽의 시대에 베이컨은 잉글랜드를 넘어, 프랑스, 스코틀랜드, 독일, 이탈리아와 에스파냐 등 전 유럽의 영웅이 되었다. 프랑스의 관변(官邊) '과학 아카데미'는 데카르트의 편에서 베이컨을 홀대하는 경향이 있었지만, 프랑스 계몽철학자들 사이에서 베이컨은 '위대한 뉴턴'의 스승이자 '근대'의 문을 연 장본인으로 높이 평가되었다. 특히 달랑베르를 위시한 프랑스 백과사전파는 베이컨의 전(全) 포괄적 지식 개념의 충실한 추종자였다. 데이비드 흄과 애덤 스미스 같은 스코틀랜드 계몽주의자들도 '인간 조건의 개선'을 위한 베이컨의 선구자적 노력에 찬사를 아끼지 않았다. 독일 계몽주의의 주역, 칸트 자신이 베이컨을 주요한 선조로 인용하였거니와, 베이컨은 그의 '사고 혁명'에 포괄적인 패러다임을 제공한 인물로 평가되기도 한다. 그런가 하면, 동시대의 과학과 계몽주의 사조를 향해 심오한 비판과 반성을 시도한 이탈리아의 잠바티스타 비코도, 베이컨에 대해서만은 존경심을 감추지 않았다.

이러한 분위기는 19세기, '방법의 시대'에 반전되기 시작하였다. '귀납 과학'의 아버지로서의 베이컨의 위상이 공고화되던 동안, 존 허셸, 윌리엄 휘월, 존 스튜어트 밀 등 우호적인 동포들이 없었던 것은 아니지만, 베이컨의 방법론적 취약점은 비판의 단골 메뉴가 되었다. 메리 헤세가 지적하듯이, "갈릴레오가 아니라는, 혹은 뉴턴이 아니라는 이유에서" 베이컨은 일종의 사냥감으로 전락하였던 것이다. 영국 내에서조차 '위대한 뉴턴'을 '귀납적 규칙이라는 쓰레기'로부터 떼어 놓으려는 노력이 경주되는 가운데, 베이컨은 '가설'의 중요성을 채 깨닫지 못한 미숙한 자연철학자의 이미지로 고착되어 갔다. 저명한 철학자 윌리엄 제본스는, "베이컨의 방법론은 과학의 위대한 대가들이 결코 그것을 따른 적이 없다는 사실에 의해 역사적으로 평가될 수 있다"고 단언하였다. 갈릴레오, 길버트, 데카르트, 뉴턴, 라이프니츠, 호이헨스 등 과학사에 위대한 발자취를 남긴 인물은 한결같이 베이컨과는 '정반대의 방법'을 채택하였다는 것이다. 프랑스의 클로드 베르나르나 독일의 유스투스 폰 리비히 등 19세기 말의 유럽 내 일류 학자들도 비슷한 평가를 내렸다. 베르나르는 근대 실험과학이 베이컨의 "방법"과 무관함을 강조하였고, 폰 리비히는 심지어 베이컨이 격렬히 비판하였던 무식한 "임상의사(Wuderdoktor)"의 수준으로 그를 끌어내렸다. 『베이컨 전집』이 출판된 1870년대의 지적 분위기가 이러하였기에, 편집자 중 한 사람인 로버트 엘리스는, 베이컨의 공헌이 "과학의 본성 및 진보"에 대한 그의 견해에 있는 것이 아니라, 당시의 권위나 도그마와 맞서 싸운 그의 "기개"에 있다는 애매한 평가에 머물 수밖에 없었을 것이다.

　　20세기에도 베이컨에 대한 '방법론적' 비판은 지속되었다. 과학적 발견에서 가설과 이론의 역할에 무지한 '아마추어 과학자'라는 이미지는, 칼 포퍼와 임레 라카토슈 같은 최상급 과학철학자들을 통해 더욱 널리 유포되었다. 여기에 또 다른 종류의 비난이 가세하였다. 과학적 '방법'의 수준에서는 '선조'의 자격을 박탈당한 베이컨이, 이

번에는 근대 과학의 부정적 결과를 책임져야 할 '선조'로 부각된 것이다. 막스 호르크하이머와 테오도르 아도르노는 베이컨에게서 '근대 과학의 전형적인 정신'을 발견하였다. 과학과 기술공학을 결합하여, 진리를 도외시한 채 성공적인 절차와 조작에만 심혈을 기울이는 효용추구적(utilitarian) 과학의 원흉이 베이컨이라는 평가였다.

그렇지만 20세기 후반은 베이컨 복권 운동이 활발하게 전개된 시기이기도 하였다. 파올로 로시는 '마술 전통으로부터 과학으로의 이행'에서 베이컨의 결정적인 역할을 논증함으로써, 과학혁명에서 베이컨이 차지하는 비중이 데카르트나 갈릴레오의 그것과 대등함을 성공적으로 부각시켰다. 피터 어바크는, 베이컨에 대한 기존의 방법론적 비난이 두 세기 넘도록 지속되어 온 현상을, 이해하기 힘든 '미스터리'라고 일축한다. 무차별적 사실 수집가 베이컨이라는 '신화'를 논파하는 가운데, 그는 소박한 귀납법의 아버지로서의 베이컨을, "가설-귀납적 방법(hypothetico-inductive method)"이라는 적절하고도 독창적인 방법의 제창자로 바꾼다. 이러한 이미지 전환에서 누구보다 결정적인 역할을 수행한 인물은 안토니오 페레즈라모스였다. 그는 베이컨이 당시에 직면해 있던 '문제 상황'을 재구성하는 동시에, '형상(form)', '작품(work)', '귀납' 같은 베이컨의 핵심 개념들을 그의 원전 전체의 맥락에서 재해석하였다. 그리하여 그는 베이컨의 동시대적 의미를 되살리고, 나아가 '소박한 귀납주의자'라든가 '무분별한 효용론자'라는 그간의 오해를 성공적으로 씻어낼 수 있었다. 베이컨의 체계에서 '가설-연역'의 기능이나 '만든 자의 지식' 전통의 영향이 명백한 사실로 인정되기 시작한 것은, 이러한 노력에 힘입은 바 크다. 베이컨의 복권은 인식론적 수준에서는 물론, 서구의 '과학 문화' 전반에서 베이컨이 차지하는 비중을 반추할 기회도 제공하였다. 찰스 휘트니, 마르쿠 펠토넨, 줄리언 마틴, 게르노트 뵈메 등 여러 학자들이 정치가이자 과학·교육 개혁자로서 베이컨이 제안한 '근대적 프로그램'의 특징을 다각도로 검토해왔다.

파올로 로시 이후 최근까지 전개된 베이컨의 재해석 과정에서, 핵심 의제는 늘 '진보'의 문제였다. 이것은 우연이 아니다. 동시대적 맥락에서 검토하든, 오늘날의 의의라는 견지에서 검토하든, 베이컨은 3세기가 넘도록 서구인들이 유지해온 '진보' 개념의 형성에서 누구보다도 중요한 인물이었기 때문이다. 그간 무수히 제기된 질문, '진보의 본질적 내용이 무엇이냐'라는 질문에 대해 모범 답안에 해당하는 것이 있었다면, 여기서 한 번도 빠진 적이 없는 요소는 '자신의 환경을 지배하고 변형하며 이용하는 능력'이었다. 이러한 능력을 획득하고 확장하는 일이 전적으로 지식과 지식의 축적에 의존한다는 믿음은 도전을 받은 적이 별로 없었다. 지식의 획득과 축적을 가능하게 하는 인간적 능력으로서의 '이성'에 대한 신뢰는, 간헐적인 도전에도 불구하고, 무너진 적이 없었다. 이런 의미에서 '근대는 베이컨의 시대'라고 말할 수 있다.

근자에 들어, 근대를 관류해온 베이컨적 진보 개념에 대해 다양한 도전이 제기되고 있다. 혹자는 '의도와 결과의 차이'에 주목한다. 아무리 선한 과학을 의도하여도, 예상치 못한 부정적 결과는 얼마든지 가능하다는 주장이다. 환경 재앙은 더 말할 것도 없지만, 과학기술이 원래의 의도와 무관하게 사악한 목적으로 이용될 가능성은 널려 있다. 베이컨도 일찍이 간파하였듯이, 과학기술이 '죽음의 도구'로 전락할 위기에 처하여 있다는 것은 누구도 부정하기 힘든 현실이다. 그러나 이것이 베이컨적 진보 개념을 무의미한 것으로 논파할 근거는 될 수 없다. 과학의 '선함'을 논의할 때, 베이컨은 서로 다른 수준의 두 의미를 염두에 두었다. 하나는 '불임(不姙)의 과학', 혹은 '이마의 땀방울'을 회피하는 나태한 과학은 죄악이라는 것이었다. 즉 '선함'은 '사악함'의 반대말이 아니라, '쓸모없음'이나 '나태함'의 반대말이다. 이 수준에서 '선함'은 실재를 인간적 효용을 위하여 이해하고 이용하려는 노력을 일컬으며, 전통적인 '직접적 자선'의 미덕이 새로운 '간접적 자선'의 미덕으로 전환되는 하나의 접점을 표시한다. 그러나 효용이 전부는 아니다. 실재는 '인간적 효용'만이 아니라 인식되지 못한 것(신적 권능)과 인식과정에 있는 것(자연적 특징)도 함께 구성하는 것이기 때문이다. 이 '세 겹'의 구성물이라는 수준에서, '선함(효용)'은 '옳음(진리)'에 종속된다. '선함'은 동정심이나 연민 같은 즉각적인 감정의 산물이 아니라, 진리를 향해 먼 '미래'를 계산하는 이성의 산물이 되어야 한다. 이성은 인간이 현재의 효용에 안주하지 않고 '인식과정에 있는 것'과 '아직 인식되지 못한 것'으로 향할 수 있도록 해주는 힘이자, 진리의 편에서 효용을 지속적으로 체크하는 기재이다. 이런 맥락에서 판단할 때, 베이컨의 진보 개념은 '의도와 결과' 사이에서 발생하는 간극을 이성의 힘으로 좁혀가는 프로그램을 함축한다.

이 프로그램은 서구 이성주의의 판명한 특징이요, 베이컨 자신의 용어를 빌리더라도, '남성적(masculine)'인 것임이 분명하다. 그의 '이성'은 나약함이나 게으름이나 '불구 혹은 불임'을 혐오하고, 인식

과정에서 '협동'을 주관하며, 지식의 쓰임새를 결정한다. 이런 종류의 '가부장적' 이성은 절대왕정의 목자적(牧者的, pastoral) 권력 테크닉의 짝패로, 오늘날의 민주화된 사회에는 어울리지 않는다. '혐오'는 좀더 너그러운 형태로, '협동'은 좀 더 수평적인 형태로, 이성의 지도(指導)는 좀더 느슨한 형태로 바뀌어야 하며, 또 바뀔 수밖에 없다. 그럼에도 불구하고, 지식의 획득과 축적이 이성의 안내를 따르며 사회 진보가 지식의 진보에 기반을 둔다는 베이컨의 기본 명제마저 견딜 수 없는 것은 아니다. 왜 그런가? 베이컨에게 실재는 이성이 지향해야 할 곳이자, 인간 이성의 유한성을 끊임없이 상기시키는 곳이기 때문이다. 인간이 이성적인 존재라는 말은, 인간 본성을 포함한 실재를 인식하려 노력하는 존재요, 그 지식에 의해 실재를 통제할 권력을 추구하는 존재라는 뜻이지만, 동시에 자신의 지식과 권력이 실재에 미치지 못함을 늘 반성할 줄 아는 존재라는 뜻이기도 하다. 이러한 반성에는 끝이 있을 수 없다. 인간의 지식과 권력은 끊임없이 조물주의 '절대지·절대선·절대권력'을 참조하지만, 이는 인간적 지식의 결함을 반성하고 수정하기 위한 것일 뿐, 그 절대성에 도달하였음을 확인하고 자만하기 위한 것은 결코 아니다. 절대성을 향한 진보는 낙원에서 추방된 인간에게 주어진 숙명일 뿐 그 이상도 이하도 아니다.

베이컨에게는 전지전능한 조물주가 전제되어 있었다. 그리고 그의 절대성은 '세 겹'의 실재 안에 '한 겹'으로 각인되어 있었다. 실재에 내장된 이 층위를, '인식되지 못한 것(unknown)', 아니 좀더 강력하게, '사고 불가능한 것(unthought)'이라는 범속한 용어로 바꾸어보자. 자연주의자(naturalist)는 이 층위를 '자연적 특징'으로 환원하려

하며, 구성주의자(constructivist)는 이를 '인간적 효용'으로 바꾸려 한다. 이러한 환원이 자연주의자에게는 '절대진리'를 약속하는 듯이, 구성주의자에게는 '절대진리의 부재'를 입증하는 듯이 보일 수 있다. 그 와중에서 '사고 불가능한 것'이 들어설 여지는 점차 줄어들고 있는 것처럼 보일지도 모른다. 그러나 이것이 베이컨에 대한 이야기는 아니다. 그에게 실재는 신과 자연과 인간의 결합체요, 실재에 대한 지식은 세 층위의 상호작용이었다. 이 상호작용의 의미를 파악하는 일이야말로 왜 근대 내내 '진보'의 개념이 그토록 강인한 생명력을 유지할 수 있었는지를 이해하는 또 하나의 출발점이 될 수 있을 것이다.

최근에 '포스트모던'이라는 이름으로 베이컨적 지식 및 권력 개념에 대한 역전이 시도된 바 있다. 베이컨이 실재에 대한 권력으로 정의하였던 지식은 '타인'에 대한 권력으로 재정의된다. 사람들의 관심을 '말'로부터 '사물'로 옮기려 하였던 베이컨의 헌신적인 노력은, '언어학적 전회(linguistic turn)' 혹은 '수사학적 전회(rhetorical turn)'에 직면하여 원점으로 되돌려진다. '실재라는 게임의 규칙'은 무시된 채, 지식의 세계는 말과 말, 수사와 수사가 부딪치는 격전장으로 묘사된다. 진리란 '승리한' 지식이라는 근거에서, 진리를 '만드는' 것은 수사라는 주장이 힘을 얻는다. 베이컨은 '무게와 추(錘)' 곧 '사물'을 등한시한 채, '깃털' 즉 '말'에 귀기울이는 자를 "지식의 탕녀(蕩女)"라 불렀다. 그에게 지식은 '다른 사람'에 대한 권력이기 이전에 '사물'에 대한 권력이어야만 하였다. 포스트모던 전망이 우리에게 근대를 전체적으로 반성할 기회를 주었다면, 그것은 모든 근대적 가치의 단념이나 포기를 권유하는 얄팍한 수사의 기회가 아니라, 근대가 축적한 과학적 지식의 본성을 더욱 두텁고 꼼꼼하게 읽을 기회일 것이다. 『학문의 진보』는 바로 그런 기회를 우리에게 선물한다.

대우고전총서

027

형이상학 논고

빌헬름 라이프니츠

윤선구

1. 라이프니츠의 생애

라이프니츠는 30년 전쟁이 끝나기 직전인 1646년에 독일의 라이프치히에서, 법률가이자 도덕 철학 교수인 아버지 프리드리히 라이프뉘츠와 명망 있는 법률가의 딸인 어머니 카테리나 슈무크 사이에서 태어났다. 그의 이름은 원래 라이프뉘츠(Leibnütz)였는데 나중에 자신이 라이프니츠로 고쳤다고 한다. 그의 아버지는 일찍 죽었지만 많은 장서를 남겨놓아 어린 라이프니츠로 하여금 많은 문제들에 대하여 해박한 지식을 갖도록 하는 데 도움을 주었다.

그는 학교에 들어가기 전부터 독학을 통하여 라틴어를 비롯하여 스콜라 철학에 관한 폭넓은 지식을 갖추었다고 한다. 열두 살 때 이미 논리학의 문제에 대해 숙고하기 시작하여, 그때부터 모든 문장이 알파벳으로 이루어져 있듯이 인간의 사고를 구성하는 사유의 알파벳이 존재한다고 보고 이를 개발할 계획을 세우게 되었다. 그리고 열네 살의 나이에 라이프치히 대학에 입학할 정도로 조숙하였다.

그는 라이프치히 대학에서 주로 철학에 관한 공부를 하였으며, 여기서 베이컨, 케플러, 갈릴레이 그리고 데카르트의 저술을 접하게 되었다. 1663년에 「개체의 원리에 관하여」라는 논문으로 학부를 마치고, 새로운 관심 때문에 예나 대학에 가서 수학자이자, 천문학자 그리고 물리학자인 바이겔에게서 한 학기 동안 수에 의해 특징지어질 수 있는 세계의 조화에 관한 강좌를 수강하였다. 라이프치히로 돌아온 후 법학에 관심을 가지고 박사 과정에 진학하려 하였으나, 라이프치히 대학은 그가 나이가 어리다는 이유로 입학을 허가하지 않았기 때문에 뉘른베르크 근처에 있는 알트도르프 대학으로 옮겨가서 그곳에서 1667년에 「결합술에 관하여」라는 논문으로 박사 학위를 받았다.

그는 학위를 마친 후 알트도르프 대학의 교수직 제안을 거절하고 잠시 동안 뉘른베르크에서, 정신과 말, 그리고 기호로서의 로고스가 사물의 종합으로 파악된다고 하는 룰루스(Raimundus Lullus)의 위대한 기술을 배우기 위해 황금십자단에 입단하여 사무원으로 근무하였다. 그 후 보이네부르크 남작의 추천에 따라 「법학의 학습과 교육의 새 방법」이란 제목의 법률 문제 개혁에 관한 소논문을 써서 마인츠의 선제후인 쇤보른 가의 필립에게 헌정하였다. 이에 대해 마인츠의 선제후는 라이프니츠에게 중세 교회법인 '코르푸스 유리스(corpus juris)'를 개조하여 모든 기독교 국가의 공동 법전으로 만드는 작업을 맡겼다. 1668년부터 1672년까지 마인츠에 체류하는 동안 라이프니츠는 이 작업과 동시에 신구교의 기독교 종파를 하나로 통합하는 작업을 수행하다가, 1672년에 루이 14세로 하여금 이집트를 원정하도록 설득하려는 외교적 목적을 띠고 파리를 방문하여 1676년까지 그곳에 체류하게 된다.

파리에서 라이프니츠의 외교적 사명은 성공하지 못하였다. 그 대신 그는 파리에 머물면서 니콜라스 르몽드, 호이겐스, 아르노, 말브랑슈, 올덴부르크, 보일, 뉴턴 등과 같은 많은 학자들과 교류하게 된다. 그는 파리의 학자들과 교류하는 가운데 자신이 물리학과 수학에 무지함을 깨닫고 수학의 연구에 열중함으로써 사칙을 연산할 수 있는 최초의 계산기를 발명하였을 뿐만 아니라, 뉴턴과는 독립적으로 미적분을 발견하게 되었다. 그러나 미적분의 발견은 그의 말년을 오랫동안 표절 시비에 휘말리게 하였다. 원래 미적분은 뉴턴이 라이프니츠보다 먼저 발견하고도 발표를 미루고 있었는데, 이를 모르고 독자적으로 미적분을 발견한 라이프니츠가 먼저 발표하자 뉴턴 쪽에서 표절 시비를 제기하였던 것이다. 이 문제는 1712년 영국 왕립 협회가 뉴턴의 편을 들어줌으로써 끝났으나, 라이프니츠의 말년을 매우 우울하게 만들었다. 그는 또한 파리에서 철학적인 문제에도 몰두하여 1673년에 『철학자의 고백』을 저술하였다.

라이프니츠는 1676년부터 브라운슈바이크-뤼네부르크의 프리드리히 공작의 궁정 고문관 및 도서관 사서로 취직하게 된다. 그는 하노버로 가는 도중 런던과 암스테르담에 들러 현미경의 발명자인 뢰벤 훅과 스피노자를 만난다. 그와 스피노자 사이에는 한두 차례 서신이 오가기도 하였지만, 워낙 사상이 서로 달랐던 까닭에 교류가 오래 지속되지는 않았다. 이후 말년까지 약 40년간은 하노버 궁정의 고문관 및 도서관 사서로 근무하게 되는데, 여기서 그는 팔츠의 엘리자베스의 자매이자 아우구스트 공작의 부인인 조피(Sophie)와 그의 딸이자 후에 프로이센의 왕비가 되는 샤를로테와 깊은 우정을 맺게 된다. 특히 샤를로테와의 대화는 라이프니츠의 두 주저인 『변신론』과 『신인간오성론』을 집필하는 계기가 되었다. 하노버 궁정에 와서 처음에는 왕실에서 운영하는 하르츠 광산에 풍력을 이용한 배수 시설을 설치하는 임무를 맡았다가 이 프로젝트가 실패로 끝난 뒤 1685년부터는 왕실인 벨펜하우스 가의 역사를 서술하는 임무를 맡게 된다. 이 기간 동안 라이프니츠는 하노버 궁정의 위촉으로 마인츠 시절에 손댔던 신구교의 종파를 통합하려는 작업과 함께 복음주의 내의 종파를 결합하려는 노력을 계속하는 한편, 사료 검증을 위해 남부 독일, 빈, 로마, 나폴리 등을 여행하면서 프로이센 아카데미, 제국 아카데미, 작센 아카데미, 러시아 아카데미 등을 설립하도록 하는 계획을 추진하였다.

그 결과 1700년에 프로이센의 아카데미가 설립되어 종신원장으로 취임하였으나, 개원식에는 참석하지 못하였다. 제국 아카데미와 작센 아카데미는 재정 문제로 설립되지 못하였고, 러시아 아카데미는 그가 죽은 후에 설립되었다. 또 라이프니츠는 벨펜 가의 역사를 서술하기 위하여 자료 수집차 로마를 방문하였다가 그곳에서 그리말디와 같은 예수회의 중국 선교사들을 만나 중국에 관심을 갖고 중국과의 학술 교류 및 중국에 대한 개신교 선교를 계획하기도 했다. 그 당시 중국은 문물이 번성하던 청나라 강희 왕조 때였는데, 라이프니츠는 지구의 반대편에 학문이나 도덕에 있어 서구 국가들보다 오히려 앞서고 있다고 생각되는 나라가 있다는 사실에 놀라며, 중국에 대한 연구에 몰두하여 마지막 저술로 『신중국학』을 남겼다. 그는 러시아 황제를 설득하여 페테르부르크에 중국과 유럽의 학술 교류를 추진할 아카데미를 설립하려는 계획을 가지고 있었으나, 이 또한 러시아 황제를 설득하는 데 실패하여 뜻을 이루지 못하였고, 러시아 아카데미는 그가 죽은 후에 설립되었다. 또한 이탈리아에서, 하르츠 광산과 베수비우스 화산 및 플레그라 벌판 등 갱에서 나온 물질들의 연구를 토대로 하여 지구의 자연사인 『프로토게아(Protogaea)』를 서술하기도 하였다. 1714년에 그가 섬기던 하노버공 게오르크 루트비히가 조지 1세가 되어 영국의 왕으로 등극하였으나, 뉴턴과의 불화를 우려한 게오르크 루트비히가 라이프니츠의 동행을 꺼려하여, 라이프니츠는 하노버에 남아 쓸쓸히 말년을 지내다 1716년 11월 14일에 세상을 떠났다.

2. 번역에 선정된 라이프니츠 저작 소개

라이프니츠의 철학은 매우 방대한 주제들을 포괄하고 있고, 그는 서간 및 단편을 포함하여 방대한 양의 저술을 남기고 있으나, 어느 한 권의 책에서도 그의 사상을 체계적으로 서술하고 있지 않다. 분량으로만 보면 그의 주저라고 볼 수 있는 『신인간오성론』과 『변신론』도 주제상으로 보면 핵심적인 문제를 체계적으로 다루고 있다고 볼 수는 없다. 『신인간오성론』은 로크의 철학을 반박할 목적으로 저술하였다가 로크가 죽었다는 소식을 듣자 출판을 포기했던 책이고, 『변신론』도 라이프니츠 철학의 한 핵심적인 주제를 다룬 책이기는 하나 서술의 체계성으로 보나 형이상학적 방법론으로 보나 그의 철학의 기초를 이해하는 데는 적절한 책이 아니다. 따라서 그의 철학을 일목요연하게 파악한다는 것은 쉬운 일이 아니다. 대우고전총서로 번역 소개하는 7편의 라이프니츠의 저작들은 이러한 상황을 감안하여 라이프니츠를 이해하고자 하는 초심자들이 그의 형이상학뿐만 아니라 그의 철학의 핵심적인 내용을 비교적 일목요연하게 파악하는 데 도움이 될 수 있도록 하기 위한 목적을 가지고 선정되었다.

라이프니츠 철학은 그의 말기에 해당하는 1714년에 자신의 전체 사상을 체계적으로 요약한 저작인 『자연과 은총의 이성적 원리』라는 제목이 말해 주듯이 자연의 왕국과 은총의 왕국의 작용 원리를 이성적으로 해명하려는 것이다. 즉 물리학과 윤리학을 형이상학적으로 정당화하려는 것이다. 이러한 체계적 구도는 이미 그의 철학의 중기에 해당하는 1686년경에 대체적으로 형성되었다고 볼 수 있는데, 물체적 실체, 범유기체론, 진보에 관한 문제 등 몇 가지 중요한 문제들은 그의 생애 마지막까지 끊임없이 수정되고 변화되었다.

라이프니츠의 사상 발전의 시기에 관한 학계의 일치된 구분은 없으나, 대체적으로 그가 박사학위를 취득한 1667년에서 1685년까지를 초기, 『형이상학 논고』가 저술된 1686년에서 1703년 무렵까지를 중기, 『신인간오성론』이 서술된 1704년에서 1716년까지를 후기로 나누어도 좋을 것이다. 따라서 이 세 시기와 거의 상응하는 시기에 저술된 비교적 체계적인 저작을 통하여 라이프니츠의 철학의 발전 과정을 살펴볼 수 있도록, 각 시기를 대표한다고 볼 수 있는 세 편의 저작을 선택하였다. 그것은 비교적 초기에 해당하는 1686년경의 주요 저작인 『형이상학 논고』와 중기의 주요 저작인 『자연, 실체들의 교통 및 영혼과 육체 사이의 결합에 관한 새로운 체계』, 그리고 후기의 주요 저작인 『모나드론』이다.

『자연과 은총의 이성적 원리』는 『모나드론』과 같은 해에 저술되었고, 내용도 거의 비슷하나, 라이프니츠의 서술이 매우 간단하여 그 의미를 이해하기가 쉽지 않으므로 동일한 내용을 약간 달리 표현한 저작과 비교하여 이해할 수 있도록 추가하였다. 여기에 체계적인 저작은 아니지만, 라이프니츠의 철학을 이해하는 데 중요한 세 편의 저작을 추가로 선정하였는데 그것은 「인식, 진리 그리고 관념에 관한 성찰」, 「제일철학의 개선 및 실체의 개념에 대하여」 및 『동역학의 시범』 등이다.

「인식, 진리 그리고 관념에 관한 성찰」은 초기에 해당하는 1684년에 쓰였는데, 라이프니츠의 인식론적 입장을 이해하는 데 중요할 뿐만 아니라 그의 실체론의 방법론을 이해하는 데에도 중요하다. 또한 『형이상학 논고』의 저술과 시기나 계기에 있어 밀접한 관련이 있고, 이 책에서 서술된 관념에 관한 이론과 인식의 종류에 대한 구분 등을 보다 상세하게 설명하고 있어, 『형이상학 논고』의 이해에 도움을 줄 수 있도록 하기 위해 선정되었다.

「제일철학의 개선 및 실체의 개념에 대하여」는 라이프니츠의 실체 개념의 변화와 원숙기의 모나드 개념의 형성에 중요한 계기가 된 힘에 관한 사상을 살펴봄으로써 중기 이후의 실체론을 보다 잘 이해할 수 있도록 하며 『자연, 실체들의 교통 및 영혼과 육체 사이의 결합에 관한 새로운 체계』의 이해에도 도움이 된다. 라이프니츠는 초기에 완전 개념의 이론으로 실체의 창조를 설명하고 있는데, 이러한 이론은 모나드의 내부 지각 내용 및 배열을 신이 주관하도록 함으로써 이성을 가진 모나드인 인간의 의지자유를 설명할 수 없게 된다. 따라서 초기에 라이프니츠는 스피노자의 결정론적 입장에 빠지게 되었다가 다시 실체의 창조론을 수정하게 되는데 이때 중요한 역할을 하는 것이 힘 개념이고, 이러한 성찰을 서술하고 있는 것이 「제일철학의 개선 및 실체의 개념에 대하여」이다.

『동역학의 시범』은 라이프니츠가 새로운 동역학을 위한 시범으로 쓴 책이다. 따라서 물리학의 범주에 들어갈 수 있는 책이다. 그러나 이 책에서 라이프니츠는 단지 경험 과학으로서의 역학뿐만 아니라, 동역학에 관한 형이상학적 토대에 관하여 상세하게 설명하고 있기 때문에 실체론을 통한 물리학의 정당화라는 그의 철학의 중요한 두 축 중 한 축을 이해하는 데 도움을 줄 뿐만 아니라, 이 책에서는 연속의 원리나 충만의 원리와 같은 그의 형이상학의 원리들을 자세히 설명하고 있기 때문에, 라이프니츠의 형이상학에 대한 이해를 위해서도 중요한 저작이다. 또한 『형이상학 논고』에서 간략하게 서술된 물리학에 관한 이론들을 좀 더 자세하게 서술하고 있기 때문에『형이 상학 논고』의 이해를 위해서도 중요하다.

「인식, 진리 그리고 관념에 관한 성찰」

이 짧은 단편의 원제목은 Meditationes de cogitatione, veritate et ideis로, 라틴어로 서술되었으며, 1684년 11월 라이프치히에서 발 행되는《전문가들의 작품(Acta Eruditorum)》에 게재되었다. 게르하르 트가 편집한 라이프니츠 전집의 4권 422-426쪽에 실려 있다. 이 책 에서는 명석한 인식과 판명한 인식, 충전적 인식 및 직관적 인식으로 구분되는 인식의 종류에 관한 서술과, 명목적 정의 및 실질적 정의, 인과적 정의 등 정의의 구분, 그리고 관념의 본성에 관하여 설명하고 있는데, 존재론적인 문제들과 관련되는 라이프니츠의 인식론적인 견 해들이 여기서 독립적으로 다뤄지고 있다는 점에서 이 저작의 중요 성이 있다고 할 수 있다.

이 책은 원래 얀세니스트인 아르노와 데카르트주의자인 말브랑 슈와의 사이에 불붙은 관념의 본성에 관한 논쟁이 계기가 되어 서술 되었는데, 라이프니츠는 이들과 논쟁하는 대신에 주로 자신의 고유 한 견해를 밝히고 있다. 아르노는 지각과 관념을 구분하지 않고 말브 랑슈는 우리가 신 안에 있는 관념을 통해 사유한다고 하는 입장을 견 지하고 있지만, 근본적으로는 모두 데카르트주의자이고, 라이프니츠 는 데카르트에 대하여 비판적인 입장을 견지하고 있다.

라이프니츠는 많은 점에서 데카르트를 비판하고 있지만, 근본적 으로는 데카르트의 사유 체계를 벗어나지 않는다고 볼 수 있다. 그가 비판하는 것은 데카르트의 사유가 충분하지 못하고 철저하지 못하다는 것이다. 이 짧은 단편도 주로 데카르트의 부족한 부분을 보충하는 내용을 담고 있는데, 데카르트의 존재론적 신 존재 증명에 대한 비판과 보충은 데카르트 철학과 라이프니츠 철학의 관계를 잘 보여준다. 즉 라이프니츠는 데카르트의 존재론적 신 존재 증명을 부정하는 것이 아니라, 그것의 부족한 부분을 보충하고 있는 것이다.

『형이상학 논고』

라이프니츠는 1668년부터 1672년까지 마인츠에 체류하는 동안 마인츠 선제후인 쇤보른 가의 필립 밑에서 개신교와 가톨릭 교회를 통합하는 문제에 관심을 가진 적이 있었는데. 하노버에 정착한 이후 헤센-라인펠스의 에른스트 방백의 주선으로 다시 이 문제에 대하여 관심을 갖게 되었다. 이를 위해 라이프니츠는 얀센니스트들의 지도적 신학자인 아르노와 1686년부터 1690년까지 오랫동안 서신을 교환하게 된다. 아르노를 잘 알고 있던 에른스트는 라이프니츠에게 아르노와 직접적으로 관계를 갖지 말 것을 권유하였는데, 라이프니츠는 오히려 아르노와 직접 대화를 하기로 작정하고, 교회 통합을 위한 철학적 기초를 아르노에게 설명하기 위하여 『형이상학 논고』를 집필하고, 아르노와 주고 받은 서신에서도 그 내용을 반복하여 설명한 것이다.

라이프니츠는 1686년 2월 11일 에른스트 방백에게 『형이상학 논고』의 저술 소식을 전하며 이에 대한 내용을 아르노에게 전하여줄 것을 부탁하고 있다. 이 편지의 내용을 소개하는 것은 이 책의 내용뿐만 아니라 저술의 의도를 이해하는 데 도움이 될 것이다.

저는 최근에 (제가 며칠 동안 다른 아무것도 할 수 없는 장소에 있었기 때문에) 짧은 형이상학적 논고 한 권을 저술하였는데, 이에 대하여 아르노의 견해를 듣고 싶습니다. 왜냐하면 그 책에는 은총, 피조물에 있어서 신의 협력, 기적의 본성, 죄의 원인과 악의 근원, 영혼불멸, 그리고 관념 등등의 문제들이 매우 큰 난점들을 해명하는 데 적절한 새로운 통찰을 보장할 수 있는 방식으로 다루어졌기 때문입니다. 저는 여기에 이 논고가 포함하고 있는 항목의 목차를 첨부합니다. 왜냐하면 제가 아직 그 책의 정서를 마치지 못하였기 때문입니다. 저는 백작님께 그것을 아르노에게 보내주실 것과, 그에게 그 책의 목차에 대하여 숙고해보고 그의 의견을 말해주도록 부탁해주시길 요청드립니다. 왜냐하면, 그는 신학과 철학, 그리고 저술과 사고 모든 분야에 있어서 탁월하기 때문에 그 문제들에 관하여 견해를 들을 수 있는 그보다 더 나은 사람을 발견할 수는 없습니다. 그리고 저 자신이 이 세상에서 가장 이성에 복종하는 성향을 가진 사람이기 때문에, 저는 아르노와 같은 분에게서 아주 정밀하고, 계몽적이고, 이성적인 평가를 받기를 희망합니다. 아르노 씨는 무엇보다도 그가 이 문제들에 관하여 충분히 검토를 해왔던 만큼 혹시 여기서 몇 가지 문제들에 대해서는 다시 숙고할 필요가 없다고 생각할지도 모르겠습니다. 그가 거기서 어떤 불명확한 것을 발견한다면 솔직하게 설명드리겠습니다. 그리고 그가 저에게서 배울 만한 가치가 있다고 생각한다면, 저는 그가 그 문제에 대하여 불만족스러

위하는 것이 없는 것으로 간주할 것입니다. 저는 각하에게, 이 편지를 제가 그에게 보내는 목차에 첨부하여 함께 그에게 보내주실 것을 부탁드립니다.

이 책은 프랑스어로 쓰였고, 게르하르트 전집의 4권 427쪽에서 463쪽에 실려 있다. 게르하르트는 거기서 이 책을 제목 없이 게재하였는데, 『형이상학 논고』라는 제목은 라이프니츠가 에른스트 백작에게 이 저술을 소개한 편지의 첫 줄에 나오는 "작은 형이상학 논고"에 근거하여 붙여져서, 일반적으로 통용되고 있다. 라이프니츠는 논고 원문에서는 각 절의 제목을 붙이지 않았으나, 번역문에는 라이프니츠가 아르노에게 보낸 목차를 추가하였다.

이 '논고'는 라이프니츠가 에른스트에게 보낸 편지에서 언급한 주제 외에도 창조론, 물리학의 원리, 신국론, 윤리설, 자유이론 등의 내용을 담고 있으며, 여기서 라이프니츠는 처음으로 그의 형이상학을 체계적으로 서술하였다. 그리고 이 책과 그에 뒤이은 아르노에게 보낸 편지는 라이프니츠의 중기 철학을 이해하는 데 필수적인 저작이라고 할 수 있다.

「제일철학의 개선 및 실체의 개념에 대하여」

이 짧은 논문은 1694년에 라틴어로 쓰였으며, 「자연, 실체들의 교통 및 영혼과 육체 사이의 결합에 관한 새로운 체계」에 대한 예비적 저술이다. 라이프니츠는 이 논문에서 힘 개념에 역점을 두어 그의 실체 개념을 새롭게 정립한다. 그는 초기에 단순한 요소 개념과 결합술을 바탕으로 한 완전 개념의 이론을 통하여 개체적 실체 개념을 정립하였는데, 이에 의하면 신이 그의 오성 안에서 단순 개념들을 결합하여 완전 개념을 만들고, 이 완전 개념에 존재를 부여하여 개체적 실체가 창조된다. 그러나 이러한 이론은 모나드가 가지는 개체적 특성을 설명하는 데는 아주 적합하지만, 모나드의 내부 지각이 모두 신에 의하여 결정된 것으로 간주되기 때문에, 그가 젊어서부터 관심을 가지고 있던 도덕의 원리와 자유의지를 설명하는 데 문제가 있었다. 라이프니츠는 「자유에 관하여」라는 초기의 한 단편에서 "과거에도 존재하지 않았고, 현재에도 존재하지 않으며, 미래에도 존재하지 않는" 것의 가능성 개념을 생각하면서 스피노자주의로부터 벗어나게 되었다고 서술하였다. 스피노자와 메가라 학파의 가능성 개념에 의하면 가능한 것은 언젠가 반드시 현실화되어야 하는 것이고, 따라서 필연적인 것이다. 만일 이러한 가능성 개념만 인정한다면, 신이 이 세계를 창조하기 전에 그의 오성 안에는 오직 하나의 가능적 세계만이 존재하고 있었고, 이 세계가 존재하는 것은 필연적이었을 것이다. 왜냐하면 다른 세계가 존재하는 것은 불가능하기 때문이다. 그러나 신의 오성 안에는 다른 가능적 세계가 무수히 많이 존재하고, 이 세계는 그중의 하나가 우연히 존재하게 되었기 때문에, 이 세계에 절대적인 필연성은 존재하지 않는다,

이러한 생각은 라이프니츠로 하여금 자유의지의 가능성에 대해 생각하도록 하였고, 그의 실체 개념을 수정하지 않을 수 없게 하였다. 완전 개념에 대한 생각은 『형이상학 논고』와 초기 아르노에게 보낸 편지에 등장하다가 1690년 이후에는 등장하지 않는다. 라이프니

츠는 이 무렵 새로운 실체 개념을 구상하고 있었고, 이 구상에는 자유의지의 가능성과 동시에 운동의 원리에 대한 문제가 중요한 계기가 되고 있고, 새 실체 개념에는 힘 개념이 중요한 역할을 하고 있다. 그러나 초기의 실체 개념에 힘의 요소가 나타나지 않는 것은 아니다. 다만 힘 개념이 강조되고 있고, 이것이 물리학을 정당화하는 데 있어 갖는 중요성에 대하여 라이프니츠가 명확히 깨닫게 되었다고 할 수 있다. 이 논문은 게르하르트 전집 4권 468쪽에서 470쪽에 게재되어 있다.

『자연, 실체들의 교통 및 영혼과 육체 사이의 결합에 관한 새로운 체계』

새로운 실체 개념을 정립하고 이를 통하여 물체 세계의 운동의 원리를 설명하는데 새로운 빛을 얻게 된 라이프니츠는 데카르트 철학에서 가장 논란이 되어온 영혼과 육체의 조화 문제에 관심을 기울이게 된다. 『자연, 실체들의 교통 및 영혼과 육체 사이의 결합에 관한 새로운 체계』는 그의 새로운 실체론의 토대 위에 전통적인 심신 상호 관계 문제 및 운동의 원리에 대해 해명을 시도한 첫 번째 작품이다. 이 단편은 1694년에 초고가 쓰였으나, 최종판은 1695년에 《스카반(Scavan)》지에 프랑스어로 발표되었다. 『형이상학 논고』가 일반 대중을 위해서가 아니라 아르노에게 자신의 철학 사상을 소개하기 위하여 쓰인 데 반하여, 『자연, 실체들의 교통 및 영혼과 육체 사이의 결합에 관한 새로운 체계』는 라이프니츠의 사상을 일반에게 공개적으로 발표한 최초의 저술이며, 라이프니츠가 스스로 출판한 유일한 저작이기도 하다.

그의 사상이 일반에게 공개되자마자 많은 오해와 반론이 제기되었다. 이러한 반론과 이의는 주로 푸체(Foucher)와 베일(Bayle), 그리고 파리에서 발간된 『자아인식』이라는 제목의 책에 의해 제기되었다. 라이프니츠는 그에 대한 오해를 불식시키기 위하여 이 책이 발표된 다음 해에 세 번에 걸쳐 해설을 써서 《스카반》지의 발행인에게 보냈다. 그리고 다시 베일의 이의제기에 답변하기 위하여 라이프니츠는 1698년에 그에 대한 해명서를 서술하였고, 파리에서 출판된 『자아인식』이란 제목의 책에 대한 발췌본이 1698년 9월에 《스카반》지에 게재되자 그는 다시 저작에 대한 매우 상세한 보론을 서술하였다. 『자연, 실체들의 교통 및 영혼과 육체 사이의 결합에 관한 새로운 체계』는 게르하르트 전집 4권 477쪽에서 487쪽에 게재되어 있다.

『동역학의 시범』

『동역학의 시범』은 1695년에 라틴어로 서술되었고. 1부와 2부로 구성되어 있으며. 게르하르트가 편집한 『라이프니츠의 수학적 저작집』 4권 234쪽 이하에 실려 있다. 이 책은 그가 서두에서 밝히고 있듯이, 1694년에 쓴 「제일철학의 개선 및 실체의 개념에 대하여」에서 새로운 실체 개념을 정립한 후에 이를 토대로 물체의 운동 원리를 해명하는 새로운 동역학을 구축할 필요성에 대하여 언급하자 많은 사람들이 그에 대해서 더 구체적인 설명을 해줄 것을 요구하였고, 이에 대해 답변하기 위하여, 본격적인 동역학을 서술하기 전에 하나의 본보기로서 동역학의 요점을 서술한 책이다.

이 책에서는 데카르트의 운동에 대한 견해와 힘 개념을 비판하고, 자신의 힘 개념을 제시하고 있는데, 데카르트는 물체의 본성을 연장이라고 봄으로써 운동을 물체의 내재적 원리를 통해서는 설명하지 못하고 신을 통해서만 설명해야 하는 문제를 가지게 되었다. 이에 대해 라이프니츠는 물체의 운동은 물체 자체 안에 내재한 힘을 통하여 이루어진다고 보고 있다. 데카르트는 힘을 오늘날 물리학에서 운동량으로 정의되는 질량에 속도를 곱한 양으로 이해하고 있으나, 라이프니츠는 데카르트의 힘에 대한 이해가 잘못임을 비판하면서도 현대 물리학의 힘 개념과는 다른 운동에너지 또는 위치에너지를 힘이라고 부르고 있다. 곧 라이프니츠는 운동의 근원을 힘이 아니라, 위치에너지를 통하여 설명하고 있는 것이다. 라이프니츠는 이미 1686년에 서술한 『형이상학 논고』에서도 역학의 문제에 관하여 많은 언급하고 있는데, 『동역학의 시범』은 거기서 언급했던 것과 거의 같은 문제들을 좀 더 상세히 다루었다고 볼 수 있다. 힘, 즉 에너지의 계산 문제 외에 이 책에서 다루고 있는 중요한 내용들은, 경험 과학의 형이상학적 토대의 필요성, 물리학에서의 목적론적 설명의 중요성, 연속의 원리, 물체적 실체의 개념, 힘의 종류, 원자론의 부당성 등의 문제로 라이프니츠의 형이상학 이해를 위해서도 매우 중요한 문제들이다.

『자연과 은총의 이성적 원리』와 『모나드론』

두 저작 모두 라이프니츠 생애의 말기인 1714년에 프랑스어로 서술되었으며, 내용도 거의 비슷하다. 『자연과 은총의 이성적 원리』는 게르하르트 전집 6권의 598쪽에서 606쪽에, 『모나드론』은 6권

607쪽에서 623쪽에 수록되어 있다.

『모나드론』은 라이프니츠가 1672년부터 1676년까지 파리에 체류했던 기억을 되살리며, 그곳에서 사귀었던 니콜라스 르몽드(Nicolas Remond)와 아르노, 푸체, 회(Heut), 호이겐스(Huygens), 말브랑슈, 마리오트(Mariotte) 등 학자들을 위하여 쓴 것이다. 『모나드론』이라는 이 책의 제목은 라이프니츠 철학의 대명사가 될 정도로 유명해졌지만, 라이프니츠 자신이 붙인 제목은 아니다. 하노버의 주립도서관에는 라이프니츠 자신이 직접 쓴 이 책의 수고와 도서관 사서가 필사하고 라이프니츠가 확인한 두 종류의 수고가 소장되어 있는데, 모두 제목이 없다. 오스트리아 빈의 국립도서관에는 네 번째 수고가 소장되어 있는데, 이 수고에는 "라이프니츠 씨에 의한 철학의 원리(Les principes de la philosophie, par Monsieur Leibniz)"라는 제목이 달려 있다. "모나드론"이란 제목은 이 저작을 독일어로 번역하여 1720년에 출판한 예나의 자연법학자 하인리히 쾰러(Heinlich Koehler)가 이 책을 소개하는 글에서 "Monadologie"라는 표현을 사용한 데 기인한다.

코에텐스(J. Koethens)의 라틴어 번역판이 1840년에 에르트만에 의해 출판된 라이프니츠 전집에 수록되어 있는데, 이 판본에 "유진 공을 위한 형이상학의 테제"란 제목이 붙어 있어 한동안 『모나드론』이 사보이의 유진 공에게 헌정된 것으로 오해되어왔다. 그러나 라이프니츠의 철학을 짧고 쉽게 이해할 수 있도록 요약해 달라는 부탁을 받고, 유진 공을 위해 쓴 책은 『모나드론』이 아니라 『자연과 은총의 이성적 원리』라는 것은 이미 1885년에 게르하르트가 간행한 라이프니츠 철학 전집 6권 483쪽 이하에 언급되어 있다. 이러한 사실은 르몽드 및 오스트리아의 장군이자 유진 공의 절친한 친구였던 클라우드 알렉산더 드 보니발 백작과 주고받은 라이프니츠의 서간을 통해서도 확인된다.

『자연과 은총의 이성적 원리』는 1714년에 사보이의 유진 공의 부탁에 의해 쓰였지만, 라이프니츠가 죽고 난 2년 후인 1718년에 파리의 학자들이 발행하는 저널 《박식한 유럽(L'Europe Savante)》을 통하여 처음으로 출판되었다. 이 저술은 다섯 가지 수고가 보존되어 전해오는데, 원본과 두 사본은 하노버 주립도서관에, 그리고 파리와 빈의 국립도서관에 각각 하나의 사본이 보관되어 있다.

『모나드론』은 라이프니츠 철학의 대명사라 불릴 정도로 널리 알려져 있고, 매우 중요한 책이지만, 내용이 매우 압축적이고, 물체적 실체 또는 복합 실체에 관한 입장은 애매한 태도를 취하고 있어서 많은 해석상의 오해를 불러일으키는 책이기도 하다. 라이프니츠의 실체론은 매우 깊이 있는 논리학과 인식론적 토대 위에 구축되어 있는데, 『모나드론』에서는 이와 같은 실체론의 형성 과정에 대해서는 생략된 채, 실체론의 결론만 요약적으로 서술되어 있기 때문이다. 또한 물체적 실체에 관한 이론은 라이프니츠가 초기에서부터 말기에 이르기까지 깊이 고심하였지만, 죽을 때까지 명확한 입장을 정리하지 못한 문제인데, 이 두 책에서는 이 문제가 애매한 상태로 서술되어 있다. 즉 라이프니츠가 물체적 실체를 하나의 실체라고 주장하는 이유는 그것이 영혼과 육체의 결합체이면서도 다수가 아니라 진정한 단일성을 갖기 때문이었는데, 『모나드론』과 『자연과 은총의 이성적 원리』에서는 물체적 실체라는 표현 대신에 복합된 것 또는 복합 실체라는 표현을 사용하고, 이것이 하나가 아니라 다수라고 주장하는 것이다. 만일 물체적 실체가 단일성을 갖는 것이 아니라 다수의 집합일 뿐이라면, 그것을 하나의 실체라고 부르는 것은 모순된다. 그럼에도 『모나드론』은 모든 모나드는 영혼과 육체가 결합되어 있는 유기체로 존재하고 이 세상에 무생물은 존재하지 않는다고 하는 라이프니츠의 범유기체론에 관하여 상세하고 최종적인 입장을 보여주고 있는 중요한 저작이다.

3. 라이프니츠 철학의 주요 내용

라이프니츠 실체론의 배경

근대 철학의 주목적은 윤리학 내지는 종교 문제와 자연과학 특히 물리학을 조화시키며 동시에 이들을 형이상학적으로 정당화하는 일이었다. 물리학은 코페르니쿠스와 케플러 이후 급속하게 발전하게 되는데, 이것은 무엇보다도 근대 이후 이성주의적 경향의 대두에 기인한다고 볼 수 있다. 따라서 근대 철학자들은 거의 모두가 물리학에 대한 열렬한 신봉자이며, 합리론 진영의 철학자들은 대부분 스스로가 물리학에 대한 열성적인 연구자이기도 하였다.

당시에는 종교개혁이 일어난 이후여서 종교의 정신에 대한 지배력은 많이 약화된 상태였지만, 아직도 기독교적 영향력으로부터 벗어나는 일은 쉬운 일이 아니었다. 근대 초기의 철학자들은 기독교적 영향력에서 벗어나는 대신에 기독교를 합리적으로 재해석하고자 하였다. 근대 시민혁명이 일어난 후, 윤리학은 기독교적인 신에 기인하는 도덕관으로부터 인간 스스로 도덕 법칙을 정립하는 자율적 도덕관으로 변화하기는 하였지만, 여전히 도덕의 토대가 되는 인간의 의지의 자유가 중요한 문제로 대두되었다. 따라서 근대 철학자들은 각각 인과필연성과 자유의지에 토대를 둔 물리학과 윤리학을 조화시키고 동시에 정당화하는 일이 필요하게 되었다. 물리학을 정당화하기 위해서는 이 세계가 자연필연성에 의해 지배된다고 하는 사실 외에도, 물체의 존재 내지는 본성과, 운동의 원리, 자연 법칙, 즉 운동 법칙의 원리를 해명하는 일이 필요하게 되고, 윤리학을 정당화하기 위해서는 도덕적 선 내지는 도덕 법칙의 객관적 기준을 제시하는 문제 외에도, 모든 것이 필연적으로 전개된다고 주장하면서 어떻게 자유의지가 가능한지를 밝히는 문제와 영혼불멸을 정당화하는 문제가 중요한 과제가 되었다.

플라톤이 이데아를 상정하고 이데아를 토대로 인식과 윤리 문제 등 모든 철학적 문제를 형이상학적으로 해결하고자 했던 것과 같이, 흄 이전의 근대 철학에서는 실체가 무엇인가를 규명하고 실체를 통하여 철학의 문제들, 특히 윤리학과 물리학의 조화 및 정당화 문제들을 해결하고자 한다. 데카르트와 스피노자, 라이프니츠는 이러한 의도에 있어서는 공통적인 입장을 취하고 있는데, 실체가 무엇인가에 대해서만 견해 차이가 있다고 볼 수 있다. 실체의 의미는 데카르트에 의하면 존재를 위하여 자신 외에 다른 어떤 것에도 의존하지 않는 것, 즉 독립적으로 존재하는 것으로 정의된다. 이에 대해서는 대체로 모든 합리론자들이 동의를 하고 있다. 다만 스피노자는 존재의 독립성 외에 인식의 독립성을 덧붙이는데, 이것은 데카르트도 묵시적으로 인정했던 것이다. 그러나 이러한 실체가 구체적으로 무엇을 의미하는가에 대해서는 철학자마다 입장이 매우 다르다.

데카르트는 정신과 물체가 각각 독립적인 실체라고 하는 이원론적인 실체론을 주장하고 이를 토대로 물리학과 윤리학을 정당화하고자 하였다. 즉 물체의 세계는 정신과 독립적으로 자연필연성의 지배를 받는다고 함으로써 그는 물리학을 정당화할 수 있고, 정신적 실체는 물체와 달리 자유의지를 가지고 있으므로 도덕이 가능하다고 생각한 것이다. 그리고 그는 정신과 물체는 서로 독립적이어서 상호작용하지 않으므로 자연필연성과 자유의지를 모순 없이 조화시킬 수 있다고 생각하였다. 그러나 그는 신이 모든 것을 예정함에도 불구하고 어떻게 정신에게서 자유의지가 가능한지를 설명할 수 없을 뿐만 아니라, 연장을 본질로 하는 물체적 실체를 통하여 물리학을 정당화하는 데에도 한계가 있었다. 물리학은 운동의 법칙을 연구하는 것이 주된 과제인데, 기하학적인 물체 개념으로는 운동의 원리를 설명할 수 없기 때문이다.

그리고 데카르트 실체론의 가장 큰 문제는 정신과 육체의 결합체인 인간에게서 정신과 육체 사이의 관계를 설명하는 것이었다. 그의 실체론에 의하면 정신과 물체는 서로 독립적이므로 상호작용할 수 없는데, 인간의 정신과 육체는 상호작용하는 것처럼 보이기 때문이다. 데카르트는 이 문제를, 예외적으로 인간에게서만 정신과 육체 사이에 상호작용이 가능하다는 것을 인정함으로써 해결하고자 하였다. 그러나 이러한 방법은 실체들이 서로 독립적인 존재라고 하는 그의 실체론에 정면으로 배치되는 문제를 야기한다.

　스피노자는 데카르트의 심신 상호작용설의 문제점을 극복하기 위하여, 정신과 물체는 실체가 아니고, 신 즉 자연만이 유일한 실체이며 정신과 물체는 이 유일한 실체의 서로 다른 양태라고 주장하였다. 이러한 이론은 물체를 실체는 아니지만, 실체의 양태로 보고 물체의 모든 작용은 실체인 신의 본성으로부터 필연적으로 발생한다고 봄으로써 물리학을 정당화하는 데 데카르트보다 유리할 뿐만 아니라, 정신으로부터 자유의지를 박탈함으로써, 데카르트에게서 문제가 되었던, 자연 필연성과 자유의지를 조화하는 문제와 심신 상호관계 문제를 해결할 수 있는 듯이 보인다. 그러나 이러한 실체론은 정신적 존재에게서 자유의지를 박탈함으로써 도덕의 원리를 설명하는 데 한계를 가진다. 자유의지가 없다면 도덕 명령의 수행이 불가능할 뿐만 아니라, 행동에 대하여 책임을 물을 수도 없기 때문이다.

　라이프니츠는 데카르트와 스피노자 실체론의 이러한 문제점들을 극복하기 위하여 새로운 실체 개념을 주장한다. 그의 실체 개념은 데카르트와 스피노자의 실체 개념을 비판적으로 수용함으로써 얻어졌다고 볼 수 있다. 우선 라이프니츠는 데카르트의 물체 실체를 부정한다. 물체는 연장이 본질인데, 연장된 것은 무한히 분할 가능하고, 무한히 분할 가능한 것은 실체성을 담지할 근본 단위가 존재하지 않기 때문에 실체일 수 없다는 것이다. 라이프니츠는 또한 데카르트가 정신만을 실체로 본 것도 문제라고 지적한다. 정신의 본질은 사유인데, 유한한 정신은 항상 사유하지 않기 때문에, 사유를 정신적 실체의 본질로 규정하면 실체는 존재하다, 존재하지 않다 하므로 실체의 개념에 모순된다는 것이다. 따라서 라이프니츠는 사유가 아니라 지각을 실체의 본질로 규정하고, 정신을 포함하여 지각을 가진 모든 영혼을 실체라고 간주하고, 이를 일반화하여 모나드라고 부른다. 그러나 다른 한편 라이프니츠는 데카르트의 물체적 실체 개념을 변경하여 새로운 의미의 물체적 실체를 인정한다. 그에 의하면 신을 제외한 모든 개체적 실체 내지는 모나드들은 영혼과 육체의 결합 형태로 존재하게 되는데, 이러한 영혼과 육체의 결합체, 즉 개별적 생명체를 그는 하나의 실체라고 보고 이를 물체적 실체라고 부르는 것이다.

라이프니츠의 모나드는 스피노자의 실체와 많은 유사점이 있다. 스피노자와 라이프니츠는 실체의 본성을 힘 또는 능력(potentia)으로 규정하고, 실체는 단 하나의 속성만을 가진다고 보는 데카르트와 달리 무수히 많은 속성을 갖는다고 보며, 모든 것은 실체의 본성으로부터 필연적으로 도출이 된다고 주장하기 때문이다. 단적으로 표현하자면 라이프니츠에게서 하나의 개체로서의 모나드는 스피노자의 유일한 실체와 유사하다. 스피노자는 전체로서의 자연이 하나의 실체라고 보았는데, 라이프니츠의 개체적 실체 하나하나가 스피노자의 전체로서의 자연과 닮아 있는 것이다. 그러나 라이프니츠는 스피노자가 신과 동일시한 전체로서의 자연만을 유일한 실체라고 보는 데 대해서 비판한다. 라이프니츠에 의하면 스피노자의 유일실체론은 스피노자의 속성에 대한 잘못된 인식에 근거한다. 스피노자는, 실체는 사유와 연장을 비롯하여 무수히 많은 속성을 가질 수 있는데, 서로 다른 실체는 무수히 많은 속성들 중에서 단 하나의 속성도 공유할 수 없다고 본다. 즉, 그는 두 실체가 단 하나의 속성만을 공유해도 그들은 동일한 실체라고 보는 것이다. 스피노자가 이렇게 주장하는 이유는 하나의 속성이 실체의 모든 본성을 표현할 수 있다고 보기 때문이다. 라이프니츠는 이러한 속성을 "호환적 속성(attributum reciprocum)"이라고 부른다. 예를 들어 c와 d가 동일한 실체 S의 서로 다른 속성이라도, 이들이 호환적 속성이라면 c를 통해서도 실체 S의 모든 본질을 표현할 수 있고, d를 통해서도 실체 S의 모든 본질을 표현할 수 있기 때문에 c와 d는 호환적이라는 것이다. 만일 S와 T를 실체, c, d, f를 속성이라 하고, 실체 S는 실체 T와 서로 다른 실체이면서 동시에 공통적인 속성 d를 갖는다고 가정하면(S=cd, T=df), 속성 d가 실체 S의 본질도 표현하고 T의 본질도 표현하므로 S와 T는 동일하게 되어, 가정과 모순되므로 S, T는 공통적인 속성을 갖지 않아야 한다. 스피노자는 실체의 모든 속성을 호환적 속성으로 간주하는데, 라이프니츠는 이러한 호환적 속성이 어떻게 가능한지 이해할 수 없다고 비판한다. 스피노자와 달리 라이프니츠는 실체의 속성은 본질적 속성이라고 규정한다. 본질적 속성이란 하나의 속성이 실체에게 귀속되는 여러 본질 중에서 하나의 본질만을 표현하는 속성을 말한다. 따라서 만일 여러 개의 속성을 갖는 두 실체가 단 하나의 속성만이라도 서로 다른 속성을 갖는다면 두 실체는 서로 다른 실체라고 보는 것이다. 요컨대 스피노자에게서는 두 실체가 단 하나의 속성만 공유해도(T=cdef, S=fghi) 동일한 실체로 간주되는 데 비해, 라이프니츠에게서는 두 실체가 단 하나의 속성만 달라도 서로 다른 실체가 되는 것이다.

라이프니츠의 실체 개념

라이프니츠는 이렇게 데카르트와 스피노자의 실체 개념을 비판적으로 수용함으로써 무수히 많으면서도 서로 구별되는 개체적 실체인 모나드라는 실체 개념을 형성하게 된다. 이러한 모나드의 특성은 크게 세 가지로 요약할 수 있다. 첫 번째로 모나드는 단순하다. 실체의 단순성은 데카르트의 물체 실체 비판을 통하여 확립된 생각이다. 단순하다 함은 분할이 불가능하다는 것을 의미한다. 실체는 속성과 이 속성을 담지하는 기체(substratum)의 결합체로 이루어지는데, 여기서 "단순하다" 함은 기체가 연장을 가지고 있지 않아 분할될 수 없다는 것을 말한다. 라이프니츠는 이러한 측면에서 그의 실체를 단순한 실체 또는 "모나드(monade)"라고 부른다. 모나드라는 말은 원래 하나를 의미하는 그리스어 monas에서 온 말이다. 단순한 것은 요소로 분해될 수도 없고, 더 단순한 것들의 결합을 통하여 생성될 수도 없으므로 신의 창조를 통해서만 생겨나고, 신의 파괴를 통해서만 소멸될 수 있다. 즉 실체는 자연 상태에서 파괴되거나 생성되지 않는다.

둘째, 라이프니츠에 의하면 실체는 개체이다. 개체란 그것과 절대적으로 동일한 속성을 갖는 다른 사물이 존재하지 않는 것을 말한다. 즉 개체로서의 실체에서는 보편자인 데카르트의 정신이나 물체와 달리, 속성의 내용이 절대적으로 동일한 두 개의 실체는 존재하지 않는다. 이러한 개체로서의 실체에 대한 사고는 아리스토텔레스의 실체론으로부터 받은 영향도 있지만, 스피노자의 호환적 속성 개념에 대한 비판으로부터 얻어진 것이다. 라이프니츠는 초기에 실체의 이러한 개체성을 완전 개념을 통하여 설명하였다. 완전 개념이란 단순 개념이 무수히 많이 복합되어 중복되지 않고서는 더 이상 복합할 수 없는 개념을 말한다. 단순 개념이란, 내포가 단순하고 외연은 무한히 많은 개념이다. 이러한 단순 개념들이 복합 개념을 형성하면 그 개념은 내포의 양은 많아지고 외연은 감소하게 되는데, 단순 개념들이 무한히 복합된 완전 개념은 내포의 양은 무한히 많고, 외연은 단 하나만 갖는 개념이 된다. 즉 완전 개념의 외연은 개체가 된다. 실체란, 이러한 완전 개념의 외연에 대응되는 존재이다. 여기서 완전 개념의 요소 개념이 무한히 많듯이 실체의 속성이 무한히 많고, 무한히 많은 속성들 중에서 하나의 속성만 달라도 모든 실체들은 서로 다른 개체가 된다, 라이프니츠는 이러한 측면을 강조할 때, 그의 실체를 "개체적 실체"라고 부른다,

셋째, 실체는 내적 활동성 또는 힘이다. 이 힘은 다른 사물을 움직이게 하는 원인이 되는 역학적 힘이 아니라, 역학적 힘의 근원에 해당하는 "근원적 힘"이다. 이 힘에 의하여 실체는 자신의 지각 또는 우연적 속성들을 스스로 변화시킨다. 라이프니츠는 1690년대에 쓴 「제일철학의 개선 및 실체의 개념에 대하여」란 단편에서 실체의 본성을 "힘"으로 규정하기로 제안한다. 그가 이러한 힘 개념에 착안한 것은 스피노자의 영향 때문이기도 하지만, 데카르트의 기하학적 물체 개념이 운동의 원인을 설명하지 못하기 때문이었다. 『모나드론』과 같은 라이프니츠의 후기 저술에서는 이러한 힘을 "욕구(apetitus)"라고 부른다. 라이프니츠에 의하면 실체에서는 무수히 많은 잠재적으로 내재된 지각이 이 욕구를 통하여 현실적 지각으로 변화하게 된다. 이러한 실체는 영혼과 유사하다. 따라서 라이프니츠는 그의 실체를 "영

혼"이라고 부르기도 하는 것이다.

라이프니츠의 실체는, 연장되지 않은 비물질적 존재이고, 내적 상태인 지각을 가지고 있으며, 이 내적 상태를 변화시키는 힘인 욕구를 가지고 있다는 점에서 대체로 영혼과 유사하다. 그러나 우리가 생각하는 영혼과 다른 점이 있는데, 그것은 첫째, 보통 동물이나 사람의 영혼은 감각기관을 통하여 외부로부터 사물을 지각하는 데 비하여 라이프니츠의 실체는 모든 지각이 잠재적인 상태로 처음부터 실체 안에 내재되어 있다가 욕구에 의해 순차적으로 실제의 지각으로 변화한다는 점이다. 실체로서의 영혼은 외부의 사물을 지각하는 것이 아니다. 이러한 특성을 라이프니츠는 "모나드는 창이 없다"라고 표현한다. 둘째, 일반적인 의미에서의 영혼은 동물이나 사람의 영혼과 같이 대체로 의식할 수 있는 상태의 지각을 갖는 데 비하여, 라이프니츠는, 아주 혼미한 지각만을 가지는 영혼들도 인정하며, 지각의 혼미한 정도 또는 명석 판명한 정도에 따라 다양한 등급의 영혼을 인정한다. 현상 세계의 물체에 대응하는 가지계(可知界)의 실체의 집합을 구성하는 모나드는 지각과 욕구를 가지고 있고 비물질적 존재이므로 영혼과 유사하지만, 지각이 극도로 혼미하여 마치 지각이 없는 물질처럼 보인다는 것이다. 그러나 지각이 극도로 혼미하다고 해서 영혼과 물질의 중간 상태 또는 물질에 가까운 상태인 것이 아니라, 인간도 잠자고 있는 상태에서는 지각이 있음에도 불구하고 우리가 그것을 의식하지 못한다고 볼 수 있듯이, 아주 낮은 단계의 모나드들도 지각과 욕구를 가지고 있지만, 마치 잠자는 인간의 영혼처럼 물질인 것이 아니라 지각이 항상 혼미한 상태에 있는 영혼이라고 볼 수 있다는 것이다. 신은 지각의 모든 부분이 명석 판명한 모나드이다. 따라서 신은 가장 완전한 모나드이다.

세계는 이러한 다양한 등급의 무한히 많은 실체들로 이루어져 있다. 우주는 모나드들로 빈틈없이 가득 차 있으며, 진공은 존재하지 않는다. 우주를 구성하는 모나드들은 무수히 많으며, 이들 중 어느 두 모나드도 서로 동일하지 않다. 또한 모나드는 자연 상태에서 생성, 소멸되지 않으므로 우주를 구성하는 모나드의 총 수는 항상 불변이다. 모나드는 창이 없기 때문에 인접한 모나드와도 상호작용하지 않는다. 그러나 모든 모나드는 거울과 같이 각자에게 고유한 방식으로 동일한 한 우주를 반영한다. 모나드가 우주를 반영한다 함은 각 모나드의 내적 상태인 지각이 자기 외부에 있는 모든 모나드들의 배열에 상응한다는 것을 의미한다. 모나드는 창이 없기 때문에 외부의 우주가 감각을 통하여 지각에 나타나는 것은 아니다. 그것은 신이 세계를 창조할 때 무수히 많은 모나드들을 각 모나드의 내적 상태인 지각에 상응하도록 배열함으로써 가능하게 되는 것이다. 그리고 현재의 순간에만 모든 모나드들이 서로 조화를 이루는 것이 아니라, 미래에 전개될 지각들도 모나드들 간에 서로 조화를 이룬다. 이것은 신이 모든 모나드들의 미래의 지각들을 전지한 능력으로 예견함으로써 서로 조화하도록 모나드들을 배열하였기 때문이다. 이것이 라이프니츠의 예정조화설이다. 그리고 동일한 우주라도 각 모나드가 있는 위치에 따라 판명한 부분이 조금씩 상이한 모습으로 나타나기 때문에, 모든 모나드의 내적 상태도 이에 상응하여 모나드마다 조금씩 다른 내용을 갖게 되는 것이다. 라이프니츠는 이를 서로 다른 위치에서 동일한 도시를 조망하는 경우에 비유한다. 동일한 우주를 반영하면서도 서로 다른 모나드의 지각이 조금씩 다른 것은 동일한 도시를 바라보면서도 서 있는 사람의 위치에 따라 도시의 모습이 조금씩 다르게 보이는 것과 마찬가지라는 것이다. 이것은 엄밀하게 말하면, 동일한 우주의 모습이 상이하게 나타나는 것이 아니라, 동일한 우주의 상에서 명석판명한 부분의 위치가 달라지는 것뿐이다.

신을 제외한 모나드들은 독립적으로 존재하는 것이 아니라, 하나의 우월한 모나드와 이를 둘러싼 보다 열등한 모나드들의 집합이 결합체를 이루어 존재한다. 여기서 우월한 모나드가 영혼에 해당하며 열등한 모나드들의 집합이 육체에 해당한다. 라이프니츠는 인간이나 동물만 영혼과 육체의 결합으로 이루어진 것이 아니고, 식물이나 식물보다 열등한 존재도 영혼과 육체의 결합으로 존재한다고 주장한다. 이것은 스피노자의 입장과 동일하다. 신에 의한 예정조화에 의해 우주 안의 모든 모나드들은 상호작용하지 않으면서도 마치 상호작용하는 것처럼 서로 조화를 이루고 있는데, 특히 영혼과 이에 결합된 육체를 구성하는 모나드들 사이에는 다른 모나드들보다 더 긴밀한 통일성을 가지고 조화를 이룬다.

영혼과 육체의 결합체로 구성된 모나드의 집합인 생명체를 라이프니츠는 물체적 실체라고 부르며, 이것도 모나드와 별도로 하나의 실체라고 주장한다. 라이프니츠의 물체적 실체는 데카르트의 물체적 실체와 용어는 동일하지만, 두 가지 측면에서 다르다. 첫째로는 데카르트의 물체적 실체는 정신과 대립하는 연장된 실체인 데 반해 라이프니츠의 물체적 실체는 영혼과 육체의 결합체를 가리킨다. 이러한 영혼과 육체의 결합체가 다름이 아닌 사람이나 동물 하나하나와 같은 개별 생명체들이다. 데카르트와 구별되는 두 번째 측면은, 라이프니츠에게서 육체는 물질적 존재가 아니라, 비물질적인 모나드들의 집적체로서 역시 비물질적인 존재라는 것이다. 따라서 영혼과 비물질적인 육체의 결합체로 구성된 물체적 실체도 비물질적 존재이다. 생명체들이 우리 눈에 물체로 보이는 것은 우리가 단지 그 현상만을 보기 때문이다. 현상 세계 너머에 있는 실재 세계에서 그것은 물질적 존재가 아니라 무수히 많은 다양한 등급의 영혼과 같은 모나드들로 이루어져 있다.

라이프니츠는 모나드뿐만 아니라, 모나드들의 결합체로 이루어진 개별 생명체들과 같은 물체적 실체들도 하나의 실체라고 주장함으로써 그는 데카르트와는 다른 의미에서 이원론적 실체론을 주장하는 셈이다. 라이프니츠가 영혼과 육체의 결합체를 하나의 실체라고 주장하는 이유는 영혼이 다수의 모나드들의 집적체인 육체와 결합하여 육체에 진정한 단일성을 부여한다고 보기 때문이다. 예를 들어 9명의 병사들이 모이면 그저 9명의 다수로서의 병사들일 뿐이지만, 여기에 1명의 지휘자가 결합되면 이들은 더 이상 10명의 병사들이 아니라 하나의 단위인 하나의 분대가 되는 것과 마찬가지로, 열등한 모나드들의 집합은 다수의 실체들이지만, 여기에 라이프니츠가 실체적 형상이라고 부르는 영혼이 결합되면 영혼과 육체의 결합체는 하나의 진정한 단일체로서 하나의 실체가 된다는 것이다. 그러나 데카르트의 이원론에서는 절대적인 관점에서 볼 때에도 정신과 물체가 서로 독립적인 실체이지만, 라이프니츠에 있어서는 그 자신이 개별 생명체를 하나의 실체라고 부름에도 불구하고 물체적 실체가 갖는 단일성이 절대적인 의미에서 진정한 단일성이라고 볼 수는 없기 때문에 이원론적 실체론으로 보는 데는 문제가 있다. 따라서 개별 생명체들은 복합된 실체, 또는 모나드들의 존재 방식으로 보는 것이 타당하다고 할 수 있다.

라이프니츠에 의하면 우주는 모나드들만으로 이루어져 있기 때문에, 물체는 존재하지 않는다. 그에 의하면 물체는 단지 현상, 즉 정신 안에 있는 관념에 불과하다. 데카르트 이래 서양 철학자들은 우리가 지각하는 것이 실재하는 사물이 아니라, 정신 안에 있는 관념이라고 생각한다. 관념이란 정신 안에 존재하는 것이고, 우리는 통상 상상의 산물이나 사유 내용을 관념이라고 생각하는데, 근대 철학자들은 이뿐만 아니라, 지각 대상도 보다 생생하기는 하지만 역시 관념이라고 보았다. 그 이유는 실재의 사물은 주관의 상태에 따라 변화하지 않고, 정신 안에 있는 관념만이 정신의 상태에 따라 변한다고 볼 수 있는데, 모든 지각 대상은 우리의 정신의 상태에 따라 변화하기 때문에 관념이라고 볼 수밖에 없다는 것이다. 근대 철학자들에 의하면 우리가 감각하는 대상들이 마치 영화 매트릭스에 나오는 사이버 세계와 같이 실제로는 정신 외부의 대상이 아니라 단순히 관념일 뿐인데, 일반인들은 그것을 마치 실제 사물인 것처럼 착각한다는 것이다. 정신 안에 있는 물체의 관념에 대응하는 정신 외부의 존재는 열등한 모나드들의 집합과 열등한 영혼의 결합체에 다름 아니다.

근원적 실체로서의 신

데카르트는 나의 존재는 무조건적으로 확실한 첫 번째 인식이라는 것을 증명한 후, 나의 존재를 토대로 신 존재 증명에 들어간다. 그러나 스피노자는 실체 개념의 내포로부터 실체의 외연이 신이며 이것은 동시에 전체로서의 자연이라고 추론하고, 이러한 실체는 필연적으로 존재함을 증명한다. 라이프니츠는 데카르트와 마찬가지로 유한한 실체로서의 나의 존재에 대한 인식이 첫 번째 인식임을 인정한다. 그리고 파생적 실체인 나의 존재를 토대로 근원적 실체인 신 존재를 증명하는 것이다.

그러나 신 존재 증명에 앞서 신 관념을 확실히 할 필요가 있는데, 라이프니츠는 신 관념은 유한한 실체인 나의 관념으로부터 유한성을 제거함으로써 얻어진다고 말한다. 라이프니츠가 신 관념을 규정하는 데 있어 중요한 역할을 하는 개념이 "실재성(realitas)" 또는 "완전성(perfectio)" 개념이다. 실재성과 완전성은 사실상 동일한 개념으로 스콜라 철학에서 유래한 개념인데, 데카르트와 스피노자도 이 개념들을 사용하면서 의미는 명확히 규정하지 않았다. 다만 데카르트는 제3성찰에서 정신 외부에 존재하는 실재뿐만 아니라, 정신 안에 있는 관념도 실재성을 가진다고 말함으로써, 이 실재성은 근대 철학에서 통상 사용하는 실재와는 다른 개념임을 분명히 한다. 그는 실제 사물이 갖는 실재성을 "형상적 실재성(realitas formalis)"이라 부르고, 관념이 갖는 실재성을 "객관적 실재성(realitas objectiva)"이라 부른다. 스피노자는 『윤리학』 2부 6번째 정의에서 실재성을 완전성과 동일한 것으로 이해한다고 말하고, 4부에서는 완전성이라는 개념의 형성 과정을 통하여 그것이 단지 사유의 양태일 뿐이라고 주장할 뿐 구체적인 의미에 대해서는 언급하고 있지 않다. 데카르트와 스피노자가 실재성에 관하여 언급한 내용들은 라이프니츠도 모두 인정한다.

그러나 라이프니츠는 실재성 내지는 완전성의 의미를 구체적으로 규정한다. 그에 의하면 우선 실재성은 모순이 없는 적극적인 의미 내용이다. 모순되는 것은 생각할 수 없으므로 실재성의 첫 번째 조건은 내용이 모순되지 않아야 한다. 그리고 실재성의 중요한 특징은 소극적인 성질이 아니라 적극적인 성질이라는 것이다. 예를 들어 차가움은 뜨거움의 소극적 성질이다. 플라톤은 차가움과 뜨거움을 모두 적극적인 성질로 간주하여 둘 다 이데아로 인정하였다. 그러나 라이프니츠는 차가움은 실재성이 아니라, 뜨거움의 결핍이라고 보는 것이다. 또한 실재성은 실제적 사물만의 특성인 것이 아니라, 데카르트의 주장과 마찬가지로 사유 내용 또는 관념도 실재성을 갖는다고 보는 것이다. 라이프니츠는 여기에 또 한 가지 중요한 실재성의 기준을 제시한다. 그것은 최고의 정도가 모순되지 않고 가능해야 한다는 것이다. 예를 들면 수나 속도 등은 언제나 특정의 수 또는 속도보다 항상 더 큰 수 또는 속도를 생각할 수 있기 때문에, 가장 큰 수나 가장 빠른 속도를 생각하면 논리적으로 모순되므로 이런 것은 실재성이 아니라 단지 양태라고 본다. 라이프니츠가 실재성의 예로 드는 것들은 지식, 선, 능력, 존재 등과 같은 것들이다. 그러나 실재성의 종류는 무한히 많다고 본다. 마치 스피노자가 실체의 속성은 무한히 많은데, 우리에게 알려진 것은 사유와 연장뿐이라고 주장하는 것과 동일하다. 라이프니츠에 의하면 존재도 정도를 가지고 있다. 즉 무는 0의 정도의 존재이고, 현실적 존재는 100의 정도, 즉 최고 상태의 존재이다. 0과 100의 중간 정도에 있는 존재는 관념이다. 관념은 그가 가지는 실재성의 정도의 크기에 따라 존재의 정도를 갖는다고 보는 것이다.

이러한 실재성의 개념을 통하여 라이프니츠는 신 개념을 정의한다. 신은 무한한 존재인데, 이때 무한하다 함은 두 가지 의미를 내포한다. 하나는 무한히 많은 종류의 실재성들을 모두 다 소유하고 있다는 의미에서 신은 무한하다. 둘째로 실재성은 정도의 크기를 가지고 있는데, 신은 그가 가지는 모든 종류의 실재성을 최고의 정도로 소유한다는 것이다. 통상 신을 전지전능한 존재로 표현하는데, 이것은 신이 가지는 실재성 중에서 지식과 능력만을 언급한 것에 불과하다. 신은 이 두 가지 실재성만 갖는 것이 아니라, 가능한 모든 실재성을 최고의 정도로 소유한다는 것이다. 이것이 신이 무한한 존재라고 하는 말의 참된 의미이다.

이러한 신의 정의로부터 바로 신은 존재한다는 존재 증명이 도출된다. 라이프니츠는 데카르트의 존재론적 신 존재 증명이 불완전하다고 비판하며 이를 보완하여 자신의 존재론적 증명을 완성한다. 데카르트의 존재론적 신 존재 증명은 다음과 같은 구조로 되어 있다. 가장 완전한 존재는 모든 완전성을 포함한다; 존재는 완전성들 중의 하나이다; 따라서 가장 완전한 존재, 즉 신은 존재한다. 그러나 라이프니츠는 대전제에 문제가 있다고 본다. 즉 "가장 완전한 존재"라는 개념이 모순을 포함하여 불가능하다면 이로부터 존재를 도출할 수 없기 때문에 먼저 "가장 완전한 존재"의 개념이 모순을 포함하는지 여부를 검토해야 한다는 것이다. 라이프니츠에 의하면 "가장 완전한 존재"란 무한한 종류의 완전성, 즉 모든 실재성을 최고의 정도로 가지고 있는 존재라는 의미이다. 이러한 존재의 개념은 모순되지 않으므로 가능하다. 따라서 이러한 존재는 필연적으로 존재한다는 것이다. 그의 존재론적 증명의 구조를 정리하면 다음과 같다. 가장 완전한 존재의 개념은 모순을 포함하지 않는다, 즉 가능하다; 가장 완전한 존재는 모든 완전성들을 포함한다; 존재는 완전성들 중의 하나이다; 따라서 가장 완전한 존재는 필연적으로 존재한다. 모든 실재성을 가진 모순 없는 관념들은 그 자신의 실재성의 정도에 따라 존재의 정도를 가지는데, 최고의 실재성을 가지는 신은 자신의 실재성, 즉 능력에 의하여 스스로 존재한다. 이것이 존재론적 신 존재 증명의 요점이다.

  라이프니츠는 또한 우연한 사물의 존재로부터 신 존재를 증명하는데, 이 "후험적 신 존재 증명"은 데카르트의 제3성찰에서의 두 번째 신 존재 증명, 즉 신 관념을 가지고 있는 나의 존재로부터의 신 존재 증명과 유사하다. 즉 그 존재가 확실히 밝혀진 우연한 존재에 충족이유율을 적용하여 그 우연적 존재에 대한 충분한 근거로서의 신이 존재해야 함을 증명하는 것이다. 여기서 물론 우연한 존재란 유한한 단순 실체를 의미하는데 무엇보다도 그 존재가 확실시 되는 것은 나의 존재이다. 라이프니츠는 『신인간오성론』에서 데카르트의 철학의 제1원리를 받아들여, "나의 존재"에 대한 인식을 "첫 번째 경험"이라고 한다. 즉 그 존재가 확실하게 알려지는 첫 번째 인식이라는 것이다. 그러나 데카르트가 나의 존재에 대한 원인을 찾아감에 있어, 나의 원인과 그 원인에 대한 원인을 거슬러 올라가면서 자기 스스로 존재하는 원인을 찾고 있는 데 비해 라이프니츠는 존재하는 것이 확실하게 알려진 유한한 실체는 그 존재의 근거를 가져야 하는데, 그 근거는 개별적 실체 안에 존재할 수 없고, 또한 실체들의 결합체 안에도 존재할 수 없고, 사물들의 계열 안에도 존재할 수 없다는 점을 지적하면서 이 근거는 유한한 실체의 전체 또는 계열의 외부에 존재해야 하고, 이러한 존재는 바로 필연적 존재, 즉 신임을 밝히고 있는 것이다.

라이프니츠에게서 신은 이성을 가진 모나드로서, 정신적 존재이고, 자유의지를 가진 창조주라는 점에서 데카르트의 신과 유사하다. 그러나 무한한 존재라는 점에서 스피노자의 신과 비슷하기는 하지만, 스피노자의 신은 창조주가 아니고, 자유의지를 가지지 않는다는 점에서 라이프니츠의 신과 다르다. 스피노자에게서 신은 초월적 존재가 아니라 바로 이 우주 전체가 바로 신이며 실체이다. 스피노자는 전체로서의 자연을 하나의 실체로 보기 때문에 실체는 무한한 존재, 곧 신이다. 그러나 라이프니츠는 자연 전체가 하나의 실체가 아니고, 유한한 실체들의 무한한 집합이다. 유한한 것이 무한히 결합한다고 해서 무한한 것이 된다고 볼 수는 없다. 따라서 무한하고 필연적인 존재는 유한한 우주 외부에 존재하고, 유한한 존재의 궁극적인 원인이 된다. 즉 신은 이 세계의 창조자이다.

라이프니츠 철학의 한계

라이프니츠의 모나드론은 자연과학과 윤리학뿐만 아니라, 종교철학까지 아우르는 방대한 체계를 구성한다. 그리고 그것은 합리론의 다른 실체론보다도 많은 문제들을 설득력 있게 해명하는 듯이 보인다. 그러나 모나드론은 유한한 인간의 입장에서 신이 세계를 어떻게 창조하였는지를 설명해야 하기 때문에, 불가피한 한계 또한 노정한다. 그것은, 유한한 이성적 모나드가 자유의지를 가지고 있다면, 신은 예정조화를 이루기 위하여 그러한 자유로운 행위를 예견해야만 하는데, 유한한 이성으로서는 신이 자유의지에 따르는 인간의 행위를 어떻게 예견하는지 설명할 수 없다는 점이다. 인간의 의지의 자유를 보장하기 위해서는 이성을 가진 모나드들은 스스로, 그리고 임의로 그들의 내부 지각들을 선택할 수 있어야 하고, 신이 조화 있고 따라서 질서를 가지고 있는 세계를 창조하기 위해서는 이들 자유로운 모나드들의 내부 지각의 변화를 창조 전에 예견할 수 있어야 하는데, 라이프니츠는 이 신의 예견이 어떻게 가능한지를 설명하지 못하기 때문이다. 이 예견은 신에게 있어서의 대상에 대한 선험적 인식이며, 라이프니츠는 스콜라철학의 용어를 따라 "중간지(mittleres Wissen)"라고 부르는데, 이것은 실제적 대상에 의해서 비로소 가능한 "직관지(Wissen aus Anschauung)", 즉 경험적 인식과는 달리 오히려 대상의 존재와 질서를 가능케 하는 인식이다. 이것은 대상에 의해 인식이 성립되는 것이 아니라, 인간의 오성에 의한 인식이 경험 대상을 가능케 한다고 보는 칸트의 선험 철학과 유사성을 가지고 있다. 따라서 자연법칙의 근거를 신의 오성과 선택에서 찾는 것은 신의 입장에서의 "선험 철학"으로 볼 수 있다. 그렇지만 자연필연성과 의지의 자유를 조화시키는 문제는 선험 철학의 주관을 신의 오성에서 인간의 오성에로 전환하지 않고서는 불가능하다. 결국 라이프니츠의 철학은 데카르트의 실체론적 입장의 한계를 극복하기 위하여 이를 보다 정교한 형태로 전개함으로써 한편으로는 칸트 철학으로의 시발점을 열고, 다른 한편 데카르트와 공통적인 실체론적 입장의 한계로 인하여 칸트에서의 코페르니쿠스적 전환의 불가피성을 노정하고 있다고 볼 수 있다.

대우고전총서

005 | 019·020 | 024 외

한국어 칸트전집

임마누엘 칸트

백종현

1. 칸트는 누구?

철학자 칸트(Immanuel Kant, 1724~1804)는 1724년 동(東)프로이센의 중심도시 쾨니히스베르크(Königsberg, 1946년부터는 러시아의 칼리닌그라드)에서 태어났다. 1740년 쾨니히스베르크 대학에 입학하여 1746년에 대학을 졸업하고 1755년 대학의 사강사(私講師)로 강단에 서서, 1770년 쾨니히스베르크 대학의 '형이상학과 논리학' 강좌의 정교수가 되었다.

칸트는 22세부터 작고 1년 전까지 57년 동안(1746~1803) 70편의 논저를 발표하였고, 그 외에 다대한 서간문, 조각글, 미출판 원고, 강의록을 남겨 그의 저작 모음은 독일 베를린 학술원판 전집 기준 현재까지 발간된 것만 해도 총 29권 37책이다.

1781년에 대저 『순수이성비판』이 나왔고, 이어서 1783년에 『(학문으로 등장할 수 있는 모든 장래의) 형이상학(을 위한) 서설』, 1785년에 『윤리형이상학 정초』, 1786년에 『자연과학의 형이상학적 기초원리』, 1788년에 『실천이성비판』, 1790년에 『판단력비판』, 1793년에 『(순전한) 이성의 한계(들) 안에서의 종교』, 1795년에 『영원한 평화[를 위하여. 한 철학적 기획]』, 1797년에 『윤리형이상학』(제1편: 『법이론의 형이상학적 기초원리』, 제2편: 『덕이론의 형이상학적 기초원리』) 등 역저가 잇따랐다.

그 사이 칸트는 1786년과 1788년 두 차례에 걸쳐 대학 총장을 역임하였다. 평생 독신으로 지내다 1804년 80세를 앞두고 세상을 떠났는데 임종 직전 물에 탄 포도주를 조금 입에 댄 후, '좋다(Es ist gut)'라는 마지막 말을 남겼다 한다.

후세 사람들은 기념 동판에 "내 위의 별이 빛나는 하늘과 내 안의 도덕법칙"이라는 그의 『실천이성비판』 결론 장의 한 구절을 새겨 넣고, 그를 여전히 기리고 있다.

2. 칸트 철학의 위상

"칸트 이전의 모든 철학은 그 안에 모여 있고, 칸트 이후의 모든 철학은 그로부토 흘러나왔다"라는 서양 철학사상의 중앙 대저수지로 평가까지 받는 칸트의 철학적 궁극 관심사는 "인간은 무엇이고, 무엇이어야 하는가?"이다. 이 물음에 대한 답을 얻기 위해 칸트는 우선 세 가지 물음: 인간인 "1) 나는 무엇을 인식할 수 있는가, 2) 나는 무엇을 행해야만 하는가, 3) 나는 무엇을 희망해도 좋은가?"를 던졌다. 그리고 숙려의 과정을 지나면서 칸트는 1)과 2) 사이에 '나는 무엇에서 흡족함을 느낄 수밖에 없는가?'를, 그리고 끝으로 '우리가 인간이기 위한 최선의 조건은 무엇인가?'라는 물음을 묻는다. 이 물음들은 결국 진리[眞], 선[善], 미[美], 성[聖]과 인류 평화[和]의 가능 원리를 찾고자 하는 것으로서, 칸트는 이 다섯 가지 주제를 '이성 비판'의 방법을 통해 탐구하고 그 결실을 그의 학문 활동 57년간(1747~1803)에 걸쳐 70편의 논저에 담아냈다. 그리고 그것들이 그의 존재 형이상학[존재론·인식론], 도덕 형이상학[윤리학], 미학[예술철학], 종교철학, 정치·법철학의 골격을 이룬다.

'이성 비판'이라는 칸트의 철학 방법은 계몽주의 시대정신의 반영인데, 그 결실로 얻어진 칸트의 '비판철학'은 그 자체로 계몽철학의 진형이다. 코페르니쿠스-갈릴레이-뉴턴이 과학에서, 로크-루소-몽테스키외가 정치·사회 이론에서 계몽 정신을 구현했다면, 칸트는 철학의 본령인 형이상학에서 그 학문성을 놓고 맞대결한 데카르트-스피노자-라이프니츠의 진영(이성주의)과 로크-버클리-흄의 진영(경험주의) 사이에서 제3의 길을 개척함으로써 '진정한' 계몽 정신을 시현했다. 게다가 칸트의 철학적 사유는 저들 자연과학적, 정치이론적, 형이상학적 사상들뿐만 아니라 현실 사회의 문물제도의 변화, 국가 형태의 변천과 세계 내에서 국가들의 역학적 관계까지도 항상 그 시야에 두고 있었으니, 칸트는 참으로 '세계시민적' 계몽주의자였다.

칸트의 철학은 계몽철학의 정점에 서 있다. 그러나 정점은 오르막의 끝이자 내리막의 시작이다. 계몽철학으로서 칸트의 철학은 모든 참된 발언의 본부를 인간 이성에 두지만, 그러나 그 이성은 자기비판을 통하여 한계를 자각한 이성이다.

3. 칸트 주요 저술 읽기 순서

칸트에서 철학이란 "개념들에 의한 이성 인식들의 체계"이고, 이때 이성 인식이란 원리적 인식(cognitio ex principiis), 즉 순수한 선험적 인식을 말한다. 그리고 칸트의 비판철학은 바로 이성비판을 통하여 순수한 선험적 이성 원리들을 발견하고, 그 원리들의 사용 범위를 규정하는 것을 과제로 갖는데, 여기서 '이성'이란 다름 아니라 인간의 '마음' 또는 '나'의 다른 지칭이다.

흄(D. Hume, 1711~1776)의 『인성론』(1739/40)이나 바움가르텐(A. G. Baumgarten, 1714~1762)의 『형이상학(Metaphysica)』(1판 1739, 4판 1757)의 '경험심리학'에서 볼 수 있듯이, 당대의 능력심리학은 마음의 능력을 '지(知: Erkennen/Denken, 인식능력)·정(情: Fühlen, 쾌·불쾌의 감정)·의(意: Wollen, 욕구능력)' 등과 같은 세 가지로 나누어 보았는데, 칸트도 이를 수용하여 이 능력들이 지향하는 최고 가치들, 즉진·미·선의 선험적 원리 구명을 그의 철학의 일차 작업 과제로 삼앗고, 그 성과가 그의 이른바 3비판서, 곧 『순수이성비판』·『판단력비판』·『실천이성비판』으로 나왔다.

칸트 독해의 정상에는 당연히 이 3비판서가 위치할 것이나, 무릇 정상에 오르기 위해서는 중턱을 넘어서야 하니 1단계 독서는 『형이상학 서설』과 『윤리형이상학 정초』가 제격이다. 『형이상학 서설』은 『순수이성비판』의 방대함과 난해함을 덜기 위해 칸트 자신이 독자 친화적으로 좀 더 짧고 쉽게 쓴 그의 이론철학 교본이라 할 수 있고, 『윤리형이상학 정초』는 주제의 면에서는 『실천이성비판』과 크게 다를 바 없으나 서술이 평범한 인간인식과 대중적 윤리 지혜로부터 분석적으로 진전해가고 있어서 독자의 접근이 비교적 용이한 칸트 도덕철학 입문서라 할 수 있다. [칸트 원전 독서에 앞서 칸트 철학 전모를 헤아리고자 하는 독자나 칸트 원전 독서를 어느 정도 하고서 칸트 철학 대강을 정리하고자 하는 독자에게는 『칸트 이성철학 9서 5제』(백종현, 아카넷, 2012)의 일독을 권한다.]

칸트 독해의 제2단계는 그의 주저, 곧 3비판서의 독파이다

칸트 철학의 주요 방법이 '이성 비판'이라고 할 때, '이성'은 무엇을 지칭하는가? 철학은 자연언어로 사유를 전개하거니와, 대개의 자연언어는 의미 형성의 긴 역사를 가지고 있고, 그만큼 의미가 다양하다. 그리고 여러 시대 여러 곳의 수많은 사람들의 생각과 느낌을 함유함으로써 생긴 그 의미의 다양성은 한편으로는 풍부성이지만 다른 한편으로는 애매모호성이다. '이성' 역시 그렇게 다기다양한 의미를 가지고 있고, 칸트 역시 그렇게 사용한다.

인간이 '이성적 동물'이라는 규정을 받아들이고 나면, 인간의 마음 능력은 일단 '이성적'이라고 해야 할 것이다. 그래서 가장 넓게는 인간의 마음 능력 전체를 '이성'이라 통칭하기도 하고, 때로는 이성을 이론적으로 또는 실천적으로 사용되는 양태에 따라 '이론적[사변적] 이성'·'실천적 이성'으로 구분하기도 하고, 이때 이론적 이성은 '지성'이라, '실천적 이성'은 단적으로 '이성'이라고 부르기도 하며, 이 지성과 이성 사이에 쾌·불쾌의 감정에 대응하는 최고 인식능력으로 '판단력'을 두어 마음의 능력을 세분하기도 한다. 칸트의 3비판서는 마음 능력을 이렇게 삼분하여 그 각각의 선험적 원리를 고찰하여 얻은 것이다. 칸트가 직접 작성한 인간 마음 능력의 구분표는 아래와 같다.

마음의 능력	상위 인식능력	선험적 원리	산물
인식능력	지성	합법칙성	자연
쾌·불쾌의 감정	판단력	합목적성	기예
욕구능력	이성	동시에 법칙인 합목적성(책무성)	윤리

인간 인식능력의 합법칙성의 선험적 원리는 존재의 세계 곧 존재자들에게 '존재'를 규정하는 최고 원리이다. 순수 직관의 원리인 공간·시간 표상과 순수 사고의 원리인 지성의 근간개념[범주]들이 그것인바, 이를 체계적으로 서술한 것이 칸트의 제1비판서 『순수이성비판』이다. 이 작업의 결과 이른바 칸트의 "초월철학"을 통해 자연과

학적 대상으로서의 존재자들은 그 존재 의미를 부여받았으나, 재래의 영혼·우주·신에 대한 '형이상학'은 그 학문성이 거부되었다. 그러므로『순수이성비판』은 자연과학적 지식의 철학적 정초이자, 사변적 형이상학의 비판적 퇴출을 겨냥하고 있다. 이로써 진리 영역이 한계 지어진다.

인간의 책무적 욕구능력(의지)의 선험적 원리는 당위 세계 곧 윤리를 가능하게 하는 최고 원리이다. 자연 세계와 윤리 세계가 구분된다면 그것은 그 세계에 타당한 법칙들이 다르기 때문이다. 자연 세계가 자연법칙의 유효 영역이라면 윤리 세계는 윤리/도덕 법칙이 유효한 영역이다. 그런데 왕왕 인과법칙성을 벗어날 것을 요구하는(하고 싶은 것은 하지 말라 하고, 하기 싫은 것은 하라고 하는) 윤리적 명령들은 인간에게 그렇게 행위할 능력, 곧 '자유'가 있음을 전제한다. 이에 칸트의 제2비판서『실천이성비판』은 윤리란 자연적 욕구(경향성)을 이겨내는 자율의 힘에 의거하며, 그 자율의 힘에 의해 인간이 한낱 자연물이 아니라 '인격'임을 해명한다.

"합목적성" 곧 "오로지 목적들에 의해서만 가능한 사물들의 성질에 그 사물이 합치함"에서만 쾌의 감정이 일어나고, 그 반대의 경우에는 불쾌의 감정이 일어난다는 점에서 쾌·불쾌의 감정의 선험적 원리인 '합목적성'은 이론이성이나 실천이성과는 구별되는 또 다른 이성 기능인 판단력의 작동 원리가 된다. 한 송이 장미꽃을 보면서 우리는 "이 장미꽃이 빨갛다"는 인식판단 외에도 "이 장미꽃은 아름답다"라는 미감적 판단을 내리는데, 그것은 인간의 마음에 '합목적성'이라는 자기자율적 원리가 있음을 말해주는 것으로, 이런 원리는 자연적인 것이든 예술적인 것이든 어떤 기예작품의 판정 원리로 작동한다. 칸트의 제3비판서『판단력비판』은 이러한 미적 세계와 합목적적 세계를 독자에게 열어 보여줌과 함께 칸트에 뒤따르는 한 세대 간 '독일 이상주의'의 치열한 사유 전개의 문을 열었다.

칸트 철학의 정신은 계몽주의와 휴머니즘이다. 청장년기의 정교한 사유 작업을 편 칸트는 노년에 이르러서도 여전히 강건한 그러나 더욱 따뜻해진 시선으로 인간에 대한 신뢰를 보낸다. 그것을 독자는 그의 말년을 대표하는 세 저술『이성의 한계 안에서의 종교』,『영원한 평화』,『윤리형이상학』에서 볼 수 있다.

종교는 인간의 "모든 의무들을 신의 지시명령[계명]들로 인식함"에 그 참뜻이 있고, 그 참뜻은 지상에 신의 나라를 건설하는 데서 실현된다. 칸트는 그의 철학적 종교론인『이성의 한계 안에서의 종교』를 통해 진정한 성스러움은 인간이 선한 원리에 따라 "윤리적 공동체" 내지 "덕의 나라"를 지상에서 이룩하는 데 있음을 역설한다.

이어서 칸트가 내놓은 철학적 이념은 인류 세계의 '영원한 평화'이다. 그것은 평화 안에서만 인간의 인간다움, 인간의 인간으로서의 권리, 곧 "인권"이 지속적으로 펼쳐질 수 있다고 보기 때문이다.

칸트에서 '인권'이란 "인간들 사이에만 있을 수 있는 가장 신성한 것" 내지 "세계 안에서의 가장 신성한 것"이자, "신이 지상에서 가지고 있는 가장 신성한 것"이다. "우리 인격 안의 인격성의 권리들 및 인간들의 권리 외에 세상에서 신성한 것은 없다. 신성성은 우리가 인간들을 결코 한낱 수단으로 쓰지 않는다는 데에 있으며, 그러한 사용의 금지는 자유와 인격성 안에 있다." 이러한 인권의 보장이 법치국가에서만, 그리고 더 나아가 국제적으로는 "보편적인 국가연합"을 이룸으로써만 실현될 수 있음을 칸트는 『영원한 평화』와 『윤리형이상학』의 제1편 「법이론의 형이상학적 기초원리」를 통해 역설한다.

타인과 공존하는 "시민적 상태"에서 인간의 본질적 속성은 "자유"와 "평등" 그리고 "자립성"이다. 그래서 "행위가 또는 그 행위의 준칙에 따른 각자의 의사의 자유가 보편적 법칙에 따라 어느 누구의 자유와도 공존할 수 있는 각 행위"만이 "옳다"는 것이 칸트에서 법의 "보편적 원리"이다. 이 원리는 한 국가 안에서뿐만 아니라 국가들 사이에서도 타당하다. 칸트의 법사상은 인간 각자는 자립성을 갖되, 더불어 삶에서는 화합해야 한다는, 말하자면 '부동이화(不同而和)'의 원리 위에 있다 하겠다.

칸트는 엄밀한 사고 과정을 보여주는 정형적인 저술 작업 외에도 매우 인기 높은 다양한 강의를 하였고, 말년에 그 강의록을 책으로도 펴냈으니, 그의 형이상학의 바탕에 있는 생생한 칸트를 읽고자 하는 독자는 『실용적 관점에서의 인간학』, 『교육학』, 『자연지리학』으로 경쾌한 발걸음을 옮겨도 좋겠다. 또한 칸트가 말년까지도 씨름하고 있던 문제들을 함께 천착해보고 싶은 독자는 『유작』을, 당대의 지인들과 나눈 대화들을 통해 칸트 안으로 더욱 가까이 다가서고자 하는 독자는 그의 『서간집』에서 인도를 받을 것이다.

4. '한국어 칸트전집'의 구성과 발간 취지

아카넷의 '한국어 칸트전집'은 그가 생전에 발표한 전체 저술과 이 저술들을 발간하는 중에 지인들과 나눈 서간들, 그리고 미발간 원고 중 그의 말년 사상을 포괄적으로 담고 있는 유작(Opus postumum)을 포함한다. 칸트 논저들의 번역 대본은 칸트 생전 원본이고, 서간과 유작은 베를린 학술원판 전집 중 제10~12권과 제21~22권이다.(이 한국어 번역의 베를린 학술원판 대본에 관해서는 저작권자인 출판사 Walter de Gruyter에서 한국어 번역판권을 취득하였다.)

한 철학적 저작은 저자가 일정한 문화 환경 안에서 그에게 다가온 문제를 보편적 시각으로 통찰한 결실을 담고 있되, 그가 사용하는 언어로 기술한 것이다. 이러한 저작을 번역한다는 것은 그것을 다른 언어로 옮긴다는 것이고, 언어가 한 문화의 응축인 한에서 번역은 두 문화를 소통시키는 일이다. 그래서 좋은 번역을 위해서는 번역자가 원저자의 사상 및 원저의 기저를 이루고 있는 문화 배경에 대해 충분한 이해를 가질 것과 아울러 원저의 언어와 번역 언어에 대한 상당한 구사력을 가질 것이 요구된다.

18세기 후반 독일에서 칸트는 독일어와 라틴어로 저술했거니와, 이러한 저작을 한국어로 옮김에 있어 그 전혀 다른 언어 구조로 인해서 그리고 칸트가 저술한 반세기 동안의 독일어의 어휘 변화와 칸트 자신의 사상과 용어 사용법의 변화로 인해서 여러 번역자가 나서서 제아무리 애를 쓴다 해도 한국어로의 일대일 대응 번역은 어렵다. 심지어 핵심적인 용어조차도 문맥에 따라서는 일관되게 옮기기가 쉽지 않다. 게다가 한 저자의 저술을 여러 번역자가 나누어 옮기는 경우에는 번역자마다 가질 수밖에 없는 관점과 이해 정도의 차이에 따라 동일한 원어가 다소간에 상이한 번역어를 얻게 되는 것은 불가피한 일이다. 이러한 제한과 유보 아래서 '한국어 칸트전집'이 간행되고 있다.

칸트의 철학에 대한 한국인의 연구 효시를 이정직(李定稷, 1841~1910)의 「康氏哲學說大略」(1903~1910년경)으로 본다면, 한국에서의 칸트 연구는 칸트 사후 100년쯤부터 시작된 것인데, 그 시점은 대략 서양철학이 한국에 유입된 시점과 같다. 서양철학 사상 중에서도 칸트 철학에 대한 한국인의 관심은 시기적으로 가장 빨랐을 뿐만 아니라 가장 많은 연구 논저의 결실로도 나타났다. 그 일차적 이유는 19세기 말에서 20세기 초의 동아시아 정치 상황에서 찾을 수 있겠지만, 사상 교류의 특성상 칸트의 한국인과의 친화성 또한 그 몫이 적지 않을 것이다.

칸트는 진정한 의미에서 이성주의자이며 이상주의자이었다. 탈주체를 지향하고, 감성에 경도하는 현대에서 주체주의자, 이성주의자 '칸트 읽기'는 일종의 도전이자 어긋남이다. 그러나 이러한 도전과 어긋남이 바로 철학함의 시대적 사명이다. 대세가 '이성적'일 때 철학자는 감성의 의의를 역설하고, 대중이 '감성적'이면 철학자는 이성의 의미를 밝혀 인간문화의 균형자 역할을 한다. ― 지금 '칸트 읽기'는 다름 아닌 진정으로 '철학하기'이다.

대우고전총서

021

비극의 탄생

프리드리히 니체

박찬국

1. 『비극의 탄생』이라는 책

니체의 『비극의 탄생』은 그리스 비극을 그것의 탄생(1~11장)과 죽음(11~16장) 그리고 그것의 재생(17장 이하)과 관련하여 다루고 있다. 『비극의 탄생』에서 니체는 그리스 비극은 서로 대립하는 아폴론 적인 것과 디오니소스적인 것이 화해하면서 탄생하였는데, 아폴론 적인 것이 소크라테스적인 논리적 지성주의로 그리고 디오니소스적 인 것이 일상적인 거친 감정의 표출로 전락하면서 비극은 죽음을 맞 게 되었으며, 바그너의 음악을 통해서 부활하고 있다는 견해를 펴고 있다.

『비극의 탄생』은 언뜻 보기에는 그리스 비극이 탄생하게 된 역사적 기원과 그것이 몰락하게 된 계기에 대한 고전문헌학적인 탐구처럼 보인다. 그러나 『비극의 탄생』은 그리스 비극의 기원과 몰락에 대한 고전문헌학적인 탐구를 넘어서, 음악과 비극이란 무엇이고 진정한 아름다움이란 무엇인지에 대한 예술철학적 탐구이고, 세계의 궁극적 근거는 무엇인지에 대한 형이상학적 탐구이며, 인간이란 어떠한 존재이고 인간은 어떻게 살아야 할 것인지에 대한 탐구이고, 논리적인 지성에 입각한 학문을 진리에 도달하는 유일한 길로 내세우면서 비극적인 음악과 신화를 비하하는 소크라테스와 플라톤 이래의 서양 형이상학과 이러한 형이상학에 입각한 서양 역사와의 대결이기도 하다.

『비극의 탄생』은 이러한 다차원적인 성격 때문에 다방면에 지대한 영향을 끼쳤다. 그것은 무엇보다도 비극론과 예술철학에서 빼놓을 수 없는 고전이 되었고, 소크라테스와 플라톤 이래의 서양 형이상학과 서양의 역사에 대한 그것의 비판은 아도르노와 하이데거 그리고 포스트모더니즘과 포스트구조주의의 서양 형이상학과 서양의 역사에 대한 비판을 선취하고 있다. 아울러 『비극의 탄생』에서 전개되고 있는 '디오니소스'에 대한 니체의 사상은 예이츠(William Butler Yeats), 말라르메(Stephane Mallarmé), 릴케(Rainer Maria Rilke), 스테판 게오르게(Stefan George), 고트프리트 벤(Gottfried Benn), 앙드레 지드(André Gide), 토마스 만(Thomas Mann)과 같은 예술가들에게도 마르지 않는 영감의 원천이 되었다.

2. 『비극의 탄생』과 쇼펜하우어의 사상

니체는 『비극의 탄생』 재판에 붙인 서문 「자기비판의 시도」에서 이렇게 쓰고 있다.

이 책은 음악의 비밀에 참여하는 사람들을 위한 책으로서, 음악의 세례를 받고 공통의 드문 예술경험에 의해서 처음부터 맺어져 있는 사람들을 위한 '음악'이며, 또한 예술에서 피를 함께 나눈 사람들을 식별하기 위한 인식표이다.

이러한 인용문에서 암시되는 것처럼 니체의 『비극의 탄생』을 지배하고 있는 정조는 음악의 신비와 비밀에 대한 경이와 경탄이다. 니체는 그러한 신비와 비밀에 대한 철학적 반성을 통해서 인간과 세계의 본질을 파악하려고 한다. 인간은 도대체 어떠한 존재이기에 음악에 그렇게 감동할 수 있으며, 세계는 도대체 어떠한 것이기에 그렇게 음악에 감동할 수 있는 인간을 낳았는가? 니체는 『비극의 탄생』에서 음악을 통해서 인간과 세계의 본질을 해석하고, 이러한 비밀에 입각하여 소크라테스 이후 서양을 지배해온 논리적 지성의 문화를 해석하고 비판하고 있다. 음악이 그렇게 인간과 세계의 본질을 해석하고 논리적인 지성의 문화의 한계를 꿰뚫어보는 데 결정적인 매체가 될 수 있는 것은 음악을 통해서 인간과 세계의 본질이 우리에게 개시(開示)되기 때문이다. 니체는 『비극의 탄생』에서 쇼펜하우어의 사상과 개념도식에 크게 의거하면서 음악의 신비와 인간과 세계의 본질을 해명하려고 한다.

　누구든 음악을 들으면서 그 신비로운 힘에 경이를 느낀 적이 있을 것이다. 음악은 어떤 때는 우리를 슬픔에, 어떤 때는 기쁨에, 어떤 때는 분노에, 어떤 때는 공포에, 어떤 때는 한없는 감사와 평온에 사로잡히게 한다. 슬픈 일이 없어도 슬픈 음악을 들으면 우리는 슬퍼지고, 경쾌한 음악을 들으면 마음이 가벼워진다. 그러나 음악은 슬픔이나 분노와 같은 부정적인 기분조차도 황홀한 것으로 변용하면서 우리를 도취시키는 힘을 갖는다. 예를 들어 차이콥스키의 교향곡 〈비창〉을 들을 때 우리는 슬픔도 아름다울 수 있다는 것을 느끼며 그 아름다움이 빚어내는 황홀경 속으로 빠져들게 된다. '슬픈 황홀경' 혹은 '슬픈 도취'라는 것은 논리적으로 해명하기 어려운 역설적인 것이지만 음악은 그러한 역설을 가능하게 한다.

　이러한 황홀경에 빠질 때 사람들은 자기 자신을 망각하면서 하나로 융합된다. 슬픈 음악이 흐를 때 사람들은 모두 슬픔에 사로잡히고, 경쾌한 음악이 흐를 때 사람들은 모두 함께 밝은 기분이 되는 것이다. 우리가 마주하는 현실은 고위직 인사와 하위직 인간, 부자와 빈곤한 자, 사장과 노동자, 여성과 남성, 어른과 어린이, 백인과 흑인 등 수많은 차이와 차별로 이루어진 세계이다. 사람들은 이러한 현실에서는 자신을 다른 사람들로부터 분리된 하나의 개체로 느끼며 자신의 생존과 우월한 지위의 확보를 위해서 투쟁한다. 쇼펜하우어에 따르면 이러한 세계에는 '개별화의 원리'가 지배한다. 이러한 개별화의 원리를 쇼펜하우어는 시간과 공간 그리고 근거율이라고 본다. 모든 것은 특정한 시간과 공간 속에 자리함으로써 다른 것과 구별되는 개체가 되고, 이러한 개체들은 근거와 근거지어진 것으로서 서로 연관되어 있다. 즉 그러한 개체들은 근거율에 의해서 지배되고 있다.

그러나 음악이 흐를 때 우리는 이러한 개별화의 원리를 초극하면서 서로 간의 차이와 차별을 망각하고 하나가 된다. 월드컵의 응원가가 울려 퍼질 때 사람들은 지위고하를 막론하고 혼연일체가 되며, 응원가가 빚어내는 격렬한 황홀경 속에 빠져든다. 심지어 사람들은 군악대의 음악소리를 들으면서 죽음의 공포를 극복하고 전우들과 하나가 되어 전쟁터로 달려갈 수도 있다. 우리는 보통 개별자들로 이루어진 이 현실 세계야말로 유일한 세계라고 생각하지만, 이러한 세계는 음악이 만들어내는 혼융일체의 황홀경 속에서 덧없이 사라진다.

따라서 우리는 개별화의 원리가 지배하는 경험적인 세계의 근저에 더 근원적이고 심원한 어떤 것이 존재하는 것은 아닌가라고 추측해 볼 수 있다. 쇼펜하우어는 그것을 개별화의 원리에 의해서 분열되기 이전의 세계의지라고 부른다. 쇼펜하우어는 개별화의 원리에 의해서 지배되는 경험적인 세계의 근저에는 오직 하나의 혼융일체 된 세계의지만이 존재한다고 보았다. 이는 개별화의 원리인 시간과 공간 안에 있을 때만 어떤 것이 어떤 것과 다를 수 있지만, 세계의지 자체는 시간과 공간 밖에 존재하는 만큼 단일하고 무차별적인 혼돈일 수밖에 없기 때문이다. 음악이란 이러한 세계의지의 표현이다. 음악을 이렇게 세계의지의 표현으로 보는 쇼펜하우어의 생각은 음악을 우주의 언어로 보는 피타고라스와 같은 이의 생각과 상통하는 면이 있다.

또한 개별화의 원리는 개념적인 언어와 연관되어 있다. 우리는 개념적인 언어를 통해서 사람들과 사물들을 분류하고 등급을 매긴다. 음악은 이러한 개념적인 언어로 번역될 수 없지만, 그럼에도 지역과 시대를 뛰어넘어서 모든 사람들에게 이해될 수 있다. 일반적인 개념의 언어를 우리가 이해하기 위해서는 장기간에 걸친 언어훈련이 필요하지만 음악은 설령 다른 나라의 음악일지라도 우리를 순식간에 매료시킬 수 있다. 이 점에서 음악은 우리가 본래는 하나로 연결되어 있음을 증명해준다. 개념적인 언어가 서로 분리되어 있는 인간들의 두뇌에 호소할 뿐인 반면에, 음악은 근저에서는 서로 통일되어 있는 사람들의 가슴과 내면 전체를 파고든다. 개념적인 언어에 대해서 음악이 이러한 힘을 가질 수 있는 것은 개별화의 원리에 입각한 개념적인 언어가 존재의 핵심을 표현할 수 없는 반면에, 음악은 그러한 존재의 핵심인 세계의지를 표현하기 때문이다.

다시 말해서 세계의 본질을 드러내는 것은 논리적인 지성에 입각한 학문이 아니고 음악의 리듬과 멜로디이다. 우리는 흔히 어떤 이론이 갖는 정교한 논리에 압도되어 그러한 논리적인 지성을 통해서만 진리에 도달할 수 있는 것으로 생각하지만, 이러한 사고방식은 세계가 논리적인 구조로 이미 구성되어 있다고 전제하는 것이다. 그러나 우리는 과연 세계의 구조 자체가 그렇게 논리적인 성격을 갖고 있는지에 대해서 회의해볼 수 있다. 외관상으로는 정치한 논리적 구조를 갖는 학문적 논의가 사실은 세계에 논리의 틀을 강요하는 것은 아닌지라고 우리는 회의할 수 있는 것이다.

니체는 세계의 본질은 오히려 음악적인 선율에 가깝다고 보는 것이며, 따라서 세계의 본질을 이해하기 위해서 우리는 우리의 두뇌만이 아니라 우리의 온몸과 정서 전체를 동원해야 한다고 보는 것이다. 인간은 음악이 전달하는 세계이해를 개념적인 언어를 통해서 분명히 언표할 수는 없지만, 이러한 사태는 음악을 통해서 우리가 갖게 되는 세계이해가 어떤 결함을 갖는 것이 아니라 그러한 세계이해를 담을 수 없는 우리의 개념적인 언어의 근본적인 한계를 시사하는 것이다. 논리적인 지성에 입각한 학문이 드러내는 세계가 차별과 구별이 지배하는 낮의 세계라면 음악이 드러내는 세계는 모든 것이 혼융일체가 된 밤과 심연의 세계이다. 인간은 다른 동물과 달리 개별화의 원리를 넘어서 이러한 세계의지와 하나가 될 수 있고, 그러한 세계의지의 소리를 음악을 통해서 들을 수 있다는 점에서 탁월한 존재이다.

예술 중에서 오직 음악만이 개별화된 사물들의 근저에 있는 세계의지 자체를 표현한다. 음악은 형이상학적 의지의 음성이다. 그리고 이러한 세계의지의 소리를 들을 수 있는 음악가나 서정시인이야말로 세계의 본질을 이해하는 진정한 형이상학자이다. 『비극의 탄생』을 쓸 당시의 니체는 음악의 신비에 빠져 있었으며 우리가 나중에 볼 것이지만 바그너의 음악이 개시한 세계와 인생의 깊이에 매료되어 있었다.

니체는 단순히 음악을 듣고 감상하는 것을 넘어서 그 자신이 자신과 세상을 잊어버리고 몇 시간이든 피아노를 즉흥적으로 연주할 수 있었다. 니체는 이렇게 끊임없이 계속되는 멜로디의 흐름이야말로 개별화의 원리에 지배되는 경험적인 세계의 근저에서 요동치고 물결치는 세계의지의 흐름이라고 생각했다. 그리고 그는 이미 시작된 것처럼 슬그머니 시작하면서도 아직도 끝나지 않은 것처럼 끝나는 바그너 음악의 끊임없는 멜로디가 바로 이러한 세계의지의 진정한 반영이라고 보았다. 음악의 입장에서 볼 때 개별적인 사물들이 끊임없이 부침(浮沈)하는 세상사는 세계의지의 물결침이다. 음악은 우리를 세계의 심장부로 인도하면서 현상세계를 이러한 심장부로부터 경험하고 보게 한다. 이러한 음악 속에서 죽음이 극복된다. 이러한 도취경을 니체는 디오니소스적 황홀경이라고 부른다.

우리는 이상에서 음악과 예술에 대한 니체의 견해에 쇼펜하우어의 형이상학과 미학이 얼마나 크게 녹아들어가 있는지를 보았다. 니체는 무엇보다도 삶의 본질은 논리적으로 해명될 수 없고 도덕적인 것으로도 이해할 수 없는 의지라는 쇼펜하우어의 사상을 받아들인다.

음악의 심원한 의의에 대한 쇼펜하우어의 통찰을 받아들이면서 니체는 그리스 비극의 기원을 디오니소스 축제 당시의 디오니소스 찬가에서 찾는다. 그런데 그리스 비극도 분명히 연극의 일종인데 어떻게 그것이 음악에서 비롯되었다는 것인가? 이렇게 의문을 갖게 되는 것은 우리가 흔히 연극을 흥미 있는 줄거리를 가지고 배우들이 무대에서 연기하는 것이라고 생각하기 때문이다. 우리는 연극에서 음악이 어떤 본질적인 역할을 한다고 생각하지 않으며, 역할을 하더라도 극히 부수적인 역할만을 한다고 생각한다. 연극에서 음악은 연기나 스토리를 효과적으로 전달하기 위한 '배경음악'에 지나지 않는다고 우리는 생각하는 것이다.

이에 대해서 니체는 정반대로 생각한다. 즉 그는 음악과 멜로디가 본질이고 스토리나 연기는 그러한 멜로디가 형상화되는 하나의 방식일 뿐이라고 보는 것이다. 음악이 사라진 영화나 연극을 생각해 보라. 그것은 전혀 우리를 잡아끄는 힘을 갖지 못하고 우리를 화면이나 무대의 세계에 몰입하게 하는 힘을 갖지 못할 것이다. 우리를 공포에 빠뜨리는 것은 무서운 장면보다는 무서운 음악이 아닌가?

무대에서는 연기자들의 몸짓과 언어가 주가 되는 것 같지만 이러한 몸짓과 언어를 지배하는 것은 음악이다. 니체에 따르면 이러한 몸짓과 언어는 음악이라는 바다가 일으키는 파도들이다. 이런 의미에서 니체는 '음악정신으로부터의 비극의 탄생'에 대해서 말하고 있다. 비극은 디오니소스 축제 당시 디오니소스의 죽음을 슬퍼하고 그의 부활을 기뻐하는 합창 속에서 태어났다고 보는 것이다. 디오니소스 축제에서 사람들은 자신을 잊어버리고 도취에 빠진다. 이러한 도취와 광란이 고대 그리스의 비극을 생성시킨 근원이다.

이러한 그리스 비극과 자신의 시대의 예술을 비교하면서 니체는 자신의 시대의 예술은 이러한 심원한 근원에 뿌리를 내리고 있지 못하고 일상의 세계를 모방할 뿐이라고 보았다. 음악에서도 경험적인 사실을 모방하는 회화적인 음악이 지배하게 되었고, 이에 따라 음악은 사람들을 사로잡고 전율시키면서 변화시키는 힘을 상실해버렸다. 음악은 인간과 세계를 변화시키는 창조적인 힘을 상실한 것이다. 그것은 더 이상 경험적인 세계 이면의 세계의지 자체로부터 길어내어진 것이 아니다.

3. 『비극의 탄생』과 바그너의 음악사상

니체는 『비극의 탄생』에서 그리스 비극의 역사적인 기원을 단순히 학문적으로 탐색하는 것을 넘어서 그리스 비극의 정신을 회복할 것을 주창하고 있다. 소크라테스 이래로 논리적 지성이 지배해온 결과 서양 문명이 빠지게 된 천박함과 피상성을 극복하기 위해서는 그리스 비극정신의 회복이 필요하다는 것이다. 『비극의 탄생』을 쓰던 당시의 니체는 그리스의 이러한 비극정신이 바그너의 음악에서 재탄생하고 있다고 생각했다. 이런 의미에서 니체의 『비극의 탄생』은 그리스 비극의 기원과 본질에 대한 탐구를 일차적 목표로 하고 있지만, 사실은 그리스 비극의 근원을 형성하는 음악의 본질에 대한 탐구이며, 무엇보다도 당시에 니체를 매료시켰던 바그너 음악의 본질에 대한 탐구라고도 할 수 있다.

니체는 바그너의 음악극(Musikdrama)을 통해서 물질주의와 이기주의, 경제적 공리주의, 역사주의, 군국주의에 의해서 손상된 당시의 독일 정신이 다시 소생할 수 있다고 믿었다. 바그너의 음악극에 비하면 당시의 예술 대부분은 이러한 사명의식을 갖지 못한 채 천박한 시대적 조류에 아부하는 경향이 있었다.

니체는 퇴락한 자신의 시대를 극복하기 위해서는 새로운 신화의 탄생을 통해서 사람들을 하나의 공동체적 전망 아래 단결시키는 것이 필요하다고 보았다. 니체는 이러한 자신의 희망을 그리스인들은 디오니소스적인 도취 속에서 만물이 형제자매가 되는 사태를 경험했다는 사실을 거론함으로써 시사하고 있다. 니체는 올림포스 신들에 대한 그리스인들의 경배가 관례적인 것으로 전락하고 올림포스 신들이 사람들을 사로잡는 힘을 상실하기 시작하던 시대에 비극이 탄생하면서 그 신화에 다시 활력을 불어넣어 주었고, 그럼으로써 사람들에게 삶의 방향과 굳건한 토대 그리고 힘을 부여했다고 보는 것이다.

신화는 무의미한 세계에 의미를 부여하는 것이다. 니체는 인간은 오직 신화를 통해서만 아무런 목적 없이 이리저리 방황하는 위험에서 벗어날 수 있다고 보며, 따라서 신화를 갖지 못한 현대의 인간을 뿌리 없는 인간이라고 본다. 그러나 논리적 지성에 입각한 학문만이 사물의 진리를 드러내는 것으로 보는 소크라테스적인 이론적 세계관이 지배하는 곳에서는 신화는 원시적인 사유양식으로서 철저하게 부정되고 사람들에게 어떠한 삶의 방향과 힘도 줄 수 없는 추상적인 학문만이 난무할 뿐이다.

신화적 의식을 가지고 보면 자연 현상은 무엇인가를 이야기하고 있으며 니체는 그것을 의지로 보았다. 이러한 신화적 에너지를 활성화시켜서 공동체적 삶의 가치를 확고히 하는 것이 자신의 시대가 구현해야 할 과제라고 보았다. 니체는 디오니소스적인 음악이 사멸 직전의 그리스 신화를 다시 소생시켰던 것처럼, 현대의 디오니소스적 음악인 바그너의 음악이 게르만의 건강하고 영웅적인 신화를 다시 소생시켜서, 이기주의적인 경제주의와 찰나적인 향락에 빠져 있는 독일인들에게 청신하고 강건한 정신을 불러일으킬 수 있을 것이라고 믿었다.

바그너의 음악에 이렇게 엄청난 기대를 걸었던 당시에 니체는 바그너의 음악뿐 아니라 인간 바그너에게까지 매료되어 있었다. 니체는 나중에 바그너를 신랄하게 비판하게 되지만 사실은 바그너야말로 한때나마 니체 정도의 인물을 매료시킬 수 있었던 유일한 인물이 아니었을까? 이러한 매료는 니체가 바그너 때문에 자신의 독립성을 상실할 수 있다고 두려워할 정도의 위험한 것이기도 했다. 『비극의 탄생』의 서문은 바그너에게 직접 건네는 말이며, 본문의 25장 가운데 후반 열 장은 거의 바그너에 대한 찬사로 가득 차 있다.

원래 바쿠닌과 함께 무정부주의적인 혁명운동에 참여했던 바그너는 사회혁명을 통해서 인류를 구원할 수 있다고 보았으며 음악을 그러한 혁명운동의 일환으로 보았다. 그러나 바그너는 정치를 통해서 인류를 구원한다는 이러한 생각에 회의를 품게 되었고, 쇼펜하우어의 『의지와 표상으로서의 세계』를 읽고 나서 인생과 세계의 진정한 비밀에 대한 해답과 음악이 나아가야 할 방향에 대한 해답을 얻었다고 생각하게 되었다. 쇼펜하우어는 정치를 포함한 모든 사건들을 사소한 일로 치부하게 하면서, 정치가 아니라 예술 특히 음악을 인간의 모든 활동 가운데서 가장 중요한 활동으로 간주했다.

쇼펜하우어의 미학사상을 크게 수용하면서 바그너는 오페라에서 음악이 차지하는 역할을 결정적인 것으로 간주하게 된다. 쇼펜하우어의 영향을 받기 전의 바그너는 가사가 관객들에게 확실하게 전달되는 것을 중시했기 때문에 배우들이 가사를 분명히 발성해야 하는 방식으로 작곡했다. 그러나 바그너는 이제 가사에 신경을 쓰지 않게 된다. 진행되는 사건의 내적 의미를 전달하는 역할은 연기나 가사가 아니라 오케스트라가 맡게 되는 것이다.

바그너는 음악과 가사 사이의 관계를 동등하지도 상호보완적이

지도 않다고 생각하게 되는 것이다. 이러한 사실은 동일한 멜로디에 완전히 다른 가사가 붙여지더라도 그 멜로디의 성격이 조금도 변하지 않을 수 있다는 사실로 입증될 수 있다. 노래의 멜로디는 독자적인 생명을 갖지만 가사는 절대로 그럴 수 없다. 또한 어떤 노래를 배우고 난 뒤 가사는 잊어버리더라도 멜로디를 잊어버리는 경우는 거의 없지만, 멜로디는 기억하면서도 가사를 잊어버리는 경우는 흔하다.

4. '아폴론적인 것'과 '디오니소스적인 것'

니체는 『비극의 탄생』 1장과 2장을 중심으로 '아폴론적인 것'과 '디오니소스적인 것'에 대해서 상세히 설명하고 있다. 이 1장과 2장은 『비극의 탄생』의 핵심적인 내용을 담고 있으며, 나중에 이어지는 장들은 이 장에서 서술되는 내용들을 더 자세히 부연하거나 역사적인 전거를 끌어들여서 뒷받침하는 것이라고 할 수 있다. 따라서 여기서는 1장과 2장의 내용을 중심으로 '아폴론적인 것'과 '디오니소스적인 것'이라는 개념들의 의미와 『비극의 탄생』의 핵심적인 내용을 살펴볼 것이다.

니체는 1장을 그리스 예술의 발전은 '아폴론적인 것'과 '디오니소스적인 것'의 이중성과 결부되어 있다는 말과 함께 시작하면서, 이러한 사태를 자식의 출산이 남녀 양성 간의 끊임없는 투쟁과 주기적인 화해에 의해서 이루어지는 것에 비유하고 있다. '아폴론적인 것'은 조각이나 건축과 같은 조형예술이나 서사시와 같은 예술의 근본원리이며, '디오니소스적인 것'은 서정시나 음악과 같은 비조형적인 예술의 근본원리이다. 이러한 두 예술 원리는 인간의 근본충동 내지 근본의지와 밀접한 연관을 갖는다. '아폴론적인 것'은 꿈에 대한 충동과, '디오니소스적인 것'은 도취에 대한 충동과 연관되어 있다.

니체는 그리스인들이 올림포스 신화의 형태로 창조한 신들의 장엄한 형상은 그들이 임의로 지어낸 것이 아니라 아마도 꿈속에서 보았을 것이라고 추측하고 있다. 인간은 꿈속에서 완벽한 예술가가 된다. 인간은 꿈속에서 아름다운 형상 외에 끔찍하고 추한 형상도 만들어내지만, 이러한 형상들은 현실에서보다도 훨씬 완벽하고 극적인 성격을 갖는다. 따라서 우리는 꿈을 꾸면서 그 속의 형상들이 가상이라고 어렴풋하게 느끼면서도 그러한 형상을 바라보는 데서 쾌감과 기쁨을 느낀다. 아폴론 신은 꿈속의 형상이 갖는 이러한 완벽함, 절도와 균형을 상징한다. 니체는 이러한 사실을 "아폴론이 성난 눈으로 불쾌하게 바라볼 경우에도 신성한 아름다운 가상(假像)이 그에게 서리어 있다"고 말하고 있다. 단적으로 말해서 꿈에의 충동은 아름다운 가상을 형성하고 그것을 관조하면서 쾌감을 맛보려는 충동이다.

'디오니소스적인 것'은 도취에의 충동과 밀접한 연관이 있다. 우리 인간에게는 술의 힘이나 축제의 분위기에 빠져듦으로써 자신을 망각하고 만물과 하나가 되고 싶은 충동이 있다. 니체는 이러한 충동을 디오니소스적인 충동이라고 부른다. 사람들은 도취 상태에서 노래하고 춤추면서 자신을 만물이 하나가 되는 공동체의 일원이라고 느끼게 되고, 최고의 건강한 생명력을 맛보게 된다.

아폴론적인 꿈속에서 사람들은 신들이 거니는 것을 보는 반면에, 디오니소스적인 도취에서 사람들은 그 자신이 신이 된 것으로 느끼게 된다. 그리고 아폴론적인 꿈의 상태에서 인간은 자신이 만들어 낸 작품을 관조하는 예술가인 반면에, 디오니소스적인 충동에서 인간은 그 자신이 예술작품 자체가 되어버린다.

그런데 꿈에의 충동과 도취에의 충동은 인간의 자연스러운 충동으로서 자연 그 자체로부터 솟아나는 예술적인 힘들이다. 이러한 충동은 자연스러운 예술적인 힘들이기 때문에 인간 개개인이 꾸는 꿈은 그 개인의 지적인 수준이나 예술적인 수준과는 아무런 관련이 없다. 인간은 아무런 교양도 예술가적인 소질이 없어도 다채롭고 완벽한 줄거리를 갖는 꿈을 꿀 수 있다. 도취에의 충동 역시 인간 개개인의 지적인 수준이나 교양 수준과는 아무런 관련이 없다. 오히려 인간이 도취에 빠질 때는 개개인의 차이는 소멸해버리며 사람들은 만물과 신비적인 일체감을 느끼게 된다.

아폴론적인 아름다운 꿈의 가상들이 조형적인 형상들과 언어를 통해서 표현된 반면에, 디오니소스적인 도취는 입술과 얼굴과 말뿐 아니라 신체의 모든 부분을 통해서 표현되며 무엇보다도 리듬과 강약과 화음을 통한 음악의 상징력을 통해서 표현된다. 디오니소스적인 도취에서 일어나는 이러한 모든 상징력의 전면적인 해방은 자기 포기를 통한 신비적인 합일을 통해서만 가능하다. 자신을 의식하지 않으며 타인의 시선을 의식하지 않고 신비적인 도취에 빠질 때 사람들은 자신의 온몸으로 격렬한 리듬에 맞추어 춤을 출 수 있는 것이다. 이러한 디오니소스적인 도취에 빠질 때 사람들은 아폴론적인 질서와 차별의 세계가 사실은 디오니소적 세계를 은폐하고 있는 것

뿐이라는 사실을 예감할 수 있다.

니체는 그리스인들이 아폴론적인 조형예술과 디오니소스적인 비조형예술을 그렇게 완벽하게 창조해낼 수 있었던 근거를, 그들의 자연스러운 예술충동들인 꿈에의 충동과 도취에의 충동이 다른 민족들에 비해서 유별났다는 데서 찾고 있다. 니체는 그리스인들의 꿈은 그들의 조형예술이 보여주고 있는 바와 같은 완벽한 선과 윤곽, 색채와 배열의 완벽한 논리적 인과성을 가졌으리라고 추측하는 것이다. 이 점에서 니체는 꿈꾸는 그리스인들을 다수의 호메로스로, 그리고 호메로스를 한 명의 꿈꾸는 그리스인으로 부를 수 있을 것이라고 말하고 있다. 아울러 비그리스인들에게 디오니소스적인 축제는 잔인함과 성적인 방종과 문란함으로 얼룩졌던 반면에, 그리스인들에게는 그것이 만물이 성화(聖化)되는 세계구원의 축제라는 의미를 가졌다.

니체는 그리스인들의 디오니소스적 축제가 세계구원의 사건이라는 성격을 가질 수 있었던 것을 그리스인들에게는 디오니소스적인 충동이 아폴론적인 충동에 의해서 적절하게 제어되었던 데서 찾고 있다.

그리스인들이 디오니소스 축제 때 빠졌던 도취와 광란은 최고의 기쁨과 슬픔의 혼합이라는 성격을 갖는 것이었다. 그들은 자연이 여러 개체로 분열되는 것에 대해서 탄식하면서 그러한 분열을 만물과의 신비적인 합일을 통해 극복함으로써 황홀경에 빠진다. 이와 같이 이중의 기분에 사로잡힌 열광자들의 노래와 몸짓은 원래는 '아폴론적인 것'이 지배하던 호메로스적인 그리스 세계에서는 전대미문의 새로운 것이었고, 공포와 전율을 불러일으켰다. 이러한 디오니소스적인 힘이 처음 외부에서 몰려들어 왔을 때, 그리스인들은 자신들의 아폴론적인 성격을 오히려 강화함으로써 그것에 대항할 수 있었다. 이렇게 아폴론적인 성격을 극도로 강화한 예술양식이 바로 스파르타를 중심으로 하여 발전된 도리아 양식이었다.

그러나 디오니소스적인 힘이 자신들의 내부에서 용솟음쳤을 때 그리스인들이 그러한 힘에 저항하는 것은 불가능했다. 따라서 그리스인들은 디오니소스적인 힘으로부터 파괴적인 성격만을 박탈하는 방식으로 아폴론적인 힘과 디오니소스적인 힘을 화해시킬 수밖에 없었다. 니체는 이러한 화해의 순간이야말로 그리스 역사에서 가장 중요한 순간으로 보는 것이며, 그러한 화해에서 위대한 그리스 비극이 탄생되는 것으로 본다.

니체가 전개하는 이상의 논지에서 볼 때, '아폴론적인 것'과 '디오니소스적인 것'은 일차적으로는 조형예술과 비조형예술을 규정하는 근본원리들을 가리키지만, 동시에 그것은 인간의 자연스러운 삶을 규정하는 두 가지 근본충동을 가리키고 있다. 아울러 그것들 각각은 다양한 개체들로 이루어져 있는 경험적 세계에 질서를 부여하는 개체화의 원리와 그러한 개체들의 궁극적인 근거인 근원적인 일자를 가리키고 있다. 이렇게 볼 때 '아폴론적인 것'과 '디오니소스적인 것'은 예술의 근본원리인 동시에 인간의 자연스러운 삶과 세계 자체의 근본원리라고 할 수 있다.

또한 니체가 '아폴론적인 것'과 '디오니소스적인 것'의 대립과 화해를 통해서 새로운 예술형식이 탄생되는 것을 남녀 간의 지속적인 투쟁과 주기적인 화해를 통해서 자식이 탄생하는 것에 비유하는 데서 알 수 있는 것처럼 '아폴론적인 것'과 '디오니소스적인 것' 각각은 남성적인 원리와 여성적인 원리를 가리킨다고도 할 수 있다. '아폴론적인 것'은 남성적인 절도와 균형 그리고 엄격함을, '디오니소스적인 것'은 여성적인 조화와 일치 그리고 부드러움을 의미한다고 할 수 있다. 이러한 사실은 디오니소스 축제에서 여성들이 주도적인 역할을 맡았던 사실과도 상통한다고 할 수 있다.

인간의 자연적인 삶의 원리로서의 '아폴론적인 것'과 '디오니소스적인 것', 세계원리로서의 '아폴론적인 것'과 '디오니소스적인 것', 그리고 예술의 근본원리로서의 '아폴론적인 것'과 '디오니소스적인 것'은 서로 분리된 것이 아니라 극히 밀접한 연관을 갖고 있다고 할 수 있다. 즉 인간의 자연적인 삶에서 '아폴론적인 것'에 해당하는 꿈에의 충동과 '디오니소스적인 것'에 해당하는 도취에의 충동은 이 세계의 근본원리인 질서와 절도의 원리와 근원적인 일자 각각을 자신의 꿈과 도취를 통해서 반영하는 것이며, 아폴론적인 원리를 구현하는 예술인 조형예술과 디오니소스적인 원리를 구현하는 음악 각각은 꿈과 도취에의 충동에서 비롯되는 자연스러운 예술활동을 보다 높은 차원에서 모방하는 것이다.

그런데 아폴론적인 꿈에의 충동이 질서와 절도의 원리를 그리고 디오니소스적인 도취에의 충동은 근원적인 일자 자체를 반영한다는 것은, 근원적인 일자의 입장에서 보면 근원적 일자 자신이 취하는 하나의 현상 형태인 인간을 통해서 자신을 계시하면서 자신을 인식하는 것이라고 말할 수 있다. 근원적인 일자가 인간의 꿈과 도취를 통해서 자신을 계시하는 이유를 니체는 근원적 일자 스스로가 최고의 만족을 누리기 위해서라고 말한다. 그리고 니체는 예술 자체도 근원적 일자가 자신을 계시하고 인식하는 방식이라고 말하고 있다.

니체가 꿈과 도취에의 충동을 인간의 가장 근본적인 충동으로 보고 있다는 사실 자체가 이미 니체가 인간을 근본적으로 예술적인 존재로 보고 있다는 사실을 의미한다고 할 수 있다. 즉 꿈에의 충동은 아름다운 가상에의 충동이며, 도취에의 충동은 원초적인 합일에의 충동으로서 그 자체로 예술적인 성격을 갖고 있으며, 좁은 의미의 예술적인 활동이란 이러한 근원적인 충동이 행하는 자연스러운 예술활동을 더 고차적인 형태로 전개하는 것에 지나지 않는다. 이런 의미에서 니체는 좁은 의미의 예술을 우리로 하여금 '계속 살아가도록 유혹하는 삶의 보완이자 완성'이라고 말하고 있다.

5. 『비극의 탄생』과 염세주의

『비극의 탄생』이 궁극적으로는 삶의 변혁을 목표로 하는 만큼, 니체는 그리스 비극에 담긴 삶의 태도를 중시한다. 따라서 그는 그리스인들은 삶을 어떤 방식으로 경험했는지에 대해서 탐구하고 있으며, 이러한 삶의 경험과 그리스 비극은 어떤 연관이 있는지를 탐구하고 있다. 니체는 그리스 비극은 그리스인들이 뼈저리게 절감하던 삶의 잔혹함과 무상함 그리고 어두움과의 대결이라고 보고 있다.

니체는 전쟁과 폭력 그리고 노예제도 등으로 점철되어 있는 이러한 세계를 살 만한 의미와 가치가 있는 세계로 변용하는 데에는 다양한 방법이 있다고 보았다. 그러나 이러한 다양한 방법들에는 대지와 육체를 경멸하면서 인간을 허약하고 병들게 만드는 방식이 있을 수 있으며, 대지와 육체를 긍정하면서 인간을 강하고 건강하게 만드는 방식이 있을 수 있다. 대지와 육체를 경멸하게 하면서 인간을 허약하고 병들게 하는 방식으로서 니체는 이미 『비극의 탄생』에서부터 기독교를 들고 있다.

기독교에 따르면 이 현실세계는 천상세계로 가는 교량에 불과할 뿐이며 인간들은 지상에서의 모든 쾌락과 욕망을 멀리할 경우에만 천상에서 지복을 맛볼 수 있다. 기독교라는 종교 자체뿐 아니라 기독교에 입각한 예술이나 학문도 이렇게 현실세계와 인간의 감각적인 삶을 경멸하는 데 몰두하며, 감각적인 충동에 의해서 흔들릴 수밖에 없는 인간에게 죄인이라는 의식을 각인시키는 데 여념이 없다. 기독교는 삶의 고난과 무상함에 지친 인간들에게 천상이라는 신기루를 보여줌으로써 삶을 참고 견디면서 살게 하지만, 그 대신에 인간은 가공의 신과 천국에 의존하면서 자신의 감각적인 욕구와 본능을 억압하는 허약하고 병적인 인간이 된다. 니체가 『비극의 탄생』에서 개진하는 이러한 기독교 비판은 그가 후기에 본격적으로 전개하면서 『안티크리스트』에서 절정에 달하는 기독교 비판과 본질적인 점에서는 다를 바 없다.

니체에 따르면 인간을 병약하게 만들면서 염세주의를 극복하는 기독교적인 방식과 달리 그리스 비극은 이 현실세계의 욕망과 본능을 긍정하고 신성한 것으로 변용하면서 인생의 고통과 염세주의를 극복했다. 니체는 그리스인들이 이렇게 현실세계를 긍정하면서 염세주의를 극복한 방식에는 세 가지가 있다고 본다. 그 첫 번째는 아폴론적인 예술이고, 두 번째는 디오니소스적 예술이며, 세 번째는 아폴론적 예술과 디오니소스적 예술의 결합으로서 비극예술이다. 니체는 소크라테스가 개척한 학문의 길도 염세주의를 극복하려는 하나의 방법으로 보지만, 이러한 학문은 염세주의의 진정한 극복이 아니라 오히려 인간을 병약하게 만드는 것으로 본다.

니체는 그리스인들이 창조해낸 올림포스 신들의 장려한 모습을 아폴론적인 예술을 대표하는 것으로 보고 있다. 그런데 이러한 올림포스 신들은 우리가 흔히 신들의 속성으로 알고 있는 사랑과 자비 그리고 도덕적인 고상함이나 정의만을 표현하고 있는 것이 아니다. 그들은 오히려 거만하고 승리감에 차 의기양양한 존재들일 뿐이며 선악의 피안에 존재한다. 그들은 우리의 통상적인 선악 개념으로 볼 때는 악이라고 간주되는 행위도 서슴없이 행한다. 예를 들어 제우스는 못 말리는 바람둥이다. 따라서 올림포스 신들은 이 세계에 존재하는 여러 가지 힘이나 인간의 정념들을 신성화하고 있을 뿐이다. 이런 의미에서 그리스인들은 아폴론적인 예술을 통해서 현실로부터 올림포스 신들의 세계라는 피안의 세계로 도피하는 것이 아니라 자신들이 살고 있는 세계와 인간의 본능적인 충동들을 신성한 것으로 긍정한다.

아폴론적인 예술은 어떤 개별적인 현상들의 보편적이며 영원한 본질, 즉 플라톤이 말하는 바와 같은 이데아를 표현한다. 이러한 이데아적인 형상은 영원불변한 실재이다. 그것들은 존재하지만 시공간에 존재하지 않는다. 예술작품은 이데아 자체를 슬쩍 엿보게 해준다.

| 비극의 탄생

아폴론적인 예술은 시공간상의 개별자를 통해, 개별자 배후에 있는 보편자를 보여준다. 이러한 보편자를 감상하면서 우리가 예술작품에 몰입해 있는 동안 우리의 경험적인 자아 역시 시공간에 있지 않고 이데아의 세계 안에 진입하게 된다. 아폴론적인 예술의 아름다움에 빠져 있을 때 우리가 맛보게 되는 행복은 이러한 데서 비롯한다. 아폴론적인 예술을 관조하면서 우리는 경험적인 세계의 무상성에서 벗어난 이데아 세계의 영원과 부동성(不動性)을 경험하게 되는 것이다.

이에 반해 디오니소스적인 예술인 음악은 현상세계의 근저에 있는 통일적인 세계의지 자체를 표현한다. 그것은 우리를 세계의지 자체와 하나가 되게 함으로써 현상세계의 덧없음에서 벗어나게 한다. 예를 들어서 우리는 슬픈 노래를 들으면서 슬픔 자체를 아름답게 경험할 수 있다. 이별은 슬픈 것이지만 이별 자체도 음악을 통할 경우에는 우리의 가슴을 저미게 하면서도 아름답게 나타날 수 있는 것이다. 이때 슬픔은 나의 슬픔이면서도 무엇인가 슬픔 자체의 나타남인 것처럼 들린다. 그것은 고통스러워하는 세계의지 그 자체의 나타남인 것이다.

디오니소스적 음악이 경험적인 세계의 근저에 있는 심연을 표현하는 것이라면, 아폴론적인 예술은 경험적인 세계를 넘어선 이데아 세계의 광명을 표현한다. 음악을 통해서 인간은 자신을 망각하고 음악이 표현하는 세계의지와 혼용일체가 되는 반면에, 아폴론적인 예술에서 인간은 개별적인 사물에 나타나 있는 이데아를 관조하면서 그것과 일정한 거리를 유지한다. 음악 속에서 우리는 슬퍼하고 기뻐하는 방식으로 도취하지만 아폴론적인 예술에서 우리는 조용한 관조

상태를 유지한다. 이런 의미에서 아폴론적인 예술과 디오니소스적 음악은 염세주의를 극복하는 두 가지 중요한 방식이다.

니체는 현실세계를 긍정하면서 그것을 아름다운 것으로 변용하는 최고의 방식을 그리스 비극으로 본다. 비극은 디오니소스적인 음악을 통해서 표현되는 세계의지의 슬픔 자체를 비극의 주인공이 겪는 운명을 통해서 형상화하고 그러한 아폴론적인 형상을 관조하는 것을 통해서 관객들로 하여금 쾌감을 느끼게 한다. 더 나아가 니체는 이러한 사태를 형이상학적으로 해석한다. 즉 관객들이 비극을 보면서 느끼는 쾌감은 고통에 사로잡힌 세계의지가 경험하는 쾌감이며 이러한 쾌감을 통해서 세계의지는 자신의 고통으로부터 해방된다는 것이다.

따라서 니체가 음악의 역할을 강조한다고 해서 배우들의 연극을 중시하지 않은 것은 아니다. 니체에게 비극은 어디까지나 '디오니소스적인 것'과 '아폴론적인 것'의 결합이다. 이 경우 '디오니소스적인 것'이 음악이라면 '아폴론적인 것'은 배우들의 연기와 대사를 통해서 표현되는 서사적인 이야기이다. 배우들의 연기와 대사는 음악을 인간의 구체적인 행위와 말로 표현하는 음악의 가시적인 이미지이다. 비극이나 음악극을 보는 관객들은 자신을 비극적인 주인공, 예를 들면 지크프리트와 동일시하지만 동시에 이러한 비극적인 주인공을 영원한 디오니소스적인 세계의지가 취하는 하나의 일시적인 형상이라고 느끼게 된다. 따라서 관객들은 주인공의 몰락에도 불구하고 모든 것의 본질이자 근원은 영원하며 자기 자신도 영원한 것으로 경험한다. 즉 관객들은 삶을 모든 현상의 변화에도 불구하고 결코 파괴되지 않는 강력하고 즐거움이 가득한 것으로 경험하는 것이다.

아울러 니체는 연극을 음악과 관객 사이의 완충 장치로 보았다. 관객들은 음악이 너무나 강렬하게 자신을 사로잡아서 자신의 빈약한 자아가 무너지지 않을까 걱정한다. 이와 관련하여 니체는 바그너의 〈트리스탄과 이졸데〉 3악장을 아무런 대사나 장면의 도움 없이 음악으로만 들을 수 있는 사람을 상상하는 것은 불가능하다고 생각한다. 진정으로 음악을 들을 수 있는 귀를 가진 사람이 극을 통하지 않고 〈트리스탄과 이졸데〉 3악장을 순수하게 음악만으로 들을 경우, 사람들은 그 음악으로 인한 고통을 견딜 수 없을 것이라는 것이다. 따라서 니체는 음악과 청중 사이의 거리를 유지시키는 중간 장치가 필요하다고 보며, 대사와 장면 그리고 극적인 줄거리로 이루어진 신화가 바로 그러한 중간 장치라고 본다.

비극은 음악의 보편적인 효력과 관객 사이에 비극적인 주인공을 둘러싼 고귀한 비유인 신화를 놓고, 청중들에게 음악은 신화라는 서사적인 세계에 생기를 불어넣는 최고의 표현수단에 불과한 것 같은 착각을 불러일으킨다. 이러한 고귀한 착각의 도움으로 사람들은 아무런 두려움 없이 광란도취의 주신찬가에 몸을 맡기고 춤을 출 수 있게 된다. 만일 그러한 착각의 도움이 없었다면, 즉 음악 그 자체만으로는 사람들은 감히 광란도취의 자유로운 느낌에 젖을 수 없을 것이다. 즉 아폴론적인 신화는 우리를 근원적인 의지의 고통을 표현하는 음악으로부터 보호해준다.

이렇게 비극은 아폴론적인 서사적 줄거리를 전면에 내세워 사람들로 하여금 그 음악에서 도망하지 않고 그것에 자유롭게 젖어들게 만들지만, 음악은 그 대신에 비극적 신화에 사람들의 심금을 파고 드는 형이상학적 의미를 제공한다. 음악만이 이러한 도움을 줄 수 있는 것이며, 말과 형상은 음악의 도움 없이는 이러한 형이상학적 의미를 획득할 수 없다. 그리고 특히 비극적인 주인공의 개체성의 몰락과 부정을 통해서 도달되는 최고의 환희에 대한 저 확실한 예감은 오직 음악을 통해서만 관객을 엄습하게 된다. 그 결과 관객은 사물의 가장 깊은 심연이 마치 자신에게 분명하게 말을 걸어오고 있고 자신은 그 말을 듣고 있는 것처럼 생각하게 된다.

즉 관객은 음악의 도움으로 서사적인 명료성을 지향하는 자신의 아폴론적인 충동이 최고조로 고양되는 것을 의식하게 되지만, 이러한 일련의 아폴론적 예술효과가 진정한 아폴론적인 조각가나 서사시인이 자신의 예술작품으로 독자에게 불러일으키는 무의지적 관조 속의 행복한 안주(安住)를 산출하지 않는다는 점도 똑같이 분명하게 느끼고 있다. 관객은 무대 위의 찬란하게 변용된 세계를 보지만 그것을 부정한다. 그는 눈앞에 비극적 주인공을 서사시적 명료성과 아름다움 속에서 바라보면서도 주인공의 파멸에 쾌감을 느낀다. 관객은 주인공의 행위가 정당한 것이라고 느끼지만 주인공의 행위가 주인공을 파멸시킬 때 훨씬 더 고양된 기분이 되는 것이다. 아폴론적 절정의 이러한 급격한 변전은 디오니소스적인 음악에서 비롯되는 디오니소스적인 마법에 의해서 야기된다. 디오니소스의 마법은 아폴론의 활동을 최고조로 자극하여 가상을 만들어내게 하지만, 이 아폴론의 넘치는 힘을 강제로 자신에게 봉사하게 한다.

이런 의미에서 비극이 이용하는 아폴론적인 서사적 줄거리는

| 비극의 탄생

'모든 개체성의 근원이면서 그러한 개체성이 몰락하면서 되돌아가는 영원한 근원적인 세계의지'에 대한 디오니소스적 지혜를 아폴론적 예술수단에 의해서 형상화하는 것에 불과하다. 비극적 신화는 현상의 세계를 극한으로까지 이끌고 가며, 이러한 극한에서 현상세계는 자기 자신을 부정하면서 참되고 유일한 실재의 품 안으로 다시 되돌아가려고 한다. 따라서 비극의 본질은 가상이나 아름다움과 같은 아폴론적 범주로 이해될 수 없다. 사람들이 비극을 보면서 경험하는 개체의 파멸에서 느끼는 기쁨은 음악의 정신으로만 비로소 이해된다. 디오니소스적 음악이야말로 말하자면 개별화의 원리 배후에 있는 저 전능의 세계의지를 표현하는 예술, 모든 현상의 피안에 존재하며 어떠한 파멸에도 굴하지 않는 영원한 생명을 표현하는 예술이다. 비극적인 것에 대해 우리가 형이상학적 기쁨을 느끼는 것은 음악을 통해서 개시되는 디오니소스적인 지혜가 형상의 언어로 번역되어 있기 때문이다.

세계의지의 최고의 현상인 비극의 주인공이 파멸되는 것을 보면서 우리가 쾌감을 느끼는 것은, 주인공은 단지 현상일 뿐이며 주인공의 파멸에 의해서 의지의 영원한 생명이 손상되지는 않기 때문이다. 음악은 이러한 생명을 직접적으로 표현하는 것이며 이러한 생명으로의 개체성의 몰락을 찬양한다. 이런 의미에서 니체는 디오니소스적 음악이 우리에게 다음과 같은 메시지를 전한다고 본다.

그대들은 나처럼 존재하라! 현상의 끊임없는 변천 속에서 영원히 창조하고, 인간으로 하여금 생존하도록 영원히 강제하며, 현상의 이러한 변천에 영원히 만족하는 근원적인 어머니인 나를!

6. 소크라테스의 지성주의와 비극의 종말

니체는 그리스 비극의 소멸은 논리적인 지성의 인간인 소크라테스와 함께 시작되었다고 생각한다. 즉 근거율과 인과율에 따라서 모든 것을 해명할 수 있다고 믿었던 소크라테스의 등장과 함께, 도취와 열정에 의해서 세계의 비밀과 진리에 닿을 수 있다고 믿었던 비극은 사라지게 되었다는 것이다. 인간이 음악과 분리된 언어, 그 모든 감정과 열정과 동떨어진 순수한 논리적 언어, 다시 말해서 존재와 분리된 의식의 언어를 통해서 세계의 비밀을 다 파헤칠 수 있다고 믿을 때 비극은 종말을 고했다.

존재 자체가 음악을 통해서 자신을 드러낸다고 한다면, 음악과 분리된 언어는 존재와 분리된 언어이며 존재를 객체화하면서 자신을 주체로서 내세우는 언어이다. 그러나 이러한 언어를 구사할 때 의식은 사실은 존재에 대해서 자신의 알량한 사고도식을 강요하고 있을 뿐이며 존재 자체를 파악하는 것은 아니다. 그것은 주체가 궁극적으로 존재의 심연 앞에서 무력하다는 것, 존재의 심연은 주체로서의 인간도 언제든지 휩쓸어갈 수 있다는 사실 앞에 눈을 가린다.

인식과 의식의 강조를 통해서 창조적인 무의식을 제한하고 방해하는 소크라테스의 지성주의는 존재의 깊이를 알려고 하지 않는 천박한 수사학적 변론술에 지나지 않는다. 그리고 이러한 지식은 존재의 깊이에 닻을 내리고 있지 않기 때문에 지혜를 결여한 지식일 뿐이다. 운명적인 열정이 계산과 술책, 타산에게 자리를 내준다. 소크라테스의 지성주의를 신봉하던 에우리피데스에 의해서 비극은 끝났다고 니체는 보는바, 에우리피데스의 무대 위에는 더 이상 노래는 없고 토론과 변론만이 있을 뿐이며 인과율에 따르는 따짐만이 있을 뿐이다. 무대 위의 주인공은 계산만 잘 하면 더 이상 비극적인 운명 따위에 처해지지 않는다. 이렇게 모든 것의 인과를 비추는 환한 이성의 빛이 지배하는 세계에는 음악이 드러내는 밤과 어둠의 세계가 들어설 여지가 없다. 음악과 비극, 심연, 고통, 절망, 구원은 철저하게 추방당해버렸다. 이러한 지성주의의 특징을 니체는 낙관주의, 민주주의, 평등주의에서 찾는다.

비극이 디오니소스 축제에서 비롯되었다는 니체의 연구는 당시의 고전문헌학의 연구 결과와 크게 다르지 않았다. 그러나 비극의 몰락을 소크라테스에서 찾는 니체의 주장은 지극히 파격적인 것이었고, 당시의 고전문헌학계에 커다란 파문을 일으켰다.

7. 『비극의 탄생』에 대한 후기 니체의 평가

『비극의 탄생』이 나온 지 16년 후에 쓴 신판의 서문인 「자기비판의 시도」에서, 니체는 이 책에서는 자신의 독자적인 직관과 통찰을 독자적인 언어를 사용하여 표현할 정도의 용기가 없었다고 고백하고 있다. 니체는 자신이 『비극의 탄생』에서 쇼펜하우어의 철학과 언어와 개념도식에 의거하고 있지만, 자신이 원래 표현하려던 것은 쇼펜하우어의 정신과 취향에 근본적으로 대립하는 것이었다고 말하고 있다. 일례를 들면, 쇼펜하우어는 비극이 설파하는 지혜를 인생에 대한 체념으로 보는 반면에 니체 자신은 비극이 인생에 대한 긍정을 설파한다고 보았다는 것이다. 『비극의 탄생』에서는 쇼펜하우어의 철학과 언어를 사용함으로써 자신의 이러한 통찰이 제대로 드러나지 않았다는 것이다.

아울러 니체는 「자기비판의 시도」에서 바그너의 음악과 당시의 독일 정신에 대한 자신의 기대가 그릇된 것이었음을 고백하고 있다. 니체는 『비극의 탄생』을 쓸 당시의 자신이 독일 정신이 바그너의 음악을 통해서 자신을 재발견하고 인식하게 될 것으로 기대했던 것에 대해서 후회하게 된다. 니체는 당시의 독일 정신이 유럽을 문화적으로 지도하는 것보다는 사실은 독일 제국의 건설과 민주주의를 추구하고 있었다고 보면서 독일 정신의 재탄생에 대한 자신의 기대가 잘못된 것이었다고 솔직하게 고백하고 있는 것이다.

니체는 집필 당시에 자신이 가장 현대적인 것에 너무 성급한 기대를 걺으로써 자신의 처녀작을 망쳤다고 「자기비판의 시도」에서 밝힐 정도로, 바그너의 음악과 독일 정신에 대한 니체의 환멸은 컸다. 니체가 『음악정신으로부터의 비극의 탄생』이라는 초판의 제목을 신판에서는 『비극의 탄생 또는 그리스 문명과 염세주의』로 바꾼 것도 자신의 책이 바그너의 음악에 대한 정당화나 미화를 목표로 하고 있다고 해석되는 것을 막기 위한 것이라고 여겨진다. 니체는 자신의 책이 바그너의 음악을 미래의 음악으로서 선전하는 것보다는 그리스

문명이 비극을 통해서 염세주의를 어떻게 극복하려고 했는지, 그리고 그러한 염세주의 극복이 우리 시대에 어떤 의의를 갖는지를 밝히는 것을 의도했다고 말하고 싶었던 것이다.

이러한 한계에도 불구하고 니체는 「자기비판의 시도」에서도 『비극의 탄생』이 제기하는 의문은 음악이 앞으로 나아갈 방향에 대해서 여전히 중대한 의의를 갖는다고 말하고 있다. 그러한 의문이란 디오니소스적 기원을 갖는 음악은 어떠한 성질을 가지고 있어야만 하는가라는 의문이다.

▍지은이 소개

정암학당 연구실
정암학당은 그리스·로마 원전을 연구하는 학술단체이다. 서양 고전철학의 가장 시원적 텍스트인 『소크라테스 이전 철학자들의 단편 선집』(2005)을 펴냈고, 현재는 플라톤전집의 원전 역본(2007~)을 발간 중이다.

강대진
정암학당 연구원. 서울대학교 철학과를 졸업하고 같은 학교 대학원 서양고전학 협동과정에서 석사와 박사학위를 취득했다. 지은 책으로 『비극의 비밀』, 『그리스 로마 서사시』 등이 있고, 옮긴 책으로 『신들의 본성에 관하여』, 『사물의 본성에 관하여』 등이 있다.

박승찬
가톨릭대학교 (인문학부) 철학전공 교수. 독일 프라이부르크대학에서 중세철학 전공으로 석사와 박사학위를 취득했다. 서양의 중세철학을 우리나라에 소개하고 알리는 일에 앞장서왔다. 지은 책으로 『서양 중세의 아리스토텔레스 수용사』, 『철학의 멘토, 멘토의 철학』 등이 있고, 옮긴 책으로 『모놀로기온 프로슬로기온』, 『신학요강』 등이 있다.

원석영
성균관대학교 강사. 독일 괴팅겐대학에서 철학 및 고전문헌학으로 학사와 석사학위를, 철학 및 고전문헌학, 사회학으로 박사학위를 취득했다. 지은 책으로 *Das Problem des Skeptizismus bei Descartes und Locke*가 있고, 옮긴 책으로 『『성찰』에 대한 학자들의 반론과 데카르트의 답변』, 『철학의 원리』 등이 있다.

이종흡
경남대학교 역사학과 교수. 고려대학교 사학과를 졸업하고 같은 학교 대학원에서 박사학위를 취득했다. 서구 근대의 형성 과정을 지성사·과학사의 관점에서 조명하는 작업을 지속해왔다. 지은 책으로 『마술 과학 인문학』이 있고, 옮긴 책으로 『종교와 마술 그리고 마술의 쇠퇴 1~3』, 『학문의 진보』 등이 있다.

윤선구
서울대학교 기초교육원 강의교수. 서울대학교 물리학과를 졸업하고, 독일 퀼른대학 철학과에서 석사와 박사학위를 취득했다. 서양근대철학회 회장을 역임했다. 지은 책으로 『데카르트 「방법서설」』, 『라이프니츠 「단자론」』 등이 있고, 옮긴 책으로 『형이상학 논고』, 『아젠다 21』 등이 있다.

백종현
서울대학교 철학과 교수. 서울대학교 철학과를 졸업하고 같은 학교 대학원에서 석사학위를, 독일 프라이부르크대학에서 박사학위를 취득했다. 한국칸트학회 회장을 역임했고, 현재 서울대학교 인문학연구원 원장이다. 지은 책으로 『칸트 이성철학 9서 5제』, 『시대와의 대화: 칸트와 헤겔의 철학』 등이 있고, 옮긴 책으로는 『순수이성비판 1·2』, 『실천이성비판』, 『판단력비판』 등 칸트전집이 있다.

박찬국
서울대학교 철학과 교수. 서울대학교 철학과를 졸업하고 같은 학교 대학원에서 석사학위를, 독일 뷔르츠부르크대학에서 박사학위를 취득했다. 지은 책으로 『니체와 불교』, 『하이데거의 「존재와 시간」 강독』 등이 있고, 옮긴 책으로 『니체 1·2』, 『비극의 탄생』, 『상징형식의 철학 제1권: 언어』, 『상징형식의 철학 제2권: 신화적 사유』, 『안티크리스트』 등이 있다.

고전의 유혹 1

1판 1쇄 찍음 | 2015년 5월 18일
1판 1쇄 펴냄 | 2015년 5월 22일

지은이 | 백종현 외
펴낸이 | 김정호
펴낸곳 | 아카넷

출판등록 2000년 1월 24일(제406-2000-000012호)
413-120 경기도 파주시 회동길 445-3
전화 | 031-955-9510(편집) · 031-955-9514(주문) · 031-955-9506(마케팅)
팩스 | 031-955-9519
책임편집 | 아카넷 편집부
www.acanet.co.kr

ⓒ 백종현 외, 2015

Printed in Seoul, Korea.

ISBN 978-89-5733-427-0 04160
ISBN 978-89-5733-426-3 (세트)

이 도서의 국립중앙도서관 출판예정도서목록(CIP)은
서지정보유통지원시스템 홈페이지(http://seoji.nl.go.kr)와
국가자료공동목록시스템(http://www.nl.go.kr/kolisnet)에서 이용하실 수 있습니다.
(CIP제어번호: CIP2015013534)